¿PUEDO HABLAR DE MI SALUD MENTAL!

¿PUEDO HABLAR DE MI SALUD MENTAL!

Perra de Satán

BEATRIZ CEPEDA

Esnórquel

ENRIQUE APARICIO

AGUILAR

Primera edición: enero de 2023

© 2023, Enrique Fernández Aparicio y Beatriz Cepeda Benito
© 2023, Penguin Random House Grupo Editorial, S. A. U.
Travessera de Gràcia, 47-49. 08021 Barcelona

Impreso en Estados Unidos - *Printed in USA*

ISBN: 978-84-03-52311-1
Depósito legal: B-20.235-2022

Compuesto en Mirakel Studio, S. L. U.

Para Iago, mi mejor terapia

Enrique

*Para todas las personas
que me han hecho sentir que no estoy sola,
las que conozco y las que no;
las reales y las imaginarias*

Bea

ÍNDICE

PREFACIO

Pero... ¿este libro qué es?

Cuando le quitamos el polvo a la vieja Olivetti para escribir las páginas que tienes entre las manos, lo hicimos con un objetivo: publicar el libro que las personas que no se atreven a ir a terapia necesitan leer para que se les quite el miedo, la inseguridad o el recelo.

Somos dos personas que necesitaron ayuda profesional para lidiar con su mente y que tardaron demasiados años en pedirla. Dos personas que han pensado en más de una ocasión «Si lo hubiera sabido antes...». Hoy se habla más abiertamente de ansiedad, depresión o de trastornos de la alimentación, pero a muchísima gente le sigue pudiendo el miedo a dar el primer paso, y la mayoría no acaba de creer que un psicólogo o un psiquiatra los va a ayudar de verdad. Para terminar con esas ideas, creemos que lo más honesto y lo más directo es contar nuestro caso, nuestra experiencia.

Esto no es un manual de psicología ni una guía de autoayuda. Es la narración detallada de dos procesos terapéuticos: una relación de nuestros traumas, de los condicionantes que nos han desestabilizado, del recorrido hacia lo más profundo de nuestro propio infierno y de cómo logramos salir de él con ayuda profesional.

Nuestras circunstancias son personales e intransferibles, pero creemos que las cosas que nos han hecho sufrir también las padece mucha gente. Y, aunque no sean las mismas, el relato de nuestro camino puede ser ejemplo para muchos otros retos relacionados con la salud mental.

A nivel práctico, el libro va intercalando capítulos de cada una, así que, como si de *Rayuela* se tratara, puedes elegir cómo leerlo: los capítulos de una u otra seguidos, o linealmente, saltando entre las dos narraciones. La de Bea (páginas escritas en color negro) trata más la ansiedad, la de Enrique (páginas escritas en color azul), la depresión. Y en ambas hablamos mucho de los trastornos de alimentación, que compartimos cual canción de las Spice Girls: «2 become 1».

Si escuchas nuestro programa, *¿Puedo hablar!*, no te sorprenderá comprobar que en este libro hay muchos traumas, pero también muchos chascarrillos. El humor ha sido nuestra válvula de escape de los trastornos que padecemos y lo usamos para explicarlos. Eso no quiere decir que no nos tomemos en serio nuestros problemas, sino que hemos aprendido a convivir con ellos con la ayuda de la risa. Reírnos de nuestras desgracias les arrebata poder, y muchas veces puede ser el primer paso para enfrentarnos a ellas.

Ojalá este libro sirva para eso: para aprender sobre nosotras mismas y para comprobar que somos más fuertes que los trastornos a los que hemos de hacer frente. Y todo eso mientras nos echamos unas *risillas*.

Enrique y Ana Bea

I

PARA TODO HAY UNA PRIMERA VEZ

El día que salí de la primera consulta del psicólogo creía, pero de verdad, que acababa de vivir el peor momento de mi vida. Como una bruja en un proceso inquisitorial, tuve que reconocer mis pecados delante de la gente que más me importa (mis padres estaban allí conmigo) y salí convencida de que la única solución para mí era una buena condena. Me fui de allí hundida y confundida, con la sensación de que yo había hecho lo correcto, que había confesado por fin todo lo que llevaba tantos años callándome, aunque sin entender muy bien lo que acababa de pasar.

¿Por qué había sido tan duro? ¿Por qué había llorado tanto? ¿Por qué me habían puesto esa penitencia (la peor, para mí)? Yo había logrado pedir ayuda, después de tanto tiempo sufriendo a solas, y encima me había llevado una buena regañina. ¡¿Por qué les pasan tantas cosas malas a las chicas buenas?!

Una parte de mí era optimista y pensaba que si en esa sesión ya había pasado lo peor, a partir de ese momento mi vida ya solo podría ir a mejor. Lo difícil estaba hecho. Ya había reconocido delante de un profesional (en realidad, dos; dos psicólogos para mí solita, así de mal estaba; ¡y encima uno era muy mono!) que tenía un problema; ya les había dado la razón a mis padres públicamente. ¡Hala, estaréis contentos!

Pero otra parte de mí estaba muy triste, cansada y enfadada. Y llena de mocos. Me había repetido mil veces a mí misma: «No voy a llorar, no voy a llorar, soy una persona adulta, podré contar lo que me pasa sin llorar», pero allí había derramado lágrimas como si acabasen de clavar en una cruz a mi único hijo después de torturarlo durante horas y Mel Gibson en persona me hubiera enseñado el vídeo de lo ocurrido. Una cosa grotesca. La forma en la que lloré, no el vídeo de Mel Gibson.

Yo le había contado a ese señor, al que enseguida percibí como una autoridad (el psicólogo guapo estuvo callado la mayor parte del tiempo; meses después supe que estaba empezando), todo lo que me había ocurrido en los últimos años. Muy bien resumido, porque llevaba días preparándome este discurso de presentación. Quise ponérselo fácil para que él no dudara ni un momento en el diagnóstico, que yo misma ya le estaba dando bien masticadito: tengo un trastorno de la conducta alimentaria, más conocido por las siglas TCA, que me ha llevado a estar obesa perdida y a tener ya un pie en la tumba, porque, claro, como todo el mundo sabe, pesar 115 kilos significa que estoy en un tris de tener diabetes tipo 2, problemas coronarios, de huesos, hipertensión, el hígado para trasplantar y el colesterol... bueno, no me ha salido alto en los últimos análisis, pero dadme tiempo.

«Tengo un trastorno por atracón, siento que soy adicta a la comida, si no tomo mi dosis no consigo dormir, y si no duermo, no puedo trabajar y hacer mi vida, que ya gira en torno a la comida, y necesito ayuda porque yo sola no puedo. He intentado frenarme muchas veces, y NO PUEDO». Comenzaron las lágrimas, que no cesarían hasta el final de la sesión. Él sacó una caja de pañuelos de papel porque, en el fondo, para un psicólogo ver llorar es como para un cirujano ver sangre. Su día a día.

Pronunciar estas palabras, para mí, fue como una patada en el estómago. Como una patada en el orgullo, también. Quizá no fueron estas exactamente, pero el mensaje de «he perdido el control y ahora estoy acojonada» sí que quedó claro. Aquella confesión suponía perder una batalla (mentira; yo entonces lo sentí así, pero ahora sé que era ganarla) y darles por fin la razón a todas esas personas que durante años se habían preocupado de lo gorda que estaba mientras yo disimulaba restándole importancia. Darles, incluso, la razón a los que me habían insultado con más o menos originalidad gracias al amplio abanico de sinónimos de «gorda», que hay que ver lo rico que es el castellano cuando quiere. Por eso me hice filóloga.

Yo había pedido que mis padres estuvieran delante. Soy hija única y ellos, en aquel momento, eran mis únicas personas de confianza. Además, creía que si ellos lo sabían todo se podrían poner de mi parte y hacerme el proceso de curación más sencillo. Sí, curación. Porque yo sentía que estaba enferma terminal.

¿Y no va este psicólogo y lo primero que me suelta es que nada de lo que le he dicho es verdad? ¿Que ni estoy enferma, ni me voy a morir y, quizá, tampoco tenga un trastorno de la alimentación? Y, lo peor de todo, ¿por qué manda salir a mis padres para decirme todo esto, que no me van a creer cuando se lo cuente yo, porque llevo años engañándolos para convencerlos de que las cosas van mucho mejor de lo que en realidad están yendo y se han llevado una sorpresa enorme al verme tan mal?

Seguramente no le había escuchado bien porque, con la llantina que me había *pegao*, tenía ya tanto moco acumulado que a lo mejor hasta se me habían taponado los oídos. Pero no, no. El psicólogo me estaba diciendo DE VERDAD que yo estaba equivocada. Yo. Equivocada. No puede ser.

¿Me vas a decir tú a mí, señor al que acabo de conocer, que yo no me he encerrado en mi habitación cientos de noches con la excusa de que tenía muchas cosas que hacer, pero en realidad lo que hacía era abrir la mochila y sacar todas las bolsas de patatas y chocolatinas que me había comprado en el supermercado antes de llegar a casa y comérmelas sentada en la cama hasta que me llenaba tanto que caía rendida?

¿Me vas a decir tú a mí, señor que se hace llamar «psicólogo», que yo no era consciente de que los atracones que me metía noche sí, noche también se me estaban yendo de las manos, pero es que la noche que intentaba ser fuerte y no comer era tal la ansiedad que ni podía dormir ni soportar la taquicardia?

¿Me vas a decir tú a mí, señor al que le estoy pagando con MI dinero (bueno, el de mis padres), que en vez de esforzarte por comprender lo dura que es mi situación y lo difícil que es para mí sentarme a reconocer todas mis miserias y la parte que más me avergüenza de mí misma, vas a explicarme que estoy muy equivocada y que si quiero seguir trabajando contigo voy a tener que hacer lo que tú me digas y no lo que yo quiera, que es continuar llorando durante horas y lamentándome toda la vida por lo desafortunada que soy?

Pues sí me lo dijo, sí. La memoria es traicionera y no recuerdo cómo se sucedieron los acontecimientos exactamente, porque hace ya siete años de aquella primera consulta. Pero sí recuerdo cómo me hicieron sentir: en la mierda total.

Por suerte para mí, en aquel momento yo tenía la autoestima hecha añicos y no confiaba lo más mínimo en mi propio criterio, así que, aunque el que luego se convertiría en mi psicólogo durante los tres años que duró mi terapia me cayó supermal en aquella primera toma de contacto, tan perdida y desesperada me sentía y tanto me odiaba que pensé que lo mejor para mí era quedarme muy pegadita a esa persona que nada más verme ya me había puesto en mi sitio. Que eso era lo que yo merecía, una buena penitencia.

Como podréis imaginar (o eso espero), en aquella primera sesión ni mi psicólogo me riñó ni mucho menos me impuso un castigo. Esas fueron mis sensaciones, o quizá mis deseos. En aquella primera sesión yo expliqué que llevaba muchos años comiendo compulsivamente, más o menos desde que tenía trece años; que en los dos últimos la cosa se había puesto mucho peor, y que en los últimos meses me daba unos cinco atracones a la semana; y que había visto por internet que si te dabas más de dos atracones a la semana ya estabas para ingresar; y que no me importaba si me ingresaban, porque ya no me fiaba de mí misma.

Que había engordado mucho, aunque siempre había estado gorda, excepto ese año en el que hice una dieta de lo más restrictiva con la que perdí 34 kilos, pero ahora estaba mucho más gorda que cuando empecé a seguir las instrucciones de aquella pauta de alimentación fotocopiada. Y que estar así de gorda me hacía sentir una fracasada, una decepción para mis seres queridos, una persona sin fuerza de voluntad, una dejada. Y aquí no acababa todo. Es que, además, también llevaba meses con fuertes dolores de tripa, diarreas y un aliento que parecía provenir directamente del infierno. Era evidente que no estaba bien, y necesitaba ayuda para mejorar. Estaba dispuesta a TODO.

La verdad es que dos de las cosas que más me siguen sorprendiendo hoy en día son la fuerza y la motivación con las que tiraba para adelante. Estaba cien por cien convencida de que ESE señor (que me había caído tan mal) me iba a curar, y confié a ciegas en él... no desde el minuto uno, porque, claro, como me desmontó el chiringuito nada más conocernos, yo me quedé un poco desubicada, pero sí desde el minuto 50. Más o menos.

En el minuto 10, nada más pedir a mis padres que esperasen fuera, yo me preguntaba por qué ese señor que me había sentado enfrente, un psicólogo que debía de ser buenísimo porque se lo había recomendado a mi madre una compañera suya de trabajo que también llevaba ahí a su hija, no me devolvió un mensaje de paz, algo así como: «Tranquila, estás en el sitio adecuado, no tendrás que volver a preocuparte nunca más», sino

que se empeñó en desmontar cada una de las cosas que yo le
había dicho para, a continuación, pasar a ponerme los peores
deberes que jamás me habían asignado.

—¿De verdad me estás diciendo que no puedes dejar de comer? ¿Que no eres capaz de adelgazar? Pues yo creo justo lo
contrario. Creo que eres lo suficientemente inteligente como
para saber qué tienes que hacer para perder peso, y tienes acceso a la información para poder hacerlo. Así que, si quieres que
comencemos a trabajar juntos, la semana que viene tienes
que venir pesando un kilo menos que hoy.

Perdona, ¿qué? A llorar otra vez. ¡Qué frustración y qué impotencia! Otro igual que mi madre, que lo único a lo que le
daba valor era a los kilos de la báscula. Además, le había REPE-
TIDO mil veces que odiaba la báscula y no quería pesarme nunca más.

Es que no me podía creer que nadie me entendiera cuando
contaba lo que me pasaba. Llevaba AÑOS callándome. AÑOS
disimulando que todo iba bien. AÑOS restándole importancia
a lo gorda que estaba, como si a mí me diera igual y estuviera
completamente feliz con mi vida. Y AÑOS teniendo un miedo
terrible a las dietas, porque cada intento de volver a perder peso,
como aquella primera vez en la que perdí 34 kilos y todo me
pareció tan fácil, lo único que conseguía era reafirmarme en que
no tenía fuerza de voluntad, no me esforzaba lo suficiente, no
me preocupaba por mi salud tanto como para hacer el sacrificio
de cerrar la boca definitivamente.

Había pasado varias semanas informándome sobre los trastornos de la alimentación a través de internet, y gracias, sobre
todo, a un canal de YouTube en el que escuché por primera vez
los términos «comedora compulsiva» y «trastorno por atracón»,
había entendido lo que me pasaba. Había aprendido que no
todo era bulimia y anorexia, los trastornos más conocidos, y había llegado a la conclusión de que mi problema no era tanto

no poder hacer dieta como estar atrapada en un círculo vicioso de «tengo ansiedad, la calmo con comida y he comido tanto que vuelvo a tener ansiedad».

Pensar que no podía comer un alimento me alteraba tanto que lo único que podía hacer para tranquilizarme era comérmelo sin parar. Pensar en que volvía a estar a dieta me ponía tan alerta para evitar los millones de tentaciones hipercalóricas a las que estamos sometidos a diario que al final no pensaba en otra cosa que no fuera comida.

Y encontrar aquel canal de YouTube en el que una mujer completamente desconocida relataba, punto por punto, todo lo que a mí me había pasado en los últimos años fue como un fuerte abrazo, el mejor que me habían dado nunca. Lo que me había pasado a mí no me había pasado solo a mí. Le pasaba a más gente. Y si le pasaba a más gente, los médicos y los especialistas debían estar al tanto. Por eso, cuando todas las piezas encajaron, llamé a mi madre y le dije: «Mamá, estoy enferma y necesito ayuda médica. Quiero que me consigas cita con un psiquiatra y un psicólogo, porque en cuanto vuelva a España quiero curarme».

Ah, se me había olvidado comentar que los dos años previos a mi primera consulta con el psicólogo había estado viviendo en el extranjero. El primer año en Estados Unidos, paraíso de los fritos, los azúcares y los hidratos de carbono. Allí inicié una relación muy tóxica con las chocolatinas Reese's. Y el segundo año en Londres, donde descubrí que una cadena de cine ofrecía una tarifa plana de 20 libras al mes con la que podías ver todas las películas que quisieras, y donde adquirí la costumbre de entrar a ver la peli que tocase (porque la peli era lo de menos) con una bolsa de las grandes de M&M's (sí, de las de 400 gramos).

El día que regresé a España mis padres me fueron a buscar al aeropuerto. No dijeron nada pero yo vi sus ojos de horror al verme más gorda de lo que me habían visto nunca. La semana siguiente mi madre me acompañó al psiquiatra (privado), a quien le expliqué lo que me pasaba, que no podía dormir por las noches si no me ponía hasta el culo de dulces.

Una semana más tarde acudí junto a mis padres (más adelante entraremos en las consecuencias de la sobreprotección paterna) a la consulta del psicólogo (privado también). Reconocer delante de mis padres todo lo que había hecho mientras estuve en el extranjero fue una de las cosas más difíciles de mi vida. Ver la cara de mi madre al darse cuenta de que todos sus miedos eran reales fue muy doloroso. ¿Por qué hacía sufrir así a mi madre, con lo que ella me quería? Esa culpa me superaba. Escuchar las palabras de ese psicólogo que, lejos de comprenderme y consolarme, me dijo que si quería volver la semana siguiente tenía que adelgazar un kilo fue, simplemente, demoledor.

Por eso, ese día sentí que aquella había sido la peor experiencia de mi vida. La más triste y humillante. Sin embargo, ahora sé que aquel fue, si me permitís la hipérbole, el día más importante de mi vida. La terapia fue, para mí, como la puerta mágica de *Lluvia de estrellas*. Allí llegó una persona y salió otra completamente diferente; tanto que ni siquiera la yo-preterapia habría podido imaginar nunca en lo que me iba a convertir. La terapia me cambió a mí y cambió mi vida. O, mejor dicho, gracias a la terapia yo pude cambiar muchas cosas que no me gustaban y redefinir mi vida en función de lo que realmente quería.

Y no, no logré adelgazar ese kilo que me pidieron. Adelgacé 700 gramos, lo cual me hizo acudir a la segunda cita más derrotada si cabe, ya que pensaba que me iban a «despedir» y se iba a hacer realidad mi mayor miedo: que lo mío no tenía solución.

Pero, de nuevo, volví a salir desconcertada de la consulta. Mi psicólogo me explicó que daba igual si había perdido un kilo o 700 gramos esa semana, pues no nos íbamos a centrar en los resultados, sino en el proceso. Y en esa ocasión lo importante era que me diera cuenta de que sí podía perder peso. De que me había organizado durante la semana para cumplir un objetivo. Así que le había mentido cuando, el día que nos conocimos, y entre lágrimas, le dije que no podía adelgazar.

Por lo tanto, mi peso o mi capacidad para perderlo no debían de ser la causa de todos esos males que yo relaté. Las causas eran otras, y para eso estábamos allí, para ir encontrándolas y ponerles solución.

I

BIENVENIDO AL ABISMO

«He ensayado en mi cabeza tan en detalle lo que voy a decir, que no sé si voy a ser sincero o me voy a dejar llevar por mi propia narrativa».

Hoy sonrío al recordar aquella primera sesión con mi psicólogo, y esa frase que preparé para el temido «cuéntame por qué estás aquí». Fue el 7 de marzo de 2018 —lo sé porque conservo el correo electrónico, no porque tenga una memoria prodigiosa—, un día que aparecerá en esa presentación PowerPoint que se supone que todos vemos justo antes de morir, y que recoge los momentos más importantes de nuestra vida: Esta_es_tu_vida_definitivo_OK.ppt

Ponerme delante de un psicólogo era algo que durante mucho tiempo sabía que acabaría por hacer, pero a lo que no me había atrevido. El estigma en torno a la salud mental (ese que nuestra generación está empezando a resquebrajar) me hacía creer que acudir a un profesional para tratar mi estado de ánimo era el último recurso, la constatación de que mi fuerza de voluntad era débil o nula; quería decir que no había sido capaz de solucionar mis problemas yo solito, que había perdido la partida. Ser *alguien que va al psicólogo* significaba convertirse poco menos que en un loco de atar, en alguien molesto e incómodo que los demás harían bien en evitar.

Ni en mi infancia, ni en mi adolescencia ni en mi primera juventud conocí a nadie que fuera al psicólogo, o al menos a nadie que hablara de ello abiertamente. Los profesionales de la salud mental me parecieron siempre un espejismo lejano, una de esas profesiones que solo aparecen en las películas y en las novelas. Como mucho, me podía imaginar a psicólogos en la gran ciudad, ese territorio abstracto en las antípodas de mi pequeño pueblo manchego. Pueblo que, si escucháis *¿Puedo hablar!*, no hace falta que diga que es Alpera, en Albacete (2.000 habitantes, os ahorro la búsqueda en Wikipedia).

Cuando me marché del pueblo para estudiar en la universidad, a quienes sí conocí fue a algunos estudiantes de Psicología. Es chocante que entrara antes en contacto con personas que se iban a dedicar a esta rama de la salud mental que a alguien que hubiera recurrido a ella. Por una pura cuestión estadística, debería haber ahí fuera muchos más pacientes que psicólogos, ¿no? La cuestión es que, aunque calculo que hubiera necesitado ayuda profesional desde los quince años, tardé casi otros quince en pedirla. Porque, aunque la primera sesión de terapia es un momento trascendente, el instante realmente importante es aquel en el que te rindes a la evidencia y tomas la decisión de pedir ayuda. Ese momento en el que *te rindes*, en el que tu tren de pensamiento llega a una conclusión tan complicada como liberadora: «No puedo con esto yo solo».

En mi caso, ocurrió en Berlín. A mediados del mes de febrero de 2018 tuve que viajar unos días a la capital alemana por trabajo, excursión que alargué para tener tiempo de visitar la ciudad en condiciones. Era mi segunda vez en Berlín; la primera fue un viaje con dos amigas que también aparecerá en ese Power-Point final, aunque con imágenes gozosamente borrosas. Para un marica reprimido como era yo entonces, Berlín era el escenario ideal para confrontar sus miedos. Todo lo que puedas imaginar se puede hacer en Berlín, si das con el lugar adecuado.

De aquella visita anterior guardo un recuerdo feliz, aunque también me vienen momentos de sufrimiento que solo hoy, tras años de terapia, puedo entender del todo. Como esta vez iba por trabajo, viajé solo. Siempre he disfrutado de la soledad, y no era el primer ni el segundo viaje que enfrentaba sin compañía. Estaba entonces convencido de que jamás iba a formar una pareja o una familia por mi cuenta, así que más me valía acostumbrarme a hacer planes conmigo mismo. En esos viajes sin acompañante me cargaba de libros y cuadernos para espantar la soledad con palabras. Leyendo y escribiendo me sentía menos solo, y me parecía que poner negro —o azul— sobre blanco mis impresiones hacía que el viaje me enseñara algo de mí mismo, que se convirtiera en un trayecto de autoexploración. También reconozco que estar en una cafetería en Bruselas o en una coqueta pizzería napolitana escribiendo en una libretita me hacía parecer interesante, o eso creía yo.

En aquel viaje, sin embargo, no fui capaz de engañarme con nada. Hacía ya demasiado tiempo que la desconexión con mis emociones era alarmante, que mi autoestima ni estaba ni se la esperaba, y que mi cerebro se había convertido en una trampa. Todo esto solo lo supe verbalizar después. En ese momento me limitaba a sentir una tristeza absoluta, una ausencia de ilusión que no conseguía distraer, que me ahogaba. Encontrarme allí solo, una vez finiquitadas mis obligaciones laborales, no se pareció en nada a ese tiempo que me había imaginado disfrutando de una ciudad fascinante. Febrero es un mes muy frío en Berlín, y el mismo hielo que veía en las calles lo sentía en el corazón mientras paseaba por la ciudad con la canción «No me pidas más amor» de Merche en bucle. (No sé por qué esa, y no sé si constituye un síntoma de *mental breakdown*).

Por azares del destino, fui a ver una instalación artística en un lugar llamado Kraftwerk, un gigantesco hangar soviético reconvertido en centro cultural. Los artistas Christopher Bauder y Kangding Ray habían inaugurado allí SKALAR, un dispositivo de espejos circulares que subían y bajaban del techo acompañados por un derroche de luces y música electrónica completamente espectacular (si buscáis «SKALAR Kraftwerk» en YouTube, hay muchos vídeos). Es de las obras más impresionantes que he visto nunca, y me llevó a un estado contemplativo que, como los espejos de la obra, me devolvía mi reflejo pasado por el filtro del arte.

Quizá mis recuerdos han romantizado lo que sentí viendo aquel despliegue de creatividad y técnica, pero el caso es que, leyendo sobre la instalación al salir de allí, descubrí que lo que los autores perseguían era un recorrido por ocho emociones humanas básicas (anticipación, ira, asco, miedo, alegría, tristeza, sorpresa y confianza) y que, no sé cómo, conmigo lo habían conseguido. Estar en medio de aquella instalación —podías moverte por ella con libertad, eligiendo desde dónde la contemplabas— me había provocado potentes sensaciones. Para alguien emocionalmente bloqueado como era yo entonces, quizá la perspectiva intelectual que proponía la obra ayudó a que conectara con sentimientos que en mi *vida real* tenía encerrados bajo siete llaves.

Comprendí entonces que no era sano que dos señores alemanes que no me conocían de nada tuvieran más capacidad que yo mismo para conectar con mis emociones. Haber vivido ese éxtasis a través del arte me permitió articular la idea de que solo dejaba que mi interior —mis deseos, mis frustraciones, mis miedos— afloraran en territorios intelectuales, que era donde me sentía seguro, porque mi raciocinio podía mantener el control. Mi inteligencia (sea la que sea) siempre me ha hecho sentir seguro. Mis emociones, hasta que llegó la terapia, eran una amenaza. La antesala del dolor, del rechazo, del ridículo.

Cuando escribo esto, muchas sesiones después, veo clara la secuencia lógica y la concatenación de elementos que me condujeron a la decisión de ir al psicólogo. Pero en aquel momento no era consciente del camino que iba a emprender: tenía tanto miedo y tanto rechazo por mí mismo que ayudarme —y permitir que otros me ayudaran— no fue ni mucho menos una apuesta consciente y deliberada, fruto de una lectura de mis necesidades. Yo era una persona devorada por la oscuridad, superada por el esfuerzo de estar vivo; alguien que fantaseaba continuamente con dejar de existir. Aunque ahora soy capaz de contarlo dándole una cierta estructura, aquel día en el que empecé a comprender que necesitaba ayuda paseando por Berlín, mi cabeza no hizo clic ni se me apareció ningún ángel en el cielo. De hecho, me sentí peor de lo que me había sentido nunca en mi vida. Aunque quienes ya estamos embarcados en este camino identificamos cuándo y cómo dimos los primeros pasos, no hay que esperar un instante iluminado por la revelación o un guiño del destino para ponerse a trabajar en nuestra salud mental.

De hecho, hubo algo más importante que aquel viaje. Algo que cambió mi relación con la terapia de una manera directa e irreversible. Unos meses antes mi amiga Alberto —conocida mundialmente como la Caneli— comenzó a ir al psicólogo. Después de toda una vida sin ejemplos cercanos, había en mi entorno *alguien que va al psicólogo*. No tenía que imaginar cómo serían esas personas ni recurrir a un ente abstracto al pensar en un paciente de terapia. Una de mis mejores amigas lo era, y me hacía partícipe de sus avances. Más allá, a un nivel práctico, que Alberto me pasara el contacto de ese psicólogo, que se convirtió en el mío, facilitó infinitamente que me atreviera a pedir una cita.

Muchas veces queremos ayudar a nuestros amigos y no sabemos cómo hacerlo. Estoy seguro de que mis amigas —porque, aunque sean chicos, yo tengo amigas— se preocupaban por mí y querían sacarme de ese pozo que, no me cabe duda, detectaban. Algunas habían tratado de hablar conmigo con sinceridad, querían echarme una mano para desenmarañar el nudo de autoodio que llevaba enredado dentro de mí desde que tengo memoria. Y, sin embargo, lo que más me ayudó fue sencillamente que alguien cercano me sirviera de ejemplo.

No recuerdo si alguna de mis amigas pronunció las palabras: «Necesitas ayuda profesional». Es probable. Lo que sí sé es que, frente a la ignorancia y al estigma, un consejo vale poco, por más certero que sea. Sin embargo, convertirse en un ejemplo sí tiene poder contra esos gigantes.

Creo que esta cuestión pone de manifiesto dos cosas: primero, que la visibilidad es fundamental. Si a Alberto le hubiera podido la vergüenza, si hubiera mantenido en secreto que había recurrido a un psicólogo, yo habría tardado todavía más en dar el paso. Por suerte, si algo le falta a la Caneli es vergüenza. Y, en segundo lugar, más importante aún, esto revela que en una amistad o en cualquier relación afectiva, cuidándonos nosotros estamos cuidando a los demás.

La moral judeocristiana nos ha vendido desde siempre la idea de sacrificio, y la masculinidad hegemónica entiende la lealtad a los demás como una cuestión de honor marcial. Frente a eso, poner el foco en los cuidados y autocuidados nos libera de esa estructura de interdependencia jerárquica, de fidelidad a cualquier precio, para sustituir esas ideas por la construcción de un ecosistema equilibrado y sano. Alberto, poniendo su cuerpo como el receptor primero del estigma en torno a la salud mental, facilitó que yo pudiera habitar después ese territorio. La apuesta por los cuidados y las conexiones constructivas, frente al gregarismo cerril de las manadas, es la que me obliga a decir que tengo amigas y no amigos.

Al volver de Berlín, y con la decisión tomada de empezar la terapia, mi cabeza dio todas las órdenes pertinentes para boicotearme. Probablemente tardé varios días en atreverme a escribir un mail al psicólogo; estoy seguro de que cuando lo hice, al pulsar el botón de «enviar» me fui corriendo de la habitación, como un niño que ha hecho una travesura. Así funciona una de las docenas de respuestas automáticas de mi ansiedad: cuando logro hacer algo que me produce estrés, tengo que huir de donde lo he hecho, dar una vuelta, y solo entonces puedo volver. Esos automatismos me hacen sentir como el ratoncito de un experimento al que un científico hace recorrer un laberinto persiguiendo un trocito de queso (manchego, por supuesto).

Cuando el psicólogo me respondió y agendamos la cita, sentí algo parecido a ese momento en el que, en los parques de atracciones, baja la barra del cochecito de la montaña rusa: quiero bajarme, necesito bajarme, pero ya no hay vuelta atrás. ¿En qué estaría yo pensando cuando me monté? ¡No quiero estar aquí! ¡Tengo que escapar! Pero ya es demasiado tarde. Empieza el traqueteo de la subida. Clac, clac, clac, clac.

Los días previos a la primera consulta fueron un suplicio. Ahora sé que, entre mis variados condicionamientos mentales, sufro de uno llamado «ansiedad social». Lo paso realmente mal cuando tengo que vivir una experiencia social nueva —acciones como ir a apuntarme a un gimnasio o comprar en una frutería que no conozco pueden ser un infierno—, lo cual me hace entrar en bucle en mi cabeza, calculando todas las posibles variantes de lo que va a suceder. Qué voy a decir, cómo voy a decirlo, qué me pueden responder, qué voy a hacer si digo una tontería, cómo puedo escapar de la manera más rápida... y un infinito etcétera. Como se puede intuir, es agotador y casi siempre inútil.

Ese estrés ya me paralizaba para hacer tareas sencillas. A veces era incapaz de entrar en una tienda a no ser que pudiera ver a través del escaparate cómo era por dentro, dónde estaba el dependiente, si había otros clientes, etc. Hay territorios enteros (¡la pescadería!) que me sigue costando atravesar por ese

miedo irracional. Una sesión de terapia (acción nueva) en la
consulta de un psicólogo (lugar nuevo), algo que hasta ese
momento yo había visto como mucho en el cine, supuso multiplicar por dos mi ansiedad social, mezclándola con el ya difícil hecho de encarar una conversación sobre temas que llevaba años bloqueando.

Mi cerebro se puso por tanto a trabajar a toda máquina para
proyectar cómo iba a ser esa primera charla. Entendía que,
para tratarme, el psicólogo tendría que conocerme. Pero llevaba
tanto tiempo sin tener una conexión real conmigo mismo que
no sabía si iba a ser capaz de contar la historia de mi vida tal
como era, de hablar de mis sentimientos con sinceridad. Mi
inteligencia racional había levantado una intrincadísima estructura para hacerme habitable el mundo; algo parecido a una
catedral barroca profusamente ornamentada de engaños, auto-
engaños, mentiras, cinismo, mecanismos de defensa, envidias…
Pero construida, claro, con los peores materiales. Una catedral
que yo conocía al dedillo, por cuya débil estructura podía trepar
y saltar con los ojos cerrados mientras contaba chistes, cual
gárgola de *El jorobado de Notre Dame*.

Yo no sabía entonces que ese complejísimo diorama que ha-
bitaba era de cartón piedra, que los muros ricamente decorados
con mis argucias iban a venirse abajo al primer embiste de sentido común y que las vidrieras arcoíris se iban a deshacer como
papel de celofán cuando entrara, como un ariete, la aceptación.
Antes de ese primer día de terapia yo vivía instalado en la torre
más alta de mi infelicidad, y aunque una parte de mí quería
escapar, las demás se negaban, por puro terror a transitar hacia
lo desconocido.

Quería abandonar esa tristeza que había convertido en mi
hogar, pero ¿qué pasaría si me podía la vergüenza al describír-
sela con detalle al psicólogo? ¿Cómo reaccionaría él si acababa
inventando una vida que me pareciera menos sonrojante, o unas

emociones que no me dieran tanto reparo? ¿Iba a ser capaz de contarle a un desconocido que muchas mañanas no podía ni levantarme de la cama porque no soportaba arrastrarme un día más por este mundo? ¿Le iba a tener que detallar que muchas veces me imaginaba saltando por la ventana del tercer piso donde vivía entonces, y que esa fantasía me consolaba de mi dolor? Toda la vida había estado engañándome con los cuentos más sofisticados, levantando los muros de mi catedral fortaleza. Si los demás me asustaban, yo me etiquetaba como misántropo; si mi cuerpo me asqueaba, yo me definía como puro intelecto; si no era capaz de mostrar afecto, inventaba un desprecio al contacto humano; si sentía vergüenza ante mis padres, me adjudicaba el papel de hijo distante. Para cada problema, mi capacidad narrativa enmarañaba una explicación posible que me desplazaba de la responsabilidad de comportarme de manera honesta. La capacidad para alzar esa estructura a medida en mi cabeza me había permitido navegar el mundo evitando —o eso creía— dolores mayores. Era toda la realidad que conocía.

Por ese motivo, cuando efectivamente me planté delante de mi psicólogo en aquella primera sesión, lo hacía habiendo ensayado hasta la extenuación cómo se iba a desarrollar la charla. Qué cosas me urgían más, qué emociones me resultaban más insoportables, qué decisiones no me atrevía a compartir, qué aspectos de mi vida me causaban más daño... Y para cada relato honesto de mi experiencia vital, mi cerebro comenzaba a esbozar justificaciones o mentiras que me dejaran en mejor lugar, caminos alternativos pero verídicos que no desembocaban directamente en mi miedo y en mi dolor. Unos problemas, en fin, menos vergonzosos.

Cuando llegó el día de la cita, fui caminando hasta la calle aledaña a la Gran Vía donde estaba la consulta. Como los nervios me habían hecho salir con tiempo y prácticamente había corrido hasta allí —porque cuando tengo ansiedad me muevo

más rápido, como las gacelas en la sabana—, todavía me dio
tiempo a dar una decena de vueltas a la manzana intentando
tranquilizarme. Recuerdo que hice lo mismo, años atrás, antes
de entrar en el sitio de Alicante donde me puse el piercing en
la nariz. En ambas ocasiones el resorte era el mismo: intenta
retrasar lo que viene, porque va a doler.

Toqué el timbre, el psicólogo respondió y me abrió el portal.
En el ascensor, los cuatro pisos se me hicieron eternos. De nuevo la montaña rusa. Clac, clac, clac, clac, clac. El cochecito que
sube despacio hasta las nubes. Cuando cruce el umbral, no habrá vuelta atrás.

Se parte en dos la puerta del ascensor. Rellano estándar de
piso madrileño de bien. La puerta, a la izquierda. Clac, clac,
clac, clac. Toco el timbre. Me abre un señor atlético, de cara
afable, muy educado. Me saluda. «Soy Enrique», respondo, y me
doy cuenta de que ya lo he dicho en el telefonillo (estúpido,
estúpido). «Pasa por aquí». Mi pulso se relaja un poco porque
ya puedo observar el espacio y valorar cómo huir si es necesario.
Me siento. Clac, clac, clac, clac.

Juan Peris, mi psicólogo, la persona que va a poner remedio
a décadas de tristeza, me sonríe desde la butaca que hay enfrente de la que ocupo yo, en una sala circular decorada con gusto.
Una habitación tranquila, despejada, luminosa; el reverso del
torreón recargado de embustes que estoy a punto de abandonar.
Llega la temida frase: «Cuéntame por qué estás aquí». Clac, clac,
clac… clac.

Hablo con la boca seca: «He ensayado en mi cabeza tan en
detalle lo que voy a decir, que no sé si voy a ser sincero o me
voy a dejar llevar por mi propia narrativa». No hay más subida,
estoy en mitad del cielo, suspendido un instante. Solo. Soy una
figurita oscura recortada sobre un azul absoluto.

«La narrativa es todo lo que los humanos tenemos. Lo que
somos, lo que nos pasa, lo que pensamos, lo que decimos a los

demás, lo que nos decimos a nosotros mismos… A todo eso le damos forma narrativa, así que somos nuestras narrativas». Con su respuesta, Juan impidió la caída. No me precipité al vacío. Pero lo que sí reveló, al desmontar el conflicto entre lo que soy y lo que me cuento que soy, fue el abismo que me separaba de mí mismo. No estaba en el aire, a punto de caer al infinito, sino frente a un abismo inmenso que apareció, emergió, se hizo visible delante de mí. Un abismo que entonces me parecía insondable, pero que, como todo vacío, precisa de un principio y un final. Porque si no, no es vacío. Es la nada. Y yo no soy la nada.

El precipicio que tanto me había empeñado en ignorar marcaba la distancia que me separaba del Enrique que podía, que debía ser. Un Enrique entonces microscópico, que solo podía intuir al otro lado de ese negro espacio esperando ser transitado. El Enrique que escribe hoy, sereno, tras haber llegado al otro lado.

2

LOS PILARES DE MIS TRAUMAS

No, hacer terapia no es tan *cool* ni tan glamuroso como nos lo han enseñado en las películas. No, no te sientas en un diván y te pasas horas hablando sin parar sobre los recuerdos de tu infancia. Más bien es como ir a clases de refuerzo. Te sientas frente al psicólogo y vas haciendo tareas: de repaso, unas veces, o de profundización, otras. Con la diferencia de que, mientras en la clase de refuerzo sales con las dudas resueltas, de la consulta sales con millones de preguntas que, poco a poco y durante los siguientes días, van encontrando (o no) su respuesta. Ahí es cuando tú empiezas a darles vueltas a tus recuerdos, a encajar piezas y a recomponer la historia de tu vida desde una nueva perspectiva.

Y si el cómodo diván sobre el que divagas mientras un psicólogo toma notas es todo un cliché, la relación entre la infancia y cómo nos comportamos en la vida adulta no lo es tanto.

¿Sabes cuando se dice, sobre el empresario de éxito de turno, que es una persona que se ha hecho a sí misma? ¿Que la gente lo dice dando a entender que si ha llegado hasta donde está ha sido gracias a su trabajo y esfuerzo, obviando la herencia que le dejaron sus padres, que eran tan ricos o más que él? Pues cuando tú piensas en ti y crees que tienes la personalidad más increíble del planeta Tierra, el bagaje cultural más exquisito del club de lectura de tu barrio y los ovarios mejor puestos para ir a por todas en la vida, tiendes a olvidar que la persona en la que te has convertido tiene muchísimo que ver con la familia que te crio.

No somos lo que comemos. Menos mal, porque entonces yo sería un queso maloliente de 100 kilos. Somos lo que nos dieron de comer. Si mi hobby favorito es ir al cine es porque mi padre me llevó miles de veces de pequeña. Si me encanta el humor es porque mi madre siempre compraba entradas cuando traían obras de risa al teatro. Si me siento tan cómoda escribiendo es porque, cuando me quedaba a cargo de mi abuelo, él, para entretenerme, me proponía que escribiera cuentos. Y si me gusta tanto cantar es porque mis dos abuelas se pasaban el día canturreando, ya fuera en casa, en la iglesia o en las fiestas populares.

Y hasta aquí la *misterwonderfulidad*. Porque ahora también sé que si soy una persona tan autoexigente es porque mis padres se alegraban cuando sacaba un 8, pero me dejaban caer que podría haber sacado un 10; que si tengo el constante sentimiento de no ser suficiente es porque en casa me convencieron de que estar gorda era un problema que me iba a poner las cosas mucho más difíciles en la vida; que si estoy tan a gusto y tranquilita sola es porque soy hija única y tuve que aprender a la fuerza a pasármelo genial conmigo misma; que si soy insegura ante los cambios y lo que es diferente es porque mi abuela me educó metiéndome miedo por todo; que si he llegado a tener la ansiedad tan descontrolada es porque a mis padres les pasa exactamente lo mismo que a mí, y al final ellos fueron mis modelos a la hora de aprender a gestionar determinadas situaciones; y que si como para sentirme mejor es porque la comida, en mi familia, siempre ha sido algo más que lo que hay en la nevera.

Además, otra lección que me quedó muy clara desde que era muy pequeña es que había que ser buena. De esa se encargaron mis abuelos maternos. Eran dos personas humildes, muy cariñosas, con poca educación (en el sentido académico del término) y un gran respeto por las tradiciones. Sobre todo por las de «como Dios manda». Con ellos iba a misa, a vendimiar, a la matanza, a los toros, a las verbenas, a coger setas, moras... Con ellos pasé todos mis veranos hasta que me vino la regla. Luego os cuento por qué.

Mi abuela era una mujer con mucho carácter y muy estricta, y la que se encargó de enseñarme a ser buena. «Ser buena» significaba estar calladita, sonriente, no dar guerra, no fiarse de los chicos, ponerse guapa y no mancharse, no mentir, pedir permiso para todo y hacer cualquier cosa que te mandasen sin rechistar. Lo que pasa es que yo, al igual que ella, también saqué carácter.

Mi abuela me explicaba con paciencia que dentro de mí vivían dos Beatrices: Beatriz la buena y Beatriz la mala. Y a la mala, por supuesto, había que reprimirla. Costara lo que costase. Y durante años me esforcé en hacerlo, pero hoy en día creo que ganó la mala. La mala era mi verdadero yo, mi esencia, mis deseos. Lo otro era el «yo» de cara a la galería, el que cumplía las expectativas que los demás pusieron en mí. Durante muchos años me sentí triste y culpable tras comprender que había ganado Beatriz la mala y que mi existencia provocaba dolor en mi familia, que tanto me quería. Menos mal que haciendo terapia aprendí que las cosas no son buenas o malas, eso son juicios morales subjetivos que solo nos aportan presión extra o malestar.

Y cuando no estaba con mis abuelos estaba con mis padres. Ellos eligieron para mí un colegio de monjas en el que pasé quince años de mi vida. En ese colegio se reforzó la idea de que solo era una buena niña la que era obediente y responsable, y que solo merecían respeto quienes sacaban mejores notas o escribían los poemas más bonitos a la Virgen. Y como yo era espabiladilla, entendí pronto que, si quería que me fuera bien, lo único que tenía que hacer era estudiar mucho y ser poeta.

De niña me sentí muy querida. De mi madre, concretamente, siempre he tenido la sensación de que se desvivía por mí. Igual que mi abuela siempre me amenazaba para que YO y MIS ACTOS no le hicieran daño a ELLA (por ejemplo: «Que no te vean con chicos por la noche, que me das un disgusto»), lo que mi madre me ha transmitido siempre es un amor inconmensurable, absoluto, un «lo voy a dar todo POR TI», y «hagas lo que hagas, voy a estar contigo». Por mi padre también me sentí muy querida, lo que pasa es que él, quizá por ser hombre, no era de expresarlo. Con él hice las cosas más guais, como ir de excursión, al cine, a comer a sitios chulos, a conciertos…

Fui hija única, sí, pero no por gusto. Como éramos una familia «como Dios manda», Dios mandó que, aunque mis padres lo intentaron mucho, me quedara sin hermanos. Supongo que por eso fui una niña querida en exceso, mimada hasta el límite y muy sobreprotegida.

Mis padres y mis abuelos eran las personas más importantes de mi vida. Solo ellos me aportaban seguridad, estabilidad y tranquilidad, y salir de ese nidito, tomar mis propias decisiones, me costaría muchísimo más de lo que yo me pudiera imaginar.

2

ESTA ES MI HISTORIA, PATRICIA

Las primeras sesiones con el psicólogo son algunas de las horas más extrañas que he vivido. El miedo con el que me presenté en la consulta se bifurcó en direcciones múltiples y contradictorias. Aunque sentarme a hablar sobre asuntos que llevaba décadas ocultando fue muy duro, abandonaba la consulta de Juan con un conato de euforia que hoy identifico como la emoción positiva de sentir que por fin estaba tomando las riendas de mi vida, que estaba haciendo algo bueno por mí mismo.

Mi proceso terapéutico comenzó —como supongo que empiezan todos— con un estado de la cuestión, un sumario vital para que el psicólogo supiera a qué se enfrentaba. Tras la primera consulta, Juan me pidió que pusiera por escrito un resumen de la historia de mi vida, una breve biografía en la que explicara los antecedentes de las cosas que me habían motivado a pedirle ayuda. Yo afilé mi pluma de oca y rellené el tintero. Durante una semana estuve escribiendo un texto al que llamé «Página en blanco», aunque en mi fuero interno siempre se llamó «Esta es mi historia, Patricia». Por la cara que puso Juan cuando se lo entregué, comprendí que no mucha gente se presentaba allí con un taco de dieciséis folios.

Como soy así de pedante, inicié aquella relación de mis desgracias citando el principio de *El guardián entre el centeno*, de

J. D. Salinger, ese libro que nos gusta tanto a quienes tenemos la necesidad de sentirnos especiales: «Si de verdad les interesa lo que voy a contarles, lo primero que querrán saber es dónde nací, cómo fue todo ese rollo de mi infancia...». Una triquiñuela que me servía para introducir la narración de mi niñez, ese periodo que siempre consideré como llanamente feliz, pero al que, tras el trabajo con el psicólogo, ahora soy capaz de contemplar con la profundidad de sus claroscuros.

No sé si hay alguien que necesite ir a terapia exclusivamente por los problemas que tiene de adulto; no sé si hay traumas o desengaños que no empapan la primera parte de la vida. Sé que ese no es mi caso ni el de nadie que conozca. Siempre que hablo de mi proceso terapéutico, o cuando mis amigas me explican el suyo, buena parte de la carga recae sobre los niños que fuimos y sobre las estructuras familiares y sociales en las que aprendimos a ser personitas.

Antes de empezar con la narración en primera persona, no puedo por menos que trasladar un pequeño aviso: mis padres, mis familiares, mis profesores, mis compañeros, mis vecinos y todas las personas que de alguna manera dialogaron conmigo durante aquellos tiernos años no tienen la culpa de mis traumas. Al menos no una culpa directa que yo les achaque. Hubo gente que me trató mal, hubo individuos concretos que me hicieron daño con intención, hubo quien me eligió como diana de sus frustraciones, pero son los menos.

La mayoría, sobre todo la gente más cercana, me trató como supo o como pudo, igual que hacemos todos. Explicar hoy algunos detalles de mi historia personal para usarla de ejemplo me obliga a hablar de ellos, pero eso no convierte este relato en un ajuste de cuentas, porque no lo necesito. No lo necesito gracias a mi psicólogo, ya que una de las tareas principales que hemos trabajado es la relación que tengo con el niño que fui.

Toda infancia deja asuntos mal resueltos o directamente sin resolver. Incluso si las necesidades básicas están cubiertas, como considero que fue mi caso, algunos complementos circunstanciales se cuelan en la oración para complicarnos la vida, y desatenderlos puede provocar que se queden con nosotros mucho más tiempo del que deberían. Porque esos niños que fuimos aún nos acompañan.

Durante una de las primeras sesiones Juan me explicó que todos llevamos dentro varias versiones de nosotros mismos, y que dos de las principales son «el niño» y «el padre». El primero es la fuerza que nos hace rebelarnos, portarnos mal y hacer cosas que sabemos que no son buenas para nosotros, como un mocoso que se pone a romper algo o a berrear en el supermercado. También es el que sigue buscando jugar, el que disfruta más puramente de lo bueno de la vida. Ese niño es quien toma el control cuando enfrentamos la frustración o la tristeza con enfados, con berrinches, con destrucción y autodestrucción. Por su parte, el padre es su contrario. Es el que riñe, el que sanciona nuestro comportamiento. La voz autoritaria que dicta las normas y que se ocupa de ejecutar los castigos pertinentes. Es el que mantiene la disciplina en nuestra vida, pero si le damos demasiado poder, nos hará sentirnos mal ante cualquier equivocación.

Es muy fácil de entender con un ejemplo: durante mucho tiempo no he sido capaz de salir por la noche solo si me apetecía y solo hasta cuando me apetecía. Salía y me lo pasaba bien, pero siempre quería más: más horas, más copas, más de todo lo que se me pusiera por delante. A la mañana siguiente me despertaba temprano por instinto, con la consabida resaca o sin ella, y me pasaba el día sintiéndome culpable, enredado en hacer tareas del trabajo, del hogar, de lo que fuera, para *compensar* las horas de farra del día anterior. No podía descansar, no podía tomarme un domingo libre. Pasarlo bien conllevaba el

castigo de trabajar inmediatamente después. Un circuito agotador que no me dejaba tiempo para pensar en por qué hacía lo
que hacía, y que convertía mis fines de semana en espacios para
la ansiedad y la culpa.

En terapia comprendí que ese niño y ese padre que me habi-
taban estaban librando un pulso, de la manera que sabía cada
uno. El niño me pedía transgredir mis límites, abandonarme
a placeres y vicios, y el padre me exigía ejemplaridad y una en-
trega absoluta a las obligaciones. Una combinación explosiva,
esta de ser Pocholo de noche y la señorita Rottenmeier de día.

Esa disociación en varios Enriques, el que se pasa y el que se
castiga por pasarse, el que anula la razón para dejarse llevar y el
que es todo razón y no se permite fluir, era un síntoma (uno de
muchos, que esto no ha hecho más que empezar) de un desaso-
siego sin forma concreta, de una frustración para la que no
había sido capaz de encontrar razones, porque hasta que no me
tumbé en el diván (metafórico, porque Juan tiene unas butacas)
ni siquiera había sido capaz de detenerme a hablar sobre lo que
sentía.

Quizá esa sea la primera lección que te enseña la terapia:
nuestras emociones necesitan tiempo. Hasta que empecé las
sesiones había estado ignorando mi estado de ánimo con notable destreza. Ya me ocupaba yo de no tener tiempo para pensar. Aunque mi vida era (y es) tan ordinaria como la de cualquiera, mi agenda tiende a la densidad de la de un ministro o la
de Miss España. Parece imposible sacar un rato para algo tan
poco productivo, en términos neoliberales, como reflexionar
sobre lo que siento. Una necesidad básica que solo logré priorizar pagando a un psicólogo privado. El turbocapitalismo sigue
su curso.

3

¿POR QUÉ NO ENCAJO?

Según las estadísticas de mi cuenta de Instagram, extraídas con el increíble método de las encuestas de los stories, un 67 % de mis seguidoras se sentían, cuando eran pequeñas, unas niñas que no encajaban. No está nada mal la cifra. Primero, porque si tanta gente se sintió diferente, ¿por qué no nos plantamos y cambiamos las cosas para que «los raros» seamos la norma? Y, segundo, porque me confirma algo que nunca imaginé: que hay gente que sí encaja.

Encajar es sentir que estás en tu sitio, en un lugar donde te encuentras cómodo o al que le tienes pillado el tranquillo. Encajar cuando eres niña significa que en la escuela estás a gusto, que en tu familia no tienes problemas y que tienes amigos. La cosa es que yo no tenía muchas preocupaciones en el colegio, en mi familia todo funcionaba bien y era una niña muy sociable.

Reconozco que yo pensaba que creerse diferente, especial o fuera de lugar en tu entorno era algo que nos pasaba a todos. Pero no. Hay gente, aunque no sea la mayoría (según mi estudio no oficial, que no se nos olvide), que está a gusto con lo que le toca y ni siquiera necesita plantearse si habrá algo mal en su vida o en el mundo en el que vive. Porque cuando sientes que no encajas solo hay dos soluciones para tu problema: o el mundo está mal, o tú estás mal. ¿Y cómo va a estar mal el mundo, si lleva girando tantos años?

No tengo el recuerdo de que, durante mi infancia, yo me sintiese mal. Todavía nadie me había dicho que yo era un problema (faltaban unos años para que eso ocurriera). Sin embargo, desde muy muy muy pequeña, yo sabía que no era como los demás. ¿Mi único argumento? Que lo que a mí me interesaba no era del gusto de la mayoría y que el gusto de la mayoría a mí me parecía que estaba bien para un rato, pero yo prefería otras cosas.

Me encantaban los juegos de mesa, pero al resto le gustaba más estar al aire libre, corriendo, saltando o jugando con sus patines. Por eso, de niña pasé más tiempo con mi abuela y sus amigas que con la gente de mi edad. Y mi abuela, tan contenta de que yo estuviera a su vera, bien controlada y sin andar dando saltos por ahí, que a saber qué podría pasarme.

Me encantaban las películas, pero el resto de los niños no iban al cine tanto como yo. Además, en mi casa hubo reproductor de vídeo y ordenador desde que yo era muy pequeña, pero no tenía con quién compartir mi afición al *Príncipe de Persia* o mi pasión por las películas de Disney. Cuando estaba con otros niños, me adaptaba a lo que hacía la mayoría y punto. Pero cuando realmente disfrutaba y me lo pasaba bien era cuando estaba sola y me ponía a leer o a jugar con mis muñecos, con los que me montaba unas películas que ya quisiera la Warner Bros.

Al mismo tiempo, también tenía ese miedo a no hacer amigos, a quedarme sola DE VERDAD. En el cole me llevaba bien con todo el mundo, pero solo me llevaba genial con una niña, que era vecina de mis abuelos maternos. Yo quería ser incluida en los planes de los demás, incluso aunque no me hicieran mucha gracia, pero a veces sentía que los demás no querían estar conmigo. Y aprendí lo que era el abandono cuando, después de un verano, esa chica con la que yo me llevaba genial dejó de prestarme atención. Yo no sabía qué había hecho y ella no me lo explicaba porque ya no me hablaba. Aquello me dolió tanto que al año siguiente extendí un rumor sobre ella en el cole. Así fui experimentando por primera vez mis inseguridades y aprendí que estas podían disimularse con mentiras.

La primera ocasión en que «todo estalló» fue un día de diario, a mediodía, cuando, con ocho años, tuve mi primer ataque de ansiedad. Por supuesto que en aquel momento yo ni me imaginaba que lo que me había pasado era un ataque de ansiedad. Creo que mis padres tampoco.

Lo que me pasó fue que mi curso estaba preparando una obra de teatro, la de *Los Trotamúsicos*. Yo me quedé sin papel en la obra, algo que me jodió un montón, pues siempre he sido muy teatrera y creía que podía hacerlo mejor que cualquiera de mis compañeros. La suerte, la mala suerte o simplemente la casualidad quiso que, el día antes del estreno, una de las chicas, que hacía de ladrón, un papel que solo tenía una línea de diálogo, se pusiera enferma y su familia avisase de que no iría a clase durante varios días. La profesora a cargo de aquella actividad debía de saber que yo tenía muchas ganas de participar en la obra, así que me ofreció a mí el papel de ladrón. Lo acepté encantadísima.

Al día siguiente, cuando fui a casa a la hora de comer, tenía que preparar la ropa que me serviría para meterme en mi papel. Mi madre me estaba ayudando a escoger unos vaqueros y un pañuelo con el que taparme la cara, cuando, de repente, sentí que no podía hacerlo. Que no quería subirme al escenario a decir mi frase, que me iba a salir mal. Y, al mismo tiempo, creía que DEBÍA hacerlo, porque no podía fallar a la profesora y a mis compañeros ya que, a esas alturas, sería difícil encontrar otro sustituto.

Estos sentimientos cruzados me hicieron saltar por los aires y, de pronto, me faltaba el aire, me ahogaba. Quería llorar, pero no podía. El pulso se me aceleró y noté cómo palpitaba mi corazón igual que una bomba de relojería. Las piernas me flaquearon y no pude tenerme en pie. Mi madre me acostó en la cama y trató de calmarme. Después llamó al colegio para avisar de que yo tampoco podía ir.

No acudí al estreno, pero sí vi la obra en otro pase, a la semana siguiente. Tener que estar sentada, como si nada, viendo cómo otra compañera interpretaba el papel que tanto había deseado y que finalmente no había podido representar me causó tal frustración, envidia e impotencia... Y decepción conmigo misma, por haberme puesto así y no haber estado a la altura de las circunstancias.

Mi madre llamó a «eso» que me había pasado «nervios», y desde entonces se dijo de mí que yo era una niña muy nerviosa y que tenía miedo escénico. No era la primera vez que yo actuaba en público, pues desde los cuatro años había hecho ballet, con sus correspondientes recitales para padres, y ese mismo curso había comenzado a estudiar música en el conservatorio, donde también te obligaban a participar en conciertos. Yo no era nerviosa ni tenía miedo escénico, pero era mucho más cómodo de cara a los demás decir esa mentirijilla cuando me preguntaban qué me había pasado.

Tampoco se le dio mucha más importancia a esos «nervios» que la pobre niña había tenido por culpa del teatro. Ni se relacionó aquello con el «mareo» que me dio el día de mi primera comunión, en medio de la ceremonia y con la iglesia a rebosar. Esa vez lo llamaron «mareo» porque, aunque el sentimiento de angustia y de querer escapar también estaba ahí, lo que exterioricé fueron unas ganas incontenibles de llorar y vomitar. Con ocho años yo ya llevaba varios sintiéndome diferente, pero después de dos ataques de ansiedad en público, supongo que mi entorno también empezó a percibirme como tal.

En la actualidad ya no me preocupa sentirme diferente o creer que no encajo. He aprendido que no hace falta esforzarse por amoldarse a espacios o grupos prefijados. Que podemos crear los nuestros y que, además, son mucho mejores. Supongo que mi cuenta de Instagram es un poco así, un espacio donde muchas mujeres, en su mayoría, se sienten a gusto porque se encuentran con alguien similar a ellas en sus experiencias vitales. Eso me pasó a mí cuando entré a formar parte de *Weloversize*, justo tres meses después de empezar a ir a terapia. Siempre he pensado que para mí fue tan importante todo lo trabajado con el psicólogo como poder tener un sitio donde expresar con libertad mi malestar, mi rabia y mis preocupaciones como *Weloversize*, y además conocer a mujeres increíbles con las que, por primera vez en mi vida, hablar sobre mí de verdad. Sin miedo a ser juzgada y sin vergüenza. ¡Eso es oro!

3

EL ÚLTIMO BESICO

Al niño que fui, como ya he dicho, me tienta describirlo como sencillamente feliz. No es ningún mérito, porque creo que la infancia siempre está a un palmo de la felicidad, y que, a no ser que se trate de una historia compleja de verdad, todos habitamos los primeros años de nuestra vida con una despreocupación que ya no vuelve, que solo podemos añorar. Fui un niño sosegado, avezado y muy ensimismado. No precisé más que de mis folios para dibujar, mis libros, mis películas y mis Power Rangers para entretenerme. Tenía amiguitos y disfrutaba con ellos, pero nunca estuve arriba en las jerarquías sociales que se desarrollan en los colegios, pueblos y barrios.

Quizá, ya bien entrado en la treintena, soy capaz de quedarme con lo mejor de aquellos años y acotar el sufrimiento. Durante mucho tiempo he estado enfadado con mi niñez, hasta el punto de que —y no sé si esto es solo una interpretación mía— tengo un recuerdo de ella más bien difuso. Hablo con mis amigas y muchas me cuentan detalles de cuando eran pequeñas que me asombran. Mis primeros diez, quince años solo soy capaz de recordarlos en 240p, como una grabación pixelada parecida a las de aquellas cámaras que se enganchaban en los primeros móviles, antes de que las llevaran de serie.

Por eso no puedo evitar mantener una distancia crítica con la primera parte de mi vida, que mi cabeza ha usado tradicionalmente como origen mítico de mis desgracias. No sé si es más real el recuerdo tamizado por el dolor o la pulsión que me hace etiquetarla con una felicidad estándar para simplificarla. Lo más probable es que sean la cara y la cruz de la misma moneda (de veinte duros). Aunque prefiero quedarme con ese enfoque tranquilo y hasta gozoso, quizá por instinto de supervivencia, quiero detenerme en un par de momentos que resumen la génesis de algunos de mis desajustes posteriores.

El primero ocurrió cuando tenía cuatro años. Lo que más me gustaba en el mundo eran los animales, así que mi felicidad fue absoluta cuando mis abuelos trajeron un perrito a casa. Lo que no sabíamos es que tenía tiña, y tan contento estaba yo, sin separarme un minuto del cachorrillo, que me contagié. Hasta ese momento había sido un niño con una constitución más bien espigada. Pesé casi cuatro kilos y medio al nacer (y, además, lo hice de pie, lo cual tiene gracia porque en mi pueblo hay una expresión, «sacar las patas», que significa ir a la contra del mundo; yo saqué las patas desde el primer minuto), por lo que siempre fui grandote, pero mi madre recuerda que me llamaba «culopito» a causa de mi delgadez.

Me salieron ronchas por todo el cuerpo y se me cayó el pelo a jirones, dejándome calva la coronilla, al más puro estilo de los monjes antiguos (*fun fact*, ese rapado se llama «tonsura romana») y un montón de calvitas por el cuero cabelludo que aún conservo. Paralelamente, el tratamiento contra la enfermedad, que incluía cortisona, hizo que me hinchara como un globo y que estuviera todo el día cansado. Aunque tengo un recuerdo neblinoso, la transformación debió de ser desconcertante: me convertí en un niño redondo y calvo a trozos que se arrastraba por el patio del colegio buscando la sombra de la única higuera que lo adornaba.

Un par de recuerdos nítidos en medio de la niebla. Un día salí a ese patio con la capucha puesta, aunque hacía calor, y unos niños mayores me la bajaron. Pude ver cómo el atrevimiento y la chulería de sus caras mutaron al instante en terror. También me acuerdo del día en el que una compañera de clase —nunca me quisieron decir quién— me atizó en la calva con un libro de adivinanzas, el más gordo que había, y me tuvieron que dar puntos. Un resto amargo de aquellos días navega por mis venas mientras escribo estas líneas. Creo que nunca llegué a entender por qué me trataban como a un monstruo, por qué despertaba esa mezcla de miedo y rabia cuando aún no tenía capacidad de entender qué es el miedo y qué es la rabia.

Puede que tan pronto como entonces comenzara mi autopercepción distorsionada, mi visión patológica de mí mismo. Me he sentido un monstruo, un ser despreciable, hasta hace bien poco. Deshacerme de esa idea (aunque uno nunca se la quita del todo) no ocurrió el primer año de terapia, ni el segundo ni el tercero. Ha hecho falta trabajar en ello durante mucho tiempo y con mucho empeño. No creo que sea posible solucionar una distorsión de décadas en unos pocos meses, por muy bueno que sea el trabajo que se está haciendo. Como explicó el psicólogo Gabriel J. Martín en nuestro episodio con él en *¡Puedo hablar!*, si todos los libros de una biblioteca están por los suelos tras un terremoto, se precisa de mucho tiempo para volver a colocarlos, aunque esté bien indicado dónde va cada uno.

Cuando me dieron aquel golpe aún faltaba mucho para que aprendiera la palabra «autoestima» y, con ella, la idea que identifica. Me da la sensación de que en la España de los noventa no se oía ese término demasiado. Podía aparecer en algún artículo de la revista *Muy interesante*, pero no era un concepto que estuviera en las conversaciones o en los discursos accesibles para un niño de un pueblo de La Mancha. Para cuando supe que podía, es más, que debía quererme a mí mismo, ni siquiera había un espacio en mi interior para ese sentimiento. La autoestima venía en Windows 95 y yo seguía con MS-DOS. Mi manera de relacionarme con esas experiencias que aún no comprendía siempre fue el humor. Recuerdo las risas que me echaba en la consulta de don Sebastián, el médico que había entonces en Alpera, diciendo que lo que yo tenía era «piña», lo cual me emparentaba con Gazpacho de los Fruitis (nunca entendimos por qué la piña era andaluza, ni falta que hizo). Es más, por lo que me ha contado mi madre, con apenas un mes estuve ingresado en el hospital por una infección, y supongo que a causa de los delirios de la fiebre, si es que con un mes se delira, no paraba de reír. Al parecer, las enfermeras estaban prendadas de aquel bebé que se partía, «con lo malico que está». Ya veis, desde 1989 haciendo chascarrillos con mis desgracias.

El segundo momento que quiero referir hoy lo interpreto como el instante en el que dejé de ser un niño. Tendría once, doce años. Aunque ya era un buen zanguango (mancheguismo para los muchachos grandes), esa naturaleza festiva y el hecho de ser el pequeño de la casa me habían permitido hasta entonces un comportamiento desprovisto de prejuicios. Era un niño tan imaginativo y bromista como cariñoso y amanerado. Sirvan como ejemplo algunas pinceladas: con dos o tres años me metía en la cama con mi abuela para contarle cuentos que me inventaba, haciendo como que leía (con un libro del revés); con cinco años me subí al escenario del recinto ferial de mi pueblo a imitar a Chiquito de la Calzada; con siete u ocho grababa mis propios programas de radio en los que entrevistaba a estrellas del calibre de Lina Morgan y Mónica Naranjo (cuyas voces guardaban un sospechoso parecido con la mía); inventé mi propio idioma, basado en la palabra «cuti», que no significaba nada en concreto, pero que, al tiempo, contenía todo lo cognoscible; también organizaba espectáculos de variedades para las vecinas en los que

dirigía a los niños de la calle en breves piezas teatrales inspiradas
en programas de la tele y números musicales de Bom Bom Chip,
y siempre estaba más interesado en las conversaciones de los
adultos que en las de los niños; o mejor dicho, en la de las adul-
tas, porque invariablemente eran las de las mujeres. En resumen,
que fui un niño jacarandoso y protomarica.

Todo esto fue celebrado por los demás, jamás me sentí mal
por ser quien era hasta este momento de mi preadolescencia al
que vuelvo ahora. Como buen mariquita en ciernes, mi madre
era la receptora de la mayoría de mis carantoñas. No sé si hay
una explicación sociológica precisa para que los maricones nos
desvivamos por nuestras madres; sé que en mi caso (en mi casa,
donde era la única mujer) el amor que se tocaba, que se olía,
que tenía sabor y sustancia era el que venía de ella, el que ella
irradiaba. El cariño de los hombres había que intuirlo y, como
mucho, condensarlo en unos sonoros golpes en la espalda.

Mi madre fue, por tanto, mi única compañera en el diálogo
de los afectos. Hasta ese día en el que mi hermano, que es mayor que yo y que ya estaba en plena adolescencia, lo cual creo
que explica su comportamiento, deshizo el encantamiento de
mi niñez. Quizá mi madre me había traído un pastelito para
merendar, quizá me había ayudado con algo. Feliz y agradecido, fui a darle un beso, que como muchas veces verbalicé,
exclamando con entusiasmo: «¡Un besico a la mama!». Mi
hermano me lanzó una burla tan absoluta, imitando con desprecio mis palabras, censurando desde su superioridad (de edad
y de género, porque hablaba desde la masculinidad y estaba
denunciando consciente o inconscientemente mi pluma) lo
que en ese momento se convirtió en un gesto despreciable y
asqueroso, que creo que ya no le volví a dar un beso a mi madre, ni a nadie, con esa alegría inocente. El Enrique niño, el
Enrique a un palmo de la felicidad, se quedó a mitad de camino de aquel beso nonato.

Mi abuela ahogó al perrillo que me contagió de tiña en la acequia que había cerca de su casa. Esto lo supe mucho después. Aunque no presencié la escena, la imagen de mi abuela, vestida de negro con su mandil a cuadros, aventando el cachorro al agua verde que pasaba por allí camino del campo, o apretándolo contra las piedras y el musgo del fondo del canal hasta que dejara de moverse, dialoga con el momento en el que, herido por el desprecio del patriarcado encarnado en mi hermano, dejé de ser un niño y empecé a ser otra cosa. Como el perrito, yo había llevado alegría y cariño a una casa. Como el perrito, algo venenoso crecía en mi interior. Como el perrito, cuando mi naturaleza monstruosa comenzó a resultar evidente, en el mismo lugar donde había correteado y brincado, las manos que antes me acariciaban se ocuparon de asfixiarme.

4

DE NIÑA A PROBLEMA

El día que me vino la regla por primera vez fue, por supuesto, un mal día. A una amiga mía ya le había venido antes que a mí, pero era un tema del que apenas hablábamos porque daba vergüenza. Que tu amiga tuviera la regla era un secreto, sobre todo las primeras veces. Así que el día que llegué a casa con un fuerte dolor de tripa, fui al baño y vi mis bragas manchadas de un extraño líquido marrón que no reconocía, me quedé de piedra.

Pero lo que menos me gustó de mi primera menstruación no fue la mancha de sangre, sino escuchar los comentarios que otras personas hacían sobre mí. Yo ya no era una niña. Al parecer, ahora era una mujer. Pues qué pereza.

Mis padres me quisieron hacer un regalo para celebrar que mi útero ya estaba preparado para expulsar su recubrimiento mes a mes y yo no quise una joya, la propuesta de mi madre, sino una Barbie. Porque yo seguía siendo una niña, tenía doce años. Y quería seguir siendo una niña porque me encantaba jugar y estar de jijí jajá todo el día.

La persona que se encargó de hacerme ver que yo ya no era la misma persona fue mi abuela. Que me viniera la regla fue el principio del fin de nuestros días juntas. Y lo fue porque ella se empeñó en hacerme entender a la fuerza dos lecciones que no me venían muy bien. La primera, que se acabaron los chicos.

Ya no podía juntarme con ninguno. (Vaya, justo cuando empezaban a interesarme). Y la segunda, que cuando tienes la regla no te puedes duchar ni ir a la piscina. (Sí, claro, en verano, en un pueblo, me voy a quedar encerrada en casa una semana al mes). ¡Chao! No volví nunca más al pueblo de mis abuelos. Como no podía enfrentarme a mi abuela (porque me caía un guantazo, básicamente), preferí dejar de hacer algo que me gustaba bastante. Tampoco sería esta la única vez que renunciaba a lo que me apetecía por mis miedos o por evitar enfrentamientos.

En el cole tampoco era nada fácil tener la regla. (¿No es increíble que algo tan natural que le pasa a la mitad de la población mundial sea tan COMPLICADO?). Con el secretismo con el que la vivíamos en mi clase, el pánico a que se te manchasen los pantalones o a que te tocase clase de gimnasia la semana en la que menstruabas era constante.

Ah, que no os he contado cómo eran mis clases de gimnasia. Teníamos chándal oficial, así que antes y después de cada clase nos teníamos que cambiar de ropa, y como yo no estaba nada a favor de los tampones, porque también me daba miedo introducirme algo por la vagina y, por supuesto, nadie me había hablado de ellos ni de lo sencillo que era usarlos, me daba una vergüenza de morirme que mis compañeras notasen que llevaba una compresa. Por no hablar de que dando saltitos y haciendo volteretas se te podía mover y la liabas.

Vamos, que odiaba a mi menstruación: dolía, tenía que disimularla y encima me quitaba lo que más me gustaba. Y odiarla era lo que te enseñaban hasta los anuncios de televisión. ¿Quién no recuerda aquel en el que una mujer se iba de viaje y justo aparecía una señora vestida de rojo en el avión para decirle «hola, soy tu menstruación» y joderle los planes? Menudo engorro y menuda desesperación tener que soportar ESTO durante TANTOS años de mi vida.

Y si no estuve preparada para mi primera menstruación, menos lo estuve para una sorpresilla que llegó, prácticamente, a la vez: empezar a engordar.

Si no recuerdo mal, mi primera regla me vino en mayo, después viví el verano más frustrante de mi vida y en septiembre, al comenzar de nuevo el curso, mi cuerpo empezó a cambiar. Nunca fui una niña delgada. Pero tampoco había sido una niña gorda. Hasta que lo fui. Durante aquel curso pasé de ser una niña «normal» a ser la gorda de la clase. Y la de las tetas gordas de la clase. Vamos, que por un euro más hice GIGANTE el trauma con mi cuerpo. De hecho, aún me siento incómoda cuando me tocan la espalda y llevo sujetador, porque creo que me lo van a desabrochar, la típica broma que hacían los chicos de mi cole, que era supergraciosa.

También fue mala suerte la mía, que justo me convertí en una gorda cuando los niños se estaban convirtiendo en hombres y tenían que hacerse el *shulo*, Patricia, para ocupar su lugar en esa pequeña sociedad que era nuestra clase.

Y ya que hablamos de infortunios, no querría pasar por aquí sin hacer hincapié en la mala suerte que tenemos las mujeres, que por ser mujeres no se nos considera tan importantes como los hombres, y por eso las afecciones que sufrimos, en su mayoría, nosotras están menos estudiadas. Y sí, me estoy refiriendo a la menstruación. Porque siempre he tenido el comecome de que no fue casualidad que empezase a engordar a partir de mi primera regla, y gracias a haber prestado atención a mis ciclos menstruales, algo que ni me enseñaron en el colegio ni en *Saber vivir*, he podido comprobar cómo mi ansiedad aumenta o disminuye (y, con ella, mis ganas de comer) en función del momento del ciclo menstrual en el que me encuentre. Sobre ello hablamos en el episodio «Menstruantas» de *¡Puedo hablar!* junto a Irene Aterido, de @meduelelaregla, por si os apetece profundizar más sobre este tema.

Volviendo al cole, tengo que reconocer que tampoco fue tan duro ser gorda allí. Claro que algún compañero, de vez en cuando, se reía de mí públicamente. Pero yo también me reía de otros cuando tocaba. El único problema real, como gorda, que tuve en el colegio fueron (de nuevo) las clases de gimnasia. Mis capacidades físicas no estaban a la altura y allí se llevaba mucho eso de hacer el ejercicio delante de toda la clase, con todos los ojos pendientes de lo mal que se te daba. Además, nuestra profesora nos castigaba a menudo con ejercicio extra (correr, recorrer una distancia en cuclillas, abdominales…), lo que también me sirvió para relacionar la actividad física con el castigo injusto, lo que me llevó a creer que el deporte era LO PEOR.

Aun así, el verdadero calvario lo viví en casa. Cuando me convertí en una chica gorda empezaron los problemas en mi familia feliz. La niña buena ya no lo era tanto porque ahora a nadie le importaba ya si sacaba buenas notas, si tocaba bien el piano o si seguía escribiendo poesía. Ahora ya no necesitaba ni protestar o responder mal a mi abuela para ser juzgada (y castigada). Desde que empecé a engordar, cualquiera que se cruzara conmigo tenía todo el derecho del mundo a decirme lo que tenía que hacer, y a señalarme cuál era el camino a seguir: «Adelgaza, cariño».

Ya no importaba si yo estaba feliz o estaba triste. Nadie se preguntó nunca por qué había cogido peso o cómo me sentía al respecto. Solo se me impuso la tarea extra de solucionar cuanto antes lo de mis kilos de más. Algo que no podía hacer. ¿Por qué? Porque del mismo modo que nadie me había hablado nunca de qué podía esperar de mi primera menstruación, lo que me hizo sentir sola, asustada y confundida, tampoco nunca nadie me había enseñado a adelgazar. Se me exigía, pero no se me daban las herramientas. Perdón, sí que me dieron algo. Me dieron dos órdenes: «Come menos» y «Haz deporte».

Comer menos no entraba en mis planes. Sobre todo en una familia donde la comida a diario era abundante, a nadie le había importado nunca que yo no probase ni la fruta ni la verdura (hasta que engordé, claro), y todos los domingos se salía a comer a un restaurante donde cualquier cosa que pidieras estaba de rechupete. Y todos los platos traían patatas fritas. En cuanto a lo del deporte, que no. Que bastante tenía con las clases de gimnasia. Que a mí me gustaba ir a clases de piano y cantar en el coro. ¿Por qué me obligaban a hacer cosas que no me gustaban?

Aun así, y por la presión tan fuerte que comencé a notar en mi familia, probé con el baloncesto y el voleibol. No solo no me gustaban, es que no se me daban bien. Ir a entrenar cada tarde que tocaba era solo una constatación de lo patosa que era y lo perdedora que me había vuelto. Para eso me sirvió el deporte, para constatar que engordar me había convertido en una fracasada. «Si no fuera gorda podría moverme como el resto de mis compañeros», pensaba. Y si a esto le sumamos que cada vez que surgía la oportunidad se me recordaba lo guapa DE CARA que era y lo fea que me había puesto, empecé a desarrollar un rechazo total hacia mí misma. No solo hacia mi cuerpo, sino también hacia mi persona.

No paraba de hacerme preguntas como estas: ¿por qué estoy mal?, ¿por qué ya no valgo? Y la más dolorosa de todas: ¿por qué causo tanto sufrimiento a mi alrededor?

¿Por qué no puedo hacer feliz a mi madre, como antes, con lo que ella me quiere? ¿Por qué todo el mundo parece enfadado conmigo? ¿Qué hago mal? ¿Por qué mis compañeros de clase comen más o menos lo mismo que yo, pero ellos no engordan? ¿Por qué hace dos años me comía una porción de tarta y no era un problema, y ahora, en cambio, se me prohíbe? ¿Realmente es tan peligroso estar gorda? ¿Es cierto que me moriré antes? ¿Que voy a tener muchas enfermedades? Y si ya estoy sentenciada, ¿para qué voy a esforzarme en cambiarlo? Y la más terrible de todas y el resumen de los primeros años de mi adolescencia: ¿por qué ya nadie me quiere?

No encontré ninguna respuesta, pero sí una solución: aliviar mis preocupaciones con más comida, cayendo en un círculo vicioso del que me costaría muchos años salir.

4

DEVENIR MONSTRUO

Mucho antes de ser homosexual yo ya era maricón. Durante años no fui capaz de pronunciar esa palabra, ni siquiera podía formularla en la mente. Me causaba demasiado rechazo, demasiado dolor. Había aprendido el insulto desde muy pequeño (el primer chiste que recuerdo contar tenía como punto álgido a un loro llamando «maricón» a Felipe González), pero todavía tardé en descubrir que detrás de ese conjunto tan sonoro de sílabas había una realidad, algo que sí se podía *ser*. Hasta ese momento, maricón era como gilipollas o higüedo (precioso insulto local alperino): un ataque aleatorio, un dardo que se lanzaba con rabia o con ternura, pero en ningún caso algo que se pudiera habitar de verdad, que uno pudiera reclamar como propio. Un día indeterminado de un año indeterminado estaba viendo la tele cuando, en algún magacín, entrevistaban a Jesús Vázquez. Entre preguntas más o menos comunes, le cuestionaban sobre si temía que declararse homosexual pudiera tener consecuencias negativas en su carrera. Él respondió, sereno y seguro de sí mismo, que así era él y que esperaba que se le juzgara como buen o mal presentador y no por su condición sexual. En la cabeza de un niño que había sido expuesto a la diversidad en contadísimas ocasiones y de aquella manera (cuando Cher vino a España a promocionar *Believe*, en algún programa se hicieron eco de los rumores sobre que «había sido un hombre», y así descubrí que existían las personas trans), ver a una persona popular y bien considerada hablar de su homosexualidad me provocó un cortocircuito explosivo. ¿Era una broma que no entendía? ¿Dónde estaba la gracia? Porque aquello solo podía ser un chiste, ¿no? Nadie diría en público, y menos en televisión, que es maricón. Reclamar lo aberrante, quitarse la careta de humano y descubrir un engendro, eso significaba ser gay, saberse gay. Nadie en su sano juicio reconocería una cosa así.

Criado en una década donde lo marica era solo un improperio, una expresión de lo inmundo, simplemente no cabía la posibilidad de ser eso. ¿Cómo *se es* un insulto? ¿Cómo construye uno su identidad en medio de lo que no se habla? En aquellos años se hicieron populares aquellas sandías que algunos japoneses criaban en cajas para que fueran cuadradas. Transitar la adolescencia siendo LGTBIQ+ en la España de los noventa se parecía a eso. Pero uno no veía la caja ni podía liberarse de aquella jaula invisible que provocaba que, mientras los demás se desarrollaban como Dios manda, uno tuviera que ocultar y disimular sus formas, cada día más torcidas, más evidentes, más alejadas de las de los demás.

Si mi vivencia de la pubertad no es tan complicada como pudo ser se debe a que mi forma —la literal, la de carne y hueso— ya era aberrante para el sistema. Desde el tratamiento contra la tiña me convertí en un niño gordo, y con la adolescencia mi tamaño derivó a ciertamente desproporcionado. No sé cuánto llegué a pesar porque tenía pánico a las básculas, pero mis estirones fueron a lo alto y a lo ancho. De hecho, recuerdo una revisión en la consulta del médico en la que la enfermera apuntaba las coordenadas de peso y altura de los niños, y en mi cuartilla tuvo que dibujar a mano una extensión de la tabla que venía por defecto, porque mis cifras no entraban en los límites de lo que se esperaba para un chaval de mi edad.

Aunque ese tamaño contundente ya había provocado que me sintiera distinto, darme cuenta de que era mariquita no se parecía a eso. Los adultos, que eran la única fuente de conocimiento y, por tanto, la autoridad absoluta en esos años, explicaban de vez en cuando que no había que meterse con los demás por ser más gordos o más flacos, más bajitos o más altos, porque llevaran gafas o tartamudearan; los cuerpos no normativos sí tuvieron un espacio —por raquítico y simplista que fuera— en el diálogo que los profesores o mis padres mantenían conmigo. Ellos sabían o intuían que ser gordo me colocaba en la diana y, con éxito desigual, intentaron hacerme sentir que mi cuerpo era válido. Nada de eso ocurrió con la diversidad sexoafectiva.

Pensar desde fuera del sistema cisheteronormativo es algo que puedo hacer ahora, con años de formación y experiencias a mis rechonchas espaldas, pero con lo que no podía ni soñar de adolescente. El sistema heterosexual es un engranaje tan perfeccionado a lo largo de los siglos que todavía descubro las maneras en las que me ha afectado y me sigue afectando. El Enrique de entonces no tenía las herramientas ni los conocimientos para enfrentarse a lo que le crecía dentro. Solo lo podía leer en términos de catástrofe, de maldición, de tragedia. Y, al contrario que las consecuencias de mi cuerpo gordo, esto no podía compartirlo con nadie. Ni con los mayores ni con mis compañeros. Estaba solo.

No creo que ningún niño de doce o trece años de esa época estuviera preparado para enfrentarse a ser homosexual. Absolutamente todos los relatos nos indicaban que los chicos se enamoraban de las chicas, o los leones de las leonas, o los juguetes de las juguetas, o los monstruos de las monstruas. Hasta Pac-Man, que es una puñetera bola amarilla, tenía en aquella serie de dibujos animados una novia con un lazo y taconcitos, no vayamos a pensar que las bolas amarillas no se emparejan como es debido. Yo también fui ese niño de tres, cuatro años al que le reían las gracias si decía que mi vecina Andrea era mi novia, y aprendí que cuanto más lo decía, más disfrutaban los demás. A mí también me llevaron mis compañeros a ver un recorte de unas tetas gigantes arrancado de una revista porno. Las señales estaban claras, eran de neón brillante y todas apuntaban en la misma dirección. Las chicas debían empezar a gustarme, pero mis instintos iban por otro lado.

No sé si hubo un momento de revelación, un instante fundacional en el que comprendí que me gustaban los hombres. Recuerdo un visionado catártico de *Jamón jamón* (¿Jordi Mollà y Javier Bardem toreando desnudos me volvieron maricón?), pero creo que mi memoria tiene tanto gusto por la narrativa como yo. Descubrir que era gay probablemente se pareció más a estar en una playa tumbado a la bartola mientras sube la marea, y solo echar cuenta de ella cuando el agua te llega al cuello. Para cuando quieres escapar, ya te estás ahogando.

Aquel niño alegre como un cascabel se convirtió en un adolescente taciturno, asustado, receloso. Suelo decir que atravesé la adolescencia como Anna Frank habría cruzado la habitación donde se escondía: intentando hacer los mínimos movimientos, no llamar la atención, asegurar bien la pisada antes de continuar andando. Cualquier desliz podía hacer que la gente descubriera el ser inmundo que era, que se dieran cuenta de que debajo de mi rubicunda figura estaba creciendo un engendro repugnante.

Aunque, según lo recuerdo o creo recordarlo, este proceso fue progresivo. Puedo identificar una primera época en la que no asociaba que me gustaran los chicos con ser gay. Supongo que empezar a fijarme en los muchachos mayores del instituto o desarrollar sentimientos endebles como renacuajos por algún personaje de televisión (¿César de *Compañeros*?) me resultaba algo así como un divertimento privado, una ocurrencia de tantas con las que me entretenía. En ese momento ni me planteaba no ser heterosexual, porque de hecho aún no había aprendido a leer el mundo en esos términos. Yo era un chico y, por lo tanto, acabaría casándome con una chica y teniendo hijos, porque así acaban todos los cuentos, todas las películas, todas las historias. Igual que el agua moja. Igual que el fuego quema. Distraer de forma traviesa la mente fijándome en otro chico sería un secretillo conmigo mismo, nada alarmante.

Entiendo que eso empezó a cambiar en cuanto la pubertad se hizo fuerte en mi torrente sanguíneo y constaté con horror que aquello no era un juego inocente, sino algo más poderoso. Recuerdo una noche en concreto, cuando ya tenía unos quince años. Eran las fiestas del pueblo, en agosto. El recinto ferial —el mismo donde había imitado a Chiquito una década antes— acogía una de esas fiestas ibicencas que de repente todo pueblo necesitaba, y que básicamente consistían en beber igual que cualquier otra noche, pero vestidos de blanco. Los chicos de la pandilla llevaban horas excitadísimos porque el programa de fiestas indicaba que habría gogós. Después de dar un paseo por la feria y quizá probar suerte tirando al blanco en alguna caseta infestada de peluches de colores, nos acercamos al recinto para coger buen sitio. En efecto, al rato de estar allí apareció una chica voluptuosa y empezó a bailar de manera sensual. Los más atrevidos le lanzaban piropos; otros le pedían que se quitara la ropa. Cuando se retiró el sujetador y se cubrió las tetas solo con las manos, el delirio fue total (pero delirio manchego, que va por dentro). Durante todo ese tiempo yo estuve rezando para que aquello me gustara, para que me atrajera lo más mínimo. Me concentré en ello, puse todo de mi parte para que se obrara el milagro, de la misma manera ilusa en que intenté durante meses mover objetos con la mente después de ver *Matilda*. Pero la muchacha (la pobre muchacha, pienso ahora, convertida en diana para la testosterona de un puñado de adolescentes y de gañanes) acabó su número y ni en mi corazón ni en mi entrepierna se había despertado nada. Entonces mi cabeza activó el plan b que había ido rumiando durante algún tiempo. Sentí que jamás sería capaz de fingir atracción por una mujer, pero quizá sí podía escaparme del destino trágico de tener que engañar a una para que se casara y tuviera hijos conmigo. Si tenía suerte y ponía el suficiente empeño, podría limitarme a simular un desinterés absoluto por el sexo opuesto. Sería uno de esos bohemios solitarios, un excéntrico preocupado por tareas nobles como la poesía (que, como buen adolescente intenso, ya había comenzado a practicar), el cine, la filatelia... Lo que fuera, cuanto más raro y minoritario, mejor, porque así me alejaría más de la gente y de sus preguntas. Me las apañaría para lograr el mejor escenario posible. Estar solo. Vivir solo. No querer. No tocar. No ser querido. No ser tocado. Una casa en silencio. Un reloj. Tictac, tictac. Hasta la muerte.

De aquellos pensamientos me despertó el siguiente número de la noche. Un gogó, un hombre esta vez, hacía su aparición embutido en una suerte de disfraz blanco de *cowboy*, coronado por un sombrero vaquero del mismo color. El chico se movía sin gracia, nada que ver con su compañera. Ejecutaba su baile con esa torpeza fingida que la masculinidad requiere de un hombre, dejando claro el desinterés de alguien que necesita que sepas que no quiere estar del todo ahí. Este bailarín era además notablemente menos atractivo que la chica; no dejaba de ser un muchacho bastante del montón ejecutando un baile del montón. Pero en cuanto enseñó media nalga... Ay, madre, en cuanto enseñó media nalga. Mi cuerpo supo decirme dónde estaban sus deseos.

La breve carne expuesta por aquel muchacho ocupó mis pensamientos esa noche y otras más durante mucho tiempo. Fué, que yo recuerde, mi primer vistazo cara a cara a un cuerpo masculino sexualizado. El mío, que tan inmaculado y puro permanecía y permanecería aún, sabía mejor que yo lo que quería, lo que necesitaba de la vida. Pero de esas necesidades no podía enterarse nadie. Supe entonces —y lo supe de verdad— que no las compartiría nunca. Que el monstruo se quedaría para siempre dentro de mí, debajo de un disfraz más o menos solvente de ser humano, encerrado en una persona que intentaría reducir al mínimo su exposición a los demás, que evitaría generar vínculos íntimos con nadie. Si no muestro, si no hablo, si no expreso, si me encierro, al menos podré vivir tranquilo en la cárcel de mi propia soledad.

Lo que no sabía era que, en mitad de aquel exilio emocional absoluto, iba a aterrizar una pequeña nave espacial desde el futuro. Un aparatito de ciencia ficción que emitía sonidos extraños y brillaba con luces parpadeantes. Un portal cósmico en miniatura que iba a conectar, a la velocidad de la luz y en código binario, mi soledad con muchas otras soledades del mundo entero.

5

LA ADOLESCENTE FANTÁSTICA

La tele y el cine, vamos, lo que los *estudiaos* llaman «ficción audiovisual», fueron mi refugio favorito desde bien pequeña. Primero, porque, al ser hija única, me permitían jugar con ellas. Pasármelo teta creyendo que yo era una amiga más de Punky Brewster o uniéndome a los coros de cualquier clásico Disney que me regalasen en Navidad. Después, porque me ayudaban a evadirme y a encontrar los referentes que en mi mundo real no existían y yo necesitaba. El mundo me daba Spice Girls, pero yo quería Familia Addams.

Cuando te odias a ti misma y te avergüenzas de lo que eres, empiezas a encontrarle el punto a la soledad. Y a la evasión a través de la ficción. Yo ya venía entrenada, por lo de ser hija única y cinéfila por parte de padre, así que no me costó nada. Mi tiempo se iba en estudiar, las pelis, las series y el Messenger. Todo lo demás «dejó de gustarme»: los juegos de mesa, los deportes, salir con las amigas... Bueno, esto último en el fondo me apetecía, pero estar con ellas me hacía sentir constantemente que yo nunca iba a ser normal. Si salía, no estaba cómoda, porque creía que todo el mundo no tenía nada mejor que hacer que fijarse en lo gorda que estaba. Y si me quedaba en casa, me daba rabia perderme lo que luego mis amigas me contaban.

Supongo que por ser yo una tía bien maja, y graciosa además, nunca he tenido problema para tener amigas. Nunca he sido esa chica con la que nadie quería estar. Pero yo no me sentía del todo así. Cuando empecé a engordar también empecé a sentir que yo, a veces, era un estorbo para mis amigas. Una gorda que estropeaba la foto.

Porque cuando yo ya estaba oficialmente GORDA, con catorce o quince años, fue cuando mis amigas empezaron a salir a ligar. Íbamos a los sitios a que nos vieran y a ver a los chicos que nos gustaban. Y a mí también me gustaban algunos chicos, por supuesto. Pero ni yo ligaba con ellos ni ninguno ligaba conmigo. De hecho, ninguno de los chicos con los que salíamos los findes llegó a tener una relación conmigo más allá de «hola», «adiós» y alguna conversación banal de turno. Vamos, que ni siquiera nos hicimos amigos.

Puede ser que tenga algo que ver el miedo que me metió mi abuela con la cantidad de cosas malas que hacían los chicos. Puede ser que yo fuera la primera que los mirase como el que mira a los animales del zoo, con fascinación pero también mucha desconfianza. Quería tocarlos, pero al mismo tiempo no quería llevarme un zarpazo.

Como para entonces yo había visto mucho Disney, soñaba con que alguno de ellos estuviera enamorado de mí en secreto y finalmente acabase preparándome una sorpresa para declararme su amor delante de todo el mundo y entonces yo también pudiera tener novio. Pero yo creo que, aunque me montaba películas a lo grande, tenía el convencimiento de que a mí nunca me pasaría algo así. Nadie iba a currarse nada por una gorda.

Si a esto le sumas que la única vez que, a esta edad, creí que le gustaba a un chico de clase resultó ser una broma de su grupo de amigos, pronto me quedó claro que el amor no era para mí. Y también aprendí que debía mantener en secreto por quién me sentía atraída, puesto que, cuando también se corría la voz de que me gustaba Diego, Raúl o Manuel, a ellos les sentaba fatal la noticia y alguno incluso dejó de hablarme. Era una humillación pública que le gustases a la gorda.

Socializar y tener relaciones siendo una adolescente gorda consistió, sobre todo, en esconder mi verdadero yo. Sentir que incomodas a todo el mundo a tu alrededor, intentar no molestarlos mucho, fallar estrepitosamente, tomártelo a risa delante de los demás, porque eres una tía graciosa a la que todo se la suda, y luego pasar el disgusto cuando por fin estabas a solas era mi día a día.

En aquel momento yo era una chica que solo se sentía ella misma cuando estaba rodeada de fantasía, bien fuera por la ficción que estaba consumiendo en formato libro o DVD, bien por la que estaba creando en internet, donde hacía miles de amigos aprovechando que la tecnología aún no ponía tan fácil enviar una foto. Y solo estaba contenta cuando estaba rodeada de comida.

Pasar tiempo a solas también significaba estar picoteando algo. Pero no cualquier «algo», sino algunos de esos manjares que mi madre me había prohibido y que yo, volviendo del colegio, había parado a comprar con la propina que me daban cada semana y había metido en mi habitación a escondidas: golosinas, patatas fritas, bollería... ¡Todo lo bueno!

En esas películas y series que yo veía mientras me pegaba una buena merendola las adolescentes se iban de compras, montaban fiestas, se enamoraban por primera vez o, mejor aún, se volvían brujas (la de veces que soñé con convertirme en una bruja y darle al mundo una lección con mis poderes), trataban de escapar de un asesino en serie o se mudaban a una casa en la que había fantasmas. ¿Y qué tenían todas ellas en común? Que estaban delgadas.

Mi familia no paraba de repetirme que tenía que adelgazar. Y, bueno, en el fondo yo estaba en plena adolescencia, debía rebelarme contra mi familia, y lo hice mostrándome contenta con mis kilos de más. Pero no estaba nada contenta, porque comer estaba muy rico, sí, pero ser invisible para los tíos o sentirte una carga para tus amigas no me gustaba nada. Lo de mis kilos de más me iba haciendo sentir cada vez más desesperada. Con mis amigas jamás hablé de mi gordura y lo que me hacía sentir, pero con mis padres sí. Me desahogaba con ellos, también porque ellos siempre me sacaban el tema. Les repetí una y mil veces —algunas a gritos, otras entre lágrimas— que me daba igual estar gorda, que yo estaba a gusto y que me dejaran en paz. Pero no estaba a gusto. Porque, a decir verdad, mi familia no eran los únicos que me recordaban continuamente que tenía que adelgazar. La sociedad entera me lo repetía sin ni siquiera usar palabras.

Cuando se suponía que yo debía estar desarrollando mi personalidad a través de pantalones de campana gigante de colores chillones, ombligos al aire y tops ceñidos, besando a los chicos más populares o tomando chupitos intragables en bares, lo que hacía era vivir una vida inventada a través de internet y reafirmar mi monstruosidad gracias a las películas que veía, cuanto más *weird* y *freak*, mejor. Mis referentes eran los raros, los marginados, los monstruos. Y como todos necesitamos sentirnos parte de algún grupo, yo entendí que este era el mío, y aunque llegué a estar cómoda entre los frikis, nunca dejé de desear ser normal. Entendiendo «normal» como delgada, por supuesto.

Mi vida en sociedad difería tantísimo de la que yo me había montado en mi cabeza que hoy en día creo, de verdad, que la ficción me permitió inventarme una narrativa paralela para no sufrir tanto. Eso sí, una narrativa paralela totalmente secreta. Ni mis padres sabían que yo me encerraba a conocer gente por internet y comer, ni mis amigas tenían muchos más detalles de mi vida privada más allá de «estudio mucho y me encantan las películas».

También tenía muy claro que debía construirme una coraza de mentiras lógicas o verdades a medias para poder ser yo misma en paz, sin tener que dar explicaciones ni ser juzgada. Por super-vivencia. Y porque las pelis me habían enseñado que cuando los monstruos se muestran tal y como son, la sociedad no los acep-ta y la respuesta siempre es acabar con ellos, o encerrarlos. En esta etapa también comenzó mi interés por la psicología, llegué in-cluso a decir a mi familia que quería estudiar esa carrera. Porque las únicas personas que se acercaban a los monstruos con un poco de respeto eran los psicólogos, así que pensé que esa profesión podría servirme para ayudar a otros y también a mí misma.

Lo más curioso de esta etapa es que, aunque pasase la mayor parte de mi adolescencia sola en mi habitación anestesiándome con comida rica para no sentir el dolor que me producía saber que yo no era como las demás y que no merecía ninguna de las cosas que tanto deseaba, como ligar, tener novio, comprarme un vestido bonito o ir de viaje, solo porque estaba gorda; el recuerdo que tengo de aquellos años no es triste. En el fondo me lo pasaba bien encerrada en mí misma con una mochila llena de comida al lado. La tristeza llegaría varios años después.

Supongo que, al principio, alejarme de la sociedad sabiendo que mi familia no iba a desaparecer y que mis amigas seguirían ahí al día siguiente en clase, ver un montón de películas y co-nocer tíos un poco raros por internet mientras merendaba era algo que realmente me gustaba. Todo lo que fuera estar sola en un entorno que yo controlaba me hacía sentir bien. Y todo lo contrario, no.

Un buen ejemplo: al terminar Bachillerato, mis amigas qui-sieron irse de viaje a Ibiza. Yo me inventé mil excusas para no acompañarlas porque, de verdad, sentía que no iba a poder ha-cer nada allí. Ibiza, en mi cabeza, era playa (estar prácticamen-te desnuda) o discoteca (ligar con chicos). ¿A quién se le ocurría incluirme en este tipo de plan a mí?

De hecho, todavía no he realizado ningún viaje cuya actividad principal sea ir a la playa. Vamos, que continúo pensando que este tipo de planes no me gustan. Pero no sé si realmente me gustan o no, porque nunca los he podido experimentar. Tengo que reconocer que todavía me pongo límites a mí misma, pues aún estoy convencida de que algunas cosas no son para mí solo porque sigo estando gorda.

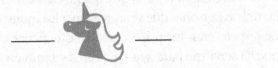

5

LAS ASTILLAS DEL ARMARIO

La primera vez que usé internet fue en una excursión con el colegio. Nos llevaron a Albacete, que está a 70 kilómetros de mi pueblo, a un aula con ordenadores conectados a esa red de redes de la que tanto se empezaba a hablar. Era el momento en el que comenzaban a proliferar las academias de informática, en el que había un programa diario en La 2 que te enseñaba a usar el ordenador, en el que «punto com» se convertía en una coletilla del día a día. Las palabras del futuro. En aquel primer contacto (recuerdo a los lectores más jóvenes que todavía tardaría años en haber buscadores) pensaba que poniendo algo que me interesara y añadiendo «.com» me llevaría a lo que quería ver. Funcionó con pokemon.com, pero no con mimadre.com.

Sin embargo, mi bautismo de verdad en internet, el momento en el que amaneció en los píxeles de la pantalla, fue el día en el que lo instalé en casa, con quince años. Aunque ya existían los cibercafés y en el instituto habíamos tenido algún acercamiento, hasta ese instante no había tenido acceso a internet yo solo, sin la mirada ajena como potencial testigo de aquello que brotaba en el monitor. Voy a ahorrarme el historial de aquellas primeras horas a solas con internet (el ordenador estaba en mi habitación), porque lo importante vino después.

No ocurrió ningún milagro instantáneo, no encontré al momento a las personas que buscaba ni construí una vida paralela online. Pero la soledad absoluta en la que estaba sumergido empezó a reorganizarse. Internet me permitía vislumbrar otros códigos para la vida, otras maneras de relacionarme y de valorar a las personas. En el pueblo siempre me sentí fuera: fuera del terreno de los chicos porque no era masculino, fuera del terreno de las chicas porque no era una niña, fuera del terreno de los adultos porque era pequeño, fuera del terreno de juego (metafórico y físico, porque en las pistas de fútbol se hacía la vida social a esas edades) porque era raro, fuera del terreno del deseo porque era gordo. Fuera de todos los terrenos.

Internet no era exactamente un territorio, y quizá por eso permitía flexibilidad. Delante del ordenador podía imaginar otras vidas (lo siento por los chicos a los que convencí de ser una pizpireta estudiante universitaria con muchas ganas de verles el rabo), pero lo importante es que podía ensayar otra vida para mí. Una en la que mi cuerpo, mi deseo, mis intereses y mis inquietudes sí tenían un espacio, un tiempo, unos interlocutores, aunque fueran invisibles (a veces solo conocías su nick o una pequeñísima foto de avatar), con los que poner en práctica las cosas que quería hacer cuando me marchara del pueblo. Conocer, compartir, seducir, aprender, enseñar, engatusar, bromear, confesar. Todo eso que no había sido capaz de llevar a cabo en lo que entonces empezamos a llamar «la vida real» para distinguirlo de internet, sin reparar en que lo que pasaba en la pantalla era igual de real.

Creo que entonces comencé a desarrollar algo que se intensificó después y que durante mucho tiempo me impidió tener una relación del todo honesta con la gente. La lectura siempre fue mi principal afición y, como ya he dicho, comencé a escribir de adolescente. Cuando internet provocó que pudiéramos comunicarnos con los demás por escrito, cuando empezamos a conocer gente por chats y por Messenger, mi buena relación con las letras me dotó de un potencial que, supongo, no era del todo común en alguien de mi edad. Si frente a los demás me sentía incómodo y avergonzado por mi propia presencia, por escrito, en cambio, aquellos impedimentos se evaporaban. Era capaz de ser abierto, ingenioso, deslenguado, chispeante. El humor siempre había sido mi forma de enfrentarme a los demás, y este pimpón contante de las conversaciones por escrito me permitió desarrollar ese lenguaje, explorando nuevos niveles. Me convencí de que gustaría más si era gracioso todo el rato. Los chistes, las gracietas, las ironías y los chascarrillos acudían a mí sin esfuerzo, y la mayoría de las veces sorprendían y agradaban, así que confié en el humor mi relación con los demás. Buscar la risa se convirtió en mi recurso primordial, en la base que establecería con mis futuros amigos. Convertí mi ingenio en mi personalidad, procurando que nadie pudiera ver más allá. Ser rápido y mordaz distraía la atención de mi cuerpo, de mi pluma, de todo con lo que no estaba a gusto. ¿Alguna vez os habéis preguntado por qué los gorditos son siempre tan simpáticos o por qué los maricas son siempre tan irónicos? En mi caso, y creo que es igual en estos estereotipos, es para *compensar*. Concepto este que será una de las bases de mi trabajo con el psicólogo.

Hasta que tuve internet en mi cuarto, a efectos prácticos era el único maricón del mundo. La tele me había mostrado otros, pero ¿de qué me servía eso? No podía compartir mis conflictos y mis miedos con ellos. Bien entrado en la adolescencia, mi ascetismo autoimpuesto, ese veto absoluto a mostrar cualquier emoción y cualquier interés por nadie, empezaba a pasar factura.

Con la llegada del módem, el juramento que había hecho conmigo mismo comenzó a tambalearse. No fui procaz en la seducción y todavía tardaría mucho en entrar en webs de ligoteo, pero empecé a leer experiencias de otras personas del colectivo y a poner en cuestión la promesa con la que había vivido hasta ese momento. Quizá sí pudiera compartir con algunas personas una circunstancia de la que empezaba a hablarse en otros términos.

La aprobación del matrimonio igualitario en 2005 supuso una conquista histórica, y a todos nos llegó la onda expansiva. Aunque los debates que se generaron en torno a la ley podían ser vacilantes o reaccionarios, la homosexualidad entró de lleno en el debate público, y se coló en todas las casas de España a través de los medios.

Las cámaras y los micrófonos se dirigieron hacia los gais (casi siempre eran hombres gais; las lesbianas, los bisexuales y las personas trans tardarían aún en aparecer) y estos contaban sus historias. Ahora suena a batallita, pero durante mucho tiempo la homosexualidad no era una condición para la *gente normal*. Las poquísimas veces que se hacía referencia a la diversidad sexoafectiva era a raíz de genios de la literatura o de la moda, de músicos excesivos, de personajes del folletín social o de personas muy llamativas que captaban la atención de programas amarillistas.

La orientación sexoafectiva de Lorca, de Freddie Mercury o de Boris Izaguirre funcionaba como un complemento a su genialidad o a su excentricidad. Hasta la ley del matrimonio igualitario, los maricas que mostraban los medios estaban demasiado alejados de mis parámetros para que yo pudiera ver en ellos un reflejo de mí mismo, un camino posible para mi futuro. Solo los muy geniales o los muy particulares podían encajar la homosexualidad en su identidad, y un chico gordo en un pueblo de Albacete no podía estar más lejos de esas pocas excepciones.

No obstante, la visibilidad y la normalización derivadas del matrimonio igualitario, sumadas a la capacidad que me daba internet de comunicarme con otras personas del colectivo, acabaron por darme el impulso suficiente para sacar una patita temblorosa de ese armario, que desde dentro parecía un ataúd.

Con diecisiete años, viendo además cómo se acercaba el momento de marcharme por fin a la universidad y abandonar el pueblo, fui contando a algunas compañeras del instituto y amigas del pueblo que era mariquita. Asombrosamente, el mundo no colapsó, no empezó a llover lava ni aparecieron en el cielo los cuatro jinetes del apocalipsis (la Valkiria, la Tonisha, Sandra la Camellona y la Rocío de Sevilla). Ser un muchacho gordo y amanerado me había despojado en buena medida del yugo de la masculinidad, por lo que era un paso natural desprenderme también de una heterosexualidad que nunca había habitado, como una culebra que deja atrás una piel que ya no le sirve.

Ana Isabel, una compañera de clase que me ayudó mucho en esos meses convulsos y a la que siempre estaré agradecido, me animó a entrar en contacto con otro amigo suyo que en ese momento se identificaba como bisexual. Así conocí, primero en una conversación de Messenger que duró toda la noche y después en persona, a Javier. Javier fue mi primera amiga íntima de verdad, además de la primera persona visiblemente no heterosexual que conocí. Quince años más tarde, seguimos siendo mejores amigas, tras haber convivido juntos y haber vivido a miles de kilómetros; después de haber sobrevivido a Fotolog, a Tuenti y a Facebook; de atravesar juntos las mejores noches de nuestra vida y también las peores. Y así seguirá siendo.

Javier estaba fuera del armario en el instituto y en su casa, estaba empezando su primera relación seria con un chico y tenía un MSN Space (date cuenta) lleno de música alucinante. Javier, no sé si te he contado que, aunque aquella primera noche yo aseguré que ya conocía a Antony & The Johnsons y a Damien Rice, en realidad los había cotilleado en tu Space y me los había aprendido de memoria para caerte bien. Funcionó.

Las personas LGTBIQ+ salimos del armario muchas veces, pero siempre hay una que es *la* salida del armario. La mía ocurrió una mañana cualquiera, delante de un tazón de cereales.

Estaba discutiendo con mi madre por algo que no recuerdo y, sin planearlo ni calcularlo, le dije que era gay y rompí a llorar. Mi madre tuvo una reacción ambivalente que para mí fue muy dolorosa durante mucho tiempo. Aunque empezó consolándome el berrinche, me dijo que no se lo contara a nadie más. «La única que lo tiene que saber soy yo, y ya lo sé». Más tarde, al volver del instituto, me dijo que fuéramos al médico, porque «eso es un trastorno hormonal que se puede corregir». Aunque tuve la bravura suficiente para negarme, algo se rompió ese día entre mi madre y yo, algo que los dos recompusimos muy lentamente y por separado. La *omertà* se extendió entre nosotros y tardamos años en poder dejarla atrás. Mi confesión me separaba del único vínculo intenso de afecto que tenía, y me hacía sentir que había marcado mi casa con la señal de la vergüenza. Mi presencia allí se convirtió en motivo suficiente para sentir una culpa infinita, y entendí que solo encerrándome en mi habitación podía lograr algún sosiego.

En buena medida, mi proceso terapéutico ha consistido en hacer las paces con el Enrique de ese momento. Con el chico aterrorizado y mutilado por la vergüenza y la culpa. Encontrar a ese Enrique huidizo y esquivo, conversar con él (no es una metáfora, porque precisamente en eso consistían algunos ejercicios que he hecho con el psicólogo) y entender que no tenía las herramientas ni las capacidades para enfrentarse a una situación para la que casi nadie está preparado; escucharle, dejar de odiarle y de sentir asco por él para poder comprenderlo desde la compasión y abrazarlo como se hace con las amigas. Esa sería una buena sinopsis de mi proceso terapéutico. Próximamente en los mejores cines (o directamente en VHS).

Una parte de mí encuentra cierto consuelo en el hecho de que tantos de mis problemas psicológicos se deban a las experiencias de mi infancia y adolescencia. Uno se percibe menos responsable de su ecosistema familiar o de su encaje en el instituto que de las decisiones que toma como adulto. Quizá por eso, mentalmente divido mi vida entre los dieciocho años de crianza en Alpera y los siguientes: no solo cambié mi lugar de residencia, sino que tuve la impresión de pisar, por fin, la casilla de salida. Desde muy pequeño tuve conciencia de que el pueblo no era mi lugar. Primero fue una sensación liviana y sin forma definida, después un peso difícil de sobrellevar. Viví los últimos años en el pueblo con una angustia creciente, asfixiándome cada día un poco más.

Irse a una ciudad donde nadie me conociera era el único camino para alguien que sentía que molestaba en su casa y en su pueblo. Hoy soy capaz de identificar esa sensación sorda en mitad del diafragma que se fue haciendo cada vez más absoluta. En ese momento no tenía capacidad de poner nombre a ese deseo apremiante de huir sin saber adónde, de escapar. Hoy sí: ansiedad. Esa activación que hace nuestro organismo cuando se siente amenazado y que le ordena salir por patas lo antes posible. En mi caso, me marché a Málaga por dos razones: porque allí iba a estudiar Javier y, sobre todo, porque estaba muy lejos de Alpera.

Siempre he tenido tendencia al ensimismamiento y a la ensoñación. Recuerdo pasarme los días proyectando en mi cabeza cómo sería mi vida cuando me fuera del pueblo. Poner a funcionar los engranajes de la imaginación y construir intrincadas escenas mentales me hacía sobrellevar mejor la vida (sobre todo los ratos en los que tenía que ayudar a mi padre en el campo). Recuerdo ensayar conversaciones con las amigas que tendría, entrenar íntimas charlas con los amantes a los que seduciría, fantasear con los trabajos que iba a desempeñar, con la ropa que me iba a poner, con las actividades que iba a desarrollar... Estas ensoñaciones eran mis salvapantallas. Cuando la realidad no me gustaba, activaba el proyector de mi futuro soñado.

Durante dieciocho años mi existencia se definió por las cosas que no podía hacer, bien porque en mi pueblo no existían, bien porque no tenía con quién hacerlas, bien porque no me atrevía. Para cuando me fui a la universidad había contraído un inter- minable contrato conmigo mismo que me obligaba a sacar el máximo provecho de las nuevas posibilidades. Al cambio vital ya de por sí enorme de empezar una carrera en una ciudad le- jana, se sumó el hecho de (otra vez) compensar esa vida que percibía entonces como tan limitada.

En mi cabeza dibujé una fórmula matemática que más o me- nos funcionaba así: cada día que aproveche en Málaga (y después en Valencia, Barcelona y Madrid), cada jornada que consiga inundar con todo lo que no he podido hacer hasta ahora (cine, teatro, amigas, polvos, risas, exposiciones, compras) compensa- rá uno de los tantos días idénticos en el pueblo, encerrado en mi habitación o paseando a solas por el campo con mi MP3 de 128 megas, fantaseando con ese futuro que ya es presente. Cada día exprimido al máximo descontará uno de ese purgatorio que, creía entonces, no había sido mi vida de verdad, sino una espe- cie de *previda* que no valía.

Pero ese tiempo de espera había terminado. Aquel día en el que desperté en mi nueva ciudad por primera vez, miré por la ventana para encontrarme con el feo descampado que había enfrente del piso que habíamos alquilado. Es una buena metá- fora de lo que estaba a punto de estallarme en la cara. Porque cuando cogí mi maleta rumbo a esa vida tan esperada, no solo no tenía las herramientas más básicas para cuidarme en lo ma- terial (mi alimentación durante aquel primer curso sería digna de estudio para la ciencia, concretamente para la zoología), sino que era una persona incapacitada para leerse a sí misma, para conocer sus necesidades y emociones reales más allá del miedo que todo lo ocupaba.

Aquel primer día del resto de mi vida, simple y llanamente, no ocurrió nada. Había cambiado el escenario y, por supuesto, la ciudad y la universidad eran espacios bien distintos al pueblo y al instituto. Pero en lo sustancial, todos mis problemas, mis traumas, mis miedos y mis incapacidades seguían ahí. Todavía tendrían que pasar muchos años, muchos sinsabores, muchas desilusiones, mucho dolor y muchos buenos ratos también para experimentar con conciencia esa sensación de que por fin estaba empezando a vivir. Algo que solo vendría de la mano de la terapia psicológica.

6

SALVADA POR INTERNET

Lo malo de tener a todo el mundo engañado, aunque sea para protegerte, es que al final también acabas engañándote a ti misma y se te olvida quién eres y qué quieres en realidad. Ahora, sería mejor aplicar los términos de Beatriz 3D y ciber-Beatriz. La de carne y hueso, a la que podías tocar (bueno, eso si me dejaba), y la que entraba al IRC Hispano o al chat de Terra.

Se podía decir que yo llevaba una doble vida. Que, por cierto, es cansadísimo y no se lo recomiendo a nadie. Tienes que estar pendiente de mil cosas y siempre te acaban pillando por algún descuido. Y genera un desgaste mental importante y un malestar doble, uno por cada vida que te has creado. No exagero si digo que de lo que más orgullosa me siento después de todos mis años de terapia es de haber «unificado» mi vida. De dejar atrás las mentiras, de guardar en secreto partes de mí, de haber logrado hablar públicamente de mis problemas, gustos, deseos e incluso de aquellas pequeñas cosas con las que aún no me siento cómoda pero que también forman la persona que soy. Y en esto, qué curioso, también me han servido de gran ayuda las redes sociales, donde tanto he trabajado para mostrar que no soy perfecta ni quiero serlo, porque la perfección SIEMPRE es falsa y SIEMPRE oprime; y que la forma en la que yo he mejorado y he evolucionado ha sido normalizando aquellas partes de mí (físicas y mentales) que me parecían monstruosas, tratando con franqueza y dignidad mis problemas y mis miedos; y que —al menos esta es mi experiencia— abrirte a los demás sin tapujos puede dar a entender a otros que eres una persona vulnerable y más fácil de atacar (hola, *haters*), pero no: en realidad, ser capaz de hablar con naturalidad de ti misma es un indicador de fortaleza.

Pero volvamos a lo de mi doble vida, que es lo que toca explicar ahora. Los adultos que conocía, amigos de mis padres o compañeros de la coral en la que cantaba, podrían decir de mí que yo era una chica educada, amable, reservada y responsable. Mis amigas, supongo, pensarían que yo era una tía divertida. De cara a los demás me mostraba lo más perfecta posible.

Al mismo tiempo, también les dedicaba muchas horas a mis amigos imaginarios. Los llamo «amigos imaginarios» porque quiero pensar que si yo les mentía en todo lo que podía, ellos conmigo harían lo mismo, pero también porque en aquel momento a la gente que conocías por internet no se la consideraba verdadera. Mi relación con ellos era bastante extraña, porque, aunque les hablaba de una vida y un cuerpo completamente inventados, con algunos llegaba a tener conversaciones reales. Es decir, en las que hablaba mi verdadero verdadero yo.

Era inevitable que, con las ganas de amor romántico que yo tenía, lo mucho que me picaba el chichi y lo fácil que parecía todo por internet, acabase enamorándome de uno de esos chicos. Pero lo que pasaba en internet se quedaba en internet, y jamás les conté a mis amigas, y mucho menos a mis padres (que les tocó ser esos padres que te repetían todo el rato lo peligroso que era internet y que por eso no había que fiarse de nadie que conocieras a través de esa nueva tecnología), sobre la existencia de estos amores.

Mi tercera vida, la de la chica encerrada en su cuarto comiendo, dejó de contar, la hice desaparecer. Porque cada vez me avergonzaba más, porque cada vez estaba más gorda. Porque ya no elegía quedarme sola en mi cuarto; ahora ya estaba relegada a él. A pesar de que mis ciberrelaciones a veces eran intensas, y en ocasiones cubrieron mis necesidades afectivas, yo no las dejaba avanzar lo suficiente como para traspasar la pantalla. ¿Que también soñé con ir engañada al *Diario de Patricia* a conocer a alguno de mis cibernovios? Pues también, pero esta vez teniendo claro que eso nunca podría pasar, puesto que tener cibernovio en aquel momento se consideraba algo ridículo, algo de lo que la gente se reía. Las personas normales ligaban cara a cara, no necesitaban meterse en internet a charlar con los y las raras. Un saludo a Tinder por cambiarlo todo.

Las relaciones que forjé por internet tenían límites, y mis relaciones en la vida real eran verdaderas, sí, pero ninguna me resultaba satisfactoria, porque también las limitaba. Con nadie estaba a gusto, de todos desconfiaba, a cualquier detalle le daba mil vueltas, solía estar a la defensiva. Porque tenía secretos que proteger.

Por internet conocí a dos chicos que creo que, a la larga, llegaron a ser importantes. Uno era de Sabadell, y por las fotos que me enviaba me parecía el chico más guapo del mundo. Yo le enviaba, a cambio, fotos de una amiga diciéndole que era yo. Creo que él fue el primer chico con el que de verdad llegué a conectar en mi vida. Me gustó tanto como para arriesgarme a contarle la verdad. Un día le escribí un mail y le conté quién era yo realmente, y confesé que le había engañado con las fotos porque estaba gorda, pero que ahora que nos llevábamos tan bien y habíamos decidido ser cibernovios, prefería decirle la verdad. Si era este el que finalmente me llevaría al *Diario de Patricia*, que al menos no se llevase él una sorpresa también.

Llevar mis enamoramientos en secreto, como algo feo o de lo que avergonzarse, fue también una constante en mi vida durante

mucho tiempo. Curiosamente, hasta que adelgacé. Pero para eso
faltan aún muchos años. Por ahora, lo que ya me había quedado
claro es que mis sentimientos y mis relaciones con chicos, a ojos
de los demás, eran un chiste. Porque ¿no era merecedor de una
buena carcajada que una gorda aspirase a tener un novio guapo?
Que justo en estos años se pusiera de moda la serie *Yo soy Betty, la
fea* tampoco ayudó, porque aunque brindó una luz de esperanza
a las feas como yo, Beatriz y Betty eran nombres que se parecían
demasiado, y yo empecé a ser señalada, también, como la fea que
aspira a ser correspondida por un hombre que no es para ella.

Pero volvamos a donde estábamos porque yo acababa de dar
un paso importante: le había contado la verdad a un chico que
me gustaba. Desgraciadamente, mi cibernovio nunca me con-
testó a ese mail ni me volvió a hablar. Mi primer rechazo. Y otra
confirmación más de que decirle la verdad a quien quiero y mostrarme como soy nunca acabaría bien.

El otro resultó ser de Salamanca, una ciudad muy cercana a la
mía. Estando tan cerca y teniendo él coche (yo tenía dieciséis
años, pero él ya tenía dieciocho), insistía mucho en venir a verme. Un día, aprovechando que no estaban mis padres, le invité
a venir a casa. Habíamos hecho cibersexo antes, así que ahora
tocaba el de verdad.

Era la primera vez que yo tenía una relación sexual con un
chico. Fue horrible. Yo estaba muy nerviosa, no sabía hacer nada,
tenía miedo a quedar mal, me sentía culpable por haberle hecho
venir hasta aquí para ESTO (siendo «ESTO» yo desnuda y sin
moverme). Pero había perdido la virginidad, ¡una victoria social!
¡La primera de mis amigas! ¡Ja, la gorda es más guay que vosotras! No, no lo era, porque tampoco le conté a nadie que había
quedado con un chico de internet para follar.

6

LA CONTRARREVOLUCIÓN SEXUAL

Hay un sonido, unas alegres notas de piano, que me recogen cual gancho de *Toy Story* y me trasladan directamente a mi primer año de carrera. Es el principio de «La revolución sexual» de La Casa Azul, una canción hoy ultraconocida que apareció en otoño de 2007, cuando estaba en Málaga absolutamente eufórico por comenzar una nueva etapa. Lejos de mi casa y lejos de mi pueblo, por fin podía empezar a ser yo mismo, y la letra de esta canción de Guille Milkyway retrataba de una manera asombrosa el camino que tenía por delante:

Tú, que decidiste que tu vida no valía,
que te inclinaste por sentirte siempre mal,
que anticipabas un futuro catastrófico,
hoy pronosticas la revolución sexual.

Tú, que decidiste que tu amor ya no servía,
que preferiste maquillar tu identidad,
hoy te preparas para el golpe más fantástico,
porque hoy empieza la revolución sexual.

No puedo contar las veces que escuché esta canción yendo y viniendo de la universidad, reprimiendo a duras penas los saltitos que me provocaba. Por supuesto, me compré el disco y contemplé extasiado la posibilidad de ir a un concierto si la gira de La Casa Azul pasaba por la ciudad. ¡Ir a un concierto de un grupo que me gusta! En palabras de Geri Halliwell, *una sueño latino*.

En la facultad, la primera impresión me resultó ambigua. Éramos casi doscientos alumnos en clase, lo cual era un cambio muy brusco respecto al instituto. Y aunque hice amigas con cierta rapidez gracias a Maribel, una chica de gran desparpajo que me acogió bajo su ala, ni las clases ni el ambiente con los compañeros me resultaban la fantasía académica que esperaba. Mi ilusión por estar allí, aun así, lo bañaba todo con la luz dorada del entusiasmo. Empezar a aprender cosas sobre el periodismo me llenaba de dicha, y aprovechaba cualquier oportunidad para apuntarme a seminarios o jornadas que sonaran interesantes.

Recuerdo especialmente uno sobre lenguaje y discapacidad, en el que miembros de varias asociaciones explicaban lo mal representados que se sentían en los medios, y cómo la imagen que se daba de ellos, sobre todo en televisión, afectaba su día a día. Fue muy revelador empezar a entender que la realidad puede contarse de muchas maneras, y que elegir una u otra tiene más consecuencias de las que parece a simple vista. Me sentía adulto, en fin, al menos la mitad del día que estaba en aquel edificio sin encanto que yo admiraba asombrado.

Al salir de clase (sin ser yo Raquel Meroño), mi vida se parecía mucho menos a lo que había proyectado. Por primera vez tenía que cuidar de mí mismo y, la verdad, creo que no pude hacerlo peor. Había llegado a mi primer piso de estudiantes sin las más mínimas técnicas de supervivencia y, peor, sin demasiado interés por adquirirlas. Llegué a aquel piso sin tener ni idea de cómo se lavaba la ropa, cómo se cocinaba lo más básico o cuándo se cambiaban las sábanas. Yo quería tener una vida de universitario como en las películas, y eso consistía en charlas interesantes en la cafetería de la facultad o en visitas a exposiciones, no en fregar la ducha o planchar una camisa. Es curioso porque con el tiempo me he convertido en una versión manchega de Bree Van De Kamp, pero aquel primer contacto con la vida adulta fue un constante ensayo-error. Concretamente, un 10 % de ensayo y un 90 % de error.

Como me preocupaba mucho más qué pósteres iba a colgar en la habitación (no me duelen prendas en confesar que todavía coleaba mi era Zac Efron) que lo que iba a comer al día siguiente, mi dieta se basó en todos los productos precocinados que hubiera en el súper. Para sorpresa de nadie, acabé el curso con el peso más elevado que he tenido en mi vida, en torno a los 135 kilos.

Suspirar con el protagonista de *High School Musical* mientras me parecía cada día más a Jabba el Hutt cortocircuitó mi relación con el cuerpo masculino. Aún estoy deshaciendo el lío en el que se convirtió mi autoimagen y mi percepción del deseo en esos años de mi adolescencia, en los que debería haber llegado la revolución sexual y solo llegó más odio, más asco y más vergüenza. De hecho, efectivamente La Casa Azul dio un concierto en la ciudad y, a la salida, tuve un accidente de tráfico. La metáfora se escribe sola.

Antes de seguir, debo explicar algo al lector o lectora heterosexual: desear un cuerpo al que aspiras es un esquema muy complejo que a las bolleras, personas bi y maricones nos retuerce la relación con nosotros mismos. Una lectora hetero de *Vogue* puede desear muy fuerte parecerse a la chica de portada, y sin duda la percepción que tendrá de sí misma la medirá en relación con lo que se parece o no a ella. La misma lectora podrá salivar con la portada de *Men's Health*, y quizá fije sus estándares en Tinder respecto a ese tipo de cuerpos. Sin embargo, al menos en la experiencia marica, que es la que conozco bien, una persona atraída por cuerpos de su género experimenta el deseo sexual y la aspiración física a la vez, transformando la relación con su cuerpo en algo que no es exactamente la suma de esas partes, sino un resultado más perverso: queremos tener el cuerpo que nos pone. Y cuando follamos, tenemos mucho más fácil cotejar nuestro cuerpo respecto al de la otra persona. La comparación, en definitiva, está mucho más presente en nuestras vidas.

Yo no lo haría hasta muchos años más tarde (lo de follar, no lo de compararme, que en eso era un experto), pero la dimensión del deseo empezaba a ser importante en mi relación conmigo mismo. Y lo era, como en los pecados católicos, no por palabra ni por obra, sino por omisión.

Desde que puse un pie en Málaga, mi objetivo número uno era enrollarme con algún chico. Fantaseaba todo el tiempo con cómo sería el muchacho que me besaría y me haría el amor por primera vez. ¿Sería tan alto como yo? ¿Le interesaría la literatura? ¿Me descubriría nuevos grupos? Y, sobre todo, ¿estaría delgado? ¿Sería guapo? ¿Me convertiría con su beso en una persona deseable? Por el instituto, ni que decir tiene, había pasado más inmaculado que la mano incorrupta de santa Teresa. Pero ahora estaba en la universidad, fuera del armario (me compré una chapita arcoíris para llevarla en la mochila, qué ternura), y me parecía que solo era cuestión de tiempo.

Además, me había ido a vivir con Javier y su novio de entonces, lo que me permitió por primera vez observar de cerca una relación entre dos chicos. Aunque hoy soy consciente —y Javier mucho más— de lo problemático de aquella unión adolescente, con dieciocho años me parecía que lo que ellos tenían era lo que yo debía alcanzar. Hasta entonces lo más parecido a una relación de pareja que había tenido eran mis revistas de Zac Efron y un novio que me inventé que tenía en Albacete para darme ínfulas en el instituto, y al que puse el absolutamente creíble nombre de Alejo.

Entrar en el ruedo del deseo marica podía hacerse ya por entonces por la puerta de toriles que había abierto internet. Un momento, ¿he hecho una metáfora taurina? Perdón. El caso es que, para cuando comencé a estudiar la carrera, Fotolog estaba en su apogeo, el Messenger empezaba a declinar su reinado y, al final de curso, llegarían Facebook y Tuenti.

Hoy las redes sociales tienen una posición importante en nuestra rutina, pero entonces eran algo por lo que tus padres te echaban la bronca. Una pérdida de tiempo, un pasatiempo inútil y ensimismado que te tenía pegado a una pantalla como un mosquito. Pero en esa pantalla, claro, estaban pasando muchas cosas. Una de ellas era que los maricones estaban ligando. Cualquier nuevo invento, cualquier espacio novedoso o cualquier plataforma donde dos personas puedan interactuar, los maricones la usaremos sobre todo para ligar.

Las primeras páginas donde conectar con otros maricas resultan hoy prehistóricas, pero eran en su día todo un avance futurista. Gay Romeo, Bakala y derivados tenían un funcionamiento similar, que hoy conocemos bien: rellenabas una ficha con tus datos, adjuntabas una o varias fotos y contactabas con otros chicos cuyo perfil te interesaba. Para alguien como yo, aterrado ante el ligoteo cara a cara, aquellas webs deberían haber sido campo abonado para saltar a la faena. Pero no pude.

En todas las páginas, y después en las apps que las sustituyeron, indicar tu peso era uno de los datos básicos del perfil. Eso ya era un reto, que se sumaba a la vergüenza que me producía poner imágenes de mí mismo. Desde un par de años antes tenía una cámara digital de nada menos que dos megapíxeles, lo que me permitió poder ver fotos mías al instante. Porque, para aquellos lectores que no se acuerden de Shakira morena (es decir, nacidos del 98 en adelante), cabe recordar que hasta la llegada de aquellas cámaras, uno posaba y solo días o semanas después veía el resultado de las fotos en una tecnología llamada «papel».

La fotografía digital nos permitió sacar muchas más fotos de nosotros mismos y verlas en el momento. Y, en mi caso particular, eso significó ser mucho más consciente de todo lo que odiaba de mi cara y de mi cuerpo. Allí estaban los defectos, una y otra vez, repetidos en infinitas imágenes que siempre me disgustaban.

Sin la información del peso y sin apenas imágenes, mis perfiles consistían en un escueto y críptico conjunto de palabras que, lógicamente, tenía menos éxito que un anzuelo con una simpática rosquilla en vez de una lombriz. Mi inocencia adolescente me alentaba a creer que algún chico honesto y elevado se vería atraído por ese mensaje dentro de una botella que eran aquellos pocos datos, y aquellas fotos que como mucho mostraban uno de mis ojos en primerísimo primer plano (abundaban los planos detalle de ojos en las webs maricas pero, ejem, más explícitos).

Yo tenía experiencia hablando con chicos por chats, pero siempre haciéndome pasar por otra persona o moldeando a deseo mis características físicas. Para cuando quise incorporarme de verdad a ese intercambio, no pude. Aunque internamente no reparaba en ello porque no tenía herramientas para calibrar valores como la autoestima o la autoimagen, fracasar de aquella manera en lo que debía ser mi acceso a la vida romántica y sexual fue catastrófico. Aún hoy voy descubriendo secuelas de ese impacto.

Una de ellas es que mi cuerpo *desapareció*. Sí, seguía existiendo y me llevaba de un lado a otro, tenía frío o calor (en Málaga más bien lo segundo) y a veces me dolía o me producía placer. Pero era invisible para mí. No lo miraba en el espejo más que para lo estrictamente funcional: atusarme un poco el pelo, abrocharme bien la camisa... Verme reflejado no me devolvía la imagen de mí mismo, sino la de algo que arreglar. Nada más. No registraba ninguna emoción, ningún reconocimiento de mi identidad, de mi persona. Era un vampiro sin reflejo, pero, en vez de sangre, me alimentaba de rechazo hacia mí mismo. He visto en YouTube vídeos de primates que se reconocen ante su imagen en el espejo. Mi mente, que para otros aspectos ha sido siempre afilada, ha vivido muchos años en un estado preevolutivo en cuanto a la relación con el cuerpo que la contiene. Durante años mi reflejo no ha computado como imagen de quien soy. Mirarme no era verme. Mirarme era un chequeo rápido de fallos pequeños, hilvanados en un fallo mucho mayor, monumental: el de mi existencia. Un error de la naturaleza que me esforzaba por no afrontar, como quien se queda paralizado para que no le ataque un oso.

El camino para contemplarme en un espejo ha sido uno de los grandes pasos de mi terapia. De hecho, la primera tarea que me mandó el psicólogo después de escribir mi historia fue mirarme al espejo. Tal cual. Mirarme, a poder ser, en ropa interior o desnudo, y quedarme un rato explorando pacíficamente lo que la superficie reflectante me mostraba.

En un mundo en el que la autoimagen ya se configuraba en selfis y *nudes*, la mirada pausada a ese cristal antiguo y casi sagrado que es el espejo me ayudó a aceptar las formas y las texturas que me configuran. Y utilizo «aceptar» en sus dos sentidos, en el de recibir y en el de aprobar, estar conforme. Aunque para eso quedaban aún muchos años.

A Málaga había llegado feliz de haber escapado por fin del pueblo, pero para cuando terminaba el curso, mi desencanto era insostenible. En la facultad había tenido algunos profesores inspiradores, pero las clases distaban mucho de lo que esperaba. Por otro lado, la situación en el piso, donde el novio de Javier estaba en guerra permanente contra el mundo (y especialmente contra mí), se volvió irrespirable. Incluso Málaga, que hoy es una capital cultural interesante y vanguardista, me resultaba incompleta. No supe o no pude hacerme un hueco en ella y, desvanecido el entusiasmo de llegar a un lugar nuevo, solo le veía defectos. Un poco con el rabo entre las piernas, asumí la decisión lógica: irme a estudiar a Valencia, que estaba a una hora y media de casa (y no a las ocho de Málaga) y era donde estudiaba mi hermano Ramón. Así que hice un traslado de expediente y me fui a vivir al colegio mayor donde estaba mi hermano. Un colegio mayor... del Opus Dei.

Hoy, claro, no hubiera tomado esa decisión. Creo que fue tal el agobio que viví en los últimos meses en el piso malagueño, donde el novio de Javier se había propuesto amargarme la vida y lo había conseguido, que me limité a huir. Y cuando apareció la opción de un colegio mayor, aunque fuera religioso, estaba tan escaldado que la idea de que me hicieran la comida, me limpiaran el cuarto y pudiera evitar conflictos con compañeros simplemente me compensaba. Y sí, al Enrique cervatillo cuyos primeros pasos por el bosque habían sido tan inseguros, el colegio le vino bien en muchos sentidos. Despreocuparme de las rutinas que conllevaba cuidarse a uno mismo me permitió disfrutar de algo más parecido a esa vida universitaria que había proyectado. El precio fue volver diariamente al armario.

Hay veces que uno hace las cosas con empuje, pero el empuje no dura para siempre. Hace falta mucho esfuerzo psicológico para salirse de la comodidad del rebaño, y creo que el camino de muchas personas incluye este tipo de retrocesos. Yo había vivido un año fuera del armario a todos los efectos en Málaga, y aunque podía estar orgulloso de ello, tampoco había solucionado mágicamente mis problemas. Integrarme en un nuevo rebaño, aunque tan alejado estuviera de mis convicciones, creo que fue una respuesta a esa pérdida de rumbo vital que, por suerte, acabé por reconducir.

Tanto la estructura del colegio como la mayoría de los muchachos que allí vivían cumplían todas las reglas del *heterucismo*, que además se mezclaba con mucho clasismo (realmente el colegio era de lujo y la mensualidad era altísima, pero mi hermano y yo podíamos asumirlo porque por buenas notas nos rebajaban como el 75 %) y cierta beatería. Y si lo pienso bien, aunque había que ir a la capilla obligatoriamente y demás parafernalia católica, la presión no era tanto religiosa como de clase y patriarcal. Tras un intento de vida fuera del armario en Málaga, volver a un lugar donde tenía que performar la masculinidad (hasta donde podía hacerlo, hijas) significó poner de nuevo en *pause* esa parte tan importante de mí mismo.

Hoy me cuesta comprender la resiliencia de un posadolescente capaz de negarse a sí mismo para encontrar un precario camino adelante. Durante mi terapia, una de las tareas más importantes fue reconectar con mis emociones. Mi bloqueo emocional era tan absoluto que fui capaz durante toda la vida de aguantar las situaciones más hostiles con la docilidad de esos grandes dinosaurios herbívoros que apenas si se defienden cuando llega el depredador. Creo que los dos años que pasé en el colegio mayor son muestra de ello. Sí, hice un amigo maravilloso con el que pude compartir mi identidad (hola, Julián), y por supuesto también lo hacía en clase, pero retroceder en una casilla tan importante en el tablero… significó un gran empujón en la caída en picado de mi salud mental.

Creo que si pude soportarlo también se debía a un cierto desencanto. Después de un curso entero en una ciudad grande, lejos de la mirada de Sauron que sentía en el pueblo, ni siquiera había besado a un chico. Era maricón, pero no ejercía. Si me hubiera dado un parraque entonces, podría haber ingresado con facilidad en el reino de los cielos, rubicundo y purísimo.

Ni avanzaba con los chicos ni con mi propia construcción como maricón (de España): aunque habían pasado un par de años desde que salí del armario con mi madre, a duras penas habíamos vuelto a hablar del tema. Mi homosexualidad era más *La ley del silencio* de Elia Kazan que *La ley del deseo* de Pedro

Almodóvar. No la nombrábamos, hacíamos como si al puzle colgado en la pared no le faltara una pieza en el centro. Por supuesto, ni con mi padre ni con mi hermano me había atrevido a confesarme, aunque con el tiempo se lo contaría al segundo, aprovechando la relación diaria en el colegio mayor.

7

¡EL SEXO ES GENIAL!

Es difícil compaginar una doble (triple) vida, cada una con su línea argumental de anécdotas y secretos, pero más difícil es aguantarte las ganas cuando el cuerpo te está pidiendo salsa y tú estás convencida de que eres alguien que merece ser rechazada.

Desde muy pequeña he sido una persona bastante caliente caliente, eeeo. A lo mejor es que todas somos así, pero como yo nunca hablaba de mis deseos ni mi gusto por frotarme con la almohada por las noches con nadie, pues me limitaba a pensar que era una guarra, que era el apelativo que se les ponía a todas las chicas que se mostraban interesadas en el sexo.

Recuerdo haber tenido fantasías eróticas siendo muy pequeña, haber sentido excitación viendo actuaciones musicales (es muy difícil vivir sabiendo que la primera persona que despertó algo en ti fue Miguel Bosé, primero porque YA ESTÁS MAYOR, QUERIDA, y segundo porque... bueno, digamos que el paso del tiempo me ha sentado mejor a mí que a él).

Tengo recuerdos muy vívidos de haber sentido mucho interés en ver fotos de cuerpos desnudos, en su mayoría de chicas, porque eran mucho más fáciles de encontrar en el tráfico de revistas eróticas en mi pueblo. Recuerdo haber deseado con mucha intensidad que a mí también me besasen o tocasen cuando empezamos a jugar a beso, verdad o atrevimiento. Y nunca se me olvidará el día que descubrí que si ponías en un buscador de internet «chicos desnudos», te podías HARTAR de ver pollas. Aunque lo cierto es que, hasta hoy, nunca me he hartado.

Si no me enganché al porno cuando era adolescente fue porque mi educación católica cumplió su función, estoy segura. Me pesaba más el pecado de la lujuria que el de la gula, porque sí, por supuesto, después de comerme una bolsa enorme de gominolas y una bolsa grande de patatas fritas me sentía culpable, pero no a los ojos de Dios, solo decepcionada conmigo misma. Pero con el sexo... siempre ha habido algo dentro de mí que me ha reprimido, más allá de mis propias inseguridades. Un ejemplo: hasta bien mayorcita, siempre que me masturbaba apagaba la luz, porque lo que iba a hacer era algo «malo», así que mejor no verlo ni yo misma.

Cuando era adolescente, la autorrepresión era muchísimo más fuerte que ahora, pero actualmente también tengo pensamientos muy relacionados con la forma en la que me hablaron de sexo durante la adolescencia. Yo fui de la escuela de que la mejor prevención (ya sea de enfermedades, de disgustos o de embarazos no deseados) es no tener relaciones sexuales. Y lo peor de todo es que esta imposición divina me combinaba genial con mi idea de que nadie podría desearme. Si acaso, los más pecadores, los más viciosos.

Por suerte, lo que no me parecía un pecado era tener conversaciones guarrindongonas por chat. Conocer chicos, hacerles unas cuantas preguntas y, de repente, sacar el tema de que si tienes novia, de que si te gusta el sexo, de que si qué me harías si estuviera ahora contigo... y lo que surgiera, era mi forma de canalizar el calentón adolescente que yo llevaba dentro.

Por internet me sentía segura y relajada, en persona era incapaz de hacer nada. Habiendo tenido una «primera vez» bastante desastrosa, que me dejó un sabor de boca no solo a culpa, sino a vergüenza y a no haber estado a la altura, decidí que el sexo no era para mí y que yo no era digna de ser follada, así que, aunque había algún chico por el que me sentía atraída, me aguantaba esos deseos y me aliviaba por chat. O comiendo.

Seguía engordando, lo cual significaba muchas cosas: que mi madre me agobiara más, que mi abuela me repitiera cada vez que me veía que estaba muy fea y que así no me iba a querer nadie, y que mi padre se subiera al carro, también, con su argumento de «si estás gorda no vas a encontrar trabajo porque nadie contrata a gordas»; que yo ya había asumido que tenía un problema con la comida porque había perdido el control, había visto en la báscula cómo la flecha pasaba del número 100 y ya no había manera de pararme; que mi relación con mis amigas se había vuelto más superficial aún, y eso me apenaba, porque en el fondo me caían bien, pero es que ellas eran guapas y delgadas y yo me sentía totalmente fuera de lugar a su lado; y que para qué iba a intentar conocer chicos si a todos les iba a dar asco. Mejor engancharme al primero que me mostrara un poco de cariño a través de internet y seguir masturbándome a escondidas.

7

LUNA MENGUANTE

Cuando cambié Málaga por Valencia, en segundo de carrera, estaba en mi récord personal de peso. No tengo fotos de entonces porque borré el disco duro que tenía sin querer (sin querer de verdad, no como en la sede del PP). Y aunque conservara imágenes de ese tiempo, no estoy seguro de si querría verlas. Aún no había oído hablar de la gordofobia, ni sabía por qué me odiaba de esa manera. Mi cuerpo era el enemigo, era todo lo que estaba mal en mí. Fantaseaba todos los días con adelgazar, con poder cercenarme las lorzas con una máquina como la de cortar kebabs. Pensaba que tener mi cuerpo era la peor desgracia que a alguien le podía pasar. Así de negativa, absoluta y corta de miras era mi autopercepción.

En el colegio mayor, que, como decía, era de lujo en sus servicios (aunque sobrio en apariencia, con un cierto aire monacal), unos pocos residentes pedimos que nos hicieran comida aparte, baja en calorías. Por primera vez en mi vida me puse a dieta, y mientras escribo esto echo cuentas y calculo... que llevo media vida a dieta. Bueno, a veces a dieta y a veces a *contradieta*. Porque desde entonces soy como la luna, siempre estoy creciendo o menguando.

Aquella primera vez hice, básicamente, todo lo que no hay que hacer. La comida que me preparaban era, en efecto, muy baja en calorías, y me obligué a no comer nada que no fuera lo que me ponían para desayunar, comer y cenar. A la vez, empecé a caminar todos los días y, cuando perdí algo de peso, a correr. Me obsesioné. Me castigué por una vida de excesos. Si me faltaban las fuerzas o me dolían los músculos, me recordaba sádicamente que era una penitencia justa por mis errores.

En Navidad pedí a los Reyes una báscula. ¿Puede haber un regalo más triste? El primer día de mi vida adulta en el que me pesé, tras un tiempo a dieta y habiendo recorrido dos agujeros del cinturón, la máquina marcó 127,5 kilos. Tengo la imagen marcadísima, porque hasta ese momento mi gordura era como una ecuación sin resolver. Ahora sabía a lo que equivalía la equis que me marcaba, y que desde mi perspectiva se parecía más a una cruz.

Si mis cálculos están encaminados, entonces habría perdido ya siete u ocho kilos, por eso sitúo mi pico en 135. Para cuando acabó el curso pesaba 90. Perdí 45 kilos en siete u ocho meses, matándome de hambre y matándome a correr. Creí purgar así el pecado original que había recibido de aquel perrito con tiña y que me había maldecido con un cuerpo gordo desde que tengo uso de razón. Quizá mi constitución quedaba lejos de la de una persona delgada, pero desde luego había conseguido algo que llevaba toda la vida soñando. Mi obesidad había salido de escena y —esto lo sé solo ahora— calentaba las cuerdas vocales a un lado del escenario un nuevo personaje que acabaría llevando la voz cantante en el musical de mi vida. ¡Redoble! Prrrrrrrr. La depresión.

¿Cómo podía ser tan infeliz si ya no estaba gordo? Toda la vida había asimilado que mi desazón era una consecuencia directa de mi sobrepeso. Entendía que no podía ser feliz siendo gordo y que, por lo tanto, hacer desaparecer los kilos *de más* me convertiría en el portador de un tíquet dorado hacia la felicidad. Con cada comida que me saltaba y con cada carrera por el an-

tiguo cauce del Turia creía estar más cerca del fin de la insatisfacción permanente con la que convivía. Estaba convencido
—aunque no tuviera la capacidad de intelectualizarlo— de que
cuando viera un determinado número en la báscula, cuando ya
lo hubiera conseguido, sería dichoso. Pero los traumas no desaparecen con la grasa.

Cuando efectivamente alcancé el número soñado, no solo no
sonaron fanfarrias ni apareció la princesa Peach en una nube
para coronarme, sino que mi bienestar físico y mental estaba
en un estado lamentable. El esfuerzo obsesivo por adelgazar me
dejó sin fuerzas, agotado y es probable que un poco desnutrido.
A nivel mental, la presión que ejercía sobre mí mismo era patológica. Después, en terapia, he identificado con frecuencia esa
voz que todos tenemos y que nos empuja a nuestro límite. En
mi caso le di un nombre, *el maltratador*, porque solo así podría
definir a una persona que me dijera lo que yo me estaba diciendo. Que me tirara todo el tiempo por tierra, que negara mi valor
humano, que me convenciera de que todos me odiaban o se
reían de mí.

A pesar de todo, claro que la vida es más fácil con 45 kilos
menos. La sensación de incomodidad que experimentaba de
manera constante estando con los demás había disminuido.
Notaba que mi presencia no era tan llamativa, y eso me permitió generar una cierta confianza. Respecto a mi cuerpo estaba
igual de inseguro, y de hecho adelgazar tan rápido y tan mal me
dejó una figura que me incomodaba tanto como la anterior.
Pero mentiría si no dijera que atravesar el día a día sin estar tan
gordo era, simple y llanamente, más sencillo.

La Nochevieja después de adelgazar besé a un chico por primera vez. Bueno, sería más exacto decir que un chico me besó
por primera vez, porque yo no hubiera sido capaz de lanzarme.
Me gustaría poder revestir el relato con algo de épica, pero lo
cierto es que estaba en un garito con Javier en Almansa (googlead

fotos del castillo, es precioso) y un marica que venía con nosotros me entró a morro. Aquello me pilló por sorpresa y me generó un alivio inmediato. Estaba a punto de cumplir veinte
años, llegaba muy tarde según los estándares, pero por fin estrenaba mi vida amorosa. Recuerdo entreabrir los ojos de vez
en cuando, como para cerciorarme de que aquello estaba pasando de verdad, y ver la cara del chico como si la mirara por
una lente ojo de pez, deformada por la milimétrica distancia.

Después de un rato enrollándonos, el chiquito me dijo que
le acompañara al baño. En este punto pasé del alivio al pánico.
Me invadió un vértigo repentino y me quedé paralizado. Los
primeros morreos los había encajado con gusto, pero la perspectiva de hacer algo con mi cuerpo me aterrorizó. No tenía la
seguridad que aquello requería, y mi cabeza activó el mecanismo de huida. Con todo, el muchacho me arrastró hasta el baño
y, para mi alivio, lo que quería era hablar en un sitio más tranquilo. Solo recuerdo una de las cosas que me dijo. Es una de
esas frases que pueden acariciarte o golpearte. Una declaración
bastante 0,60 que tantas personas gordas nos hemos cansado
de escuchar, como para justificar ciertos comportamientos. «Para
mí el físico no es lo importante». Estoy seguro de que el muchacho lo dijo con la mejor de sus intenciones. Pero que el
primer chico con el que te enrollas venga a decirte que tu cuerpo es un problema que ha decidido pasar por alto es la confirmación de lo que el maltratador me susurraba desde dentro de
mi cabeza: «Es imposible que le gustes a nadie, quien se acerque
a ti será con asco y por pena».

Hasta que lo trabajé en terapia, estuve convencido de que no
merecía recibir deseo ni amor de nadie; en todo caso, la vaga
lástima de alguien que ha decidido hacer un acto de caridad,
permitiéndome aproximar mis labios a los suyos. Por eso yo tenía
que aceptar cualquier resto de interés que a los demás les sobra-
ra, porque era todo a lo que podía aspirar. Y dando las gracias.

Solo diez años después de aquel primer beso empecé a ser capaz de situarme al mismo nivel que mis amantes. Siempre estuve por debajo, respondiendo dócil a todas sus exigencias o deseos. Daba igual lo que yo quisiera, daba igual lo que yo disfrutara, daba igual lo que me doliera. Quien se enrollara o se acostara conmigo me estaba ofreciendo su caridad, y mi papel era aceptar lo que fuera, cuando fuera, como fuera. De aquel chico de Almansa me quedó esa lección y unos vistosos chupetones en el cuello que hube de ocultar torpemente durante días.

En internet son abundantes los vídeos de perritos que son adoptados tras una vida de maltrato. Si queréis hacerme llorar, ponedme uno de esos vídeos o el final de *A dos metros bajo tierra*; es automático. Acostumbrados a la violencia y al castigo, los perritos confunden la mano amiga con una amenaza, y tiemblan o se defienden como pueden de quien intenta ayudarlos. Mi vida amorosa se parece mucho a esos perritos. Muchas veces he interpretado una caricia como un ataque, o he recibido aterrado los mimos de los demás, esperando que en cualquier momento se convirtieran en golpes.

Mi emocionalidad patológica se encargó de convertir ese primer beso, algo que podría haber celebrado como el esperado descorche de lo que estaba por venir, en la constatación de mis inseguridades. Tanto me afectó aquello que, si el beso primero lo di al borde de la veintena, cinco años tendrían que pasar para que diera el segundo. En ese lustro tan poco lustroso (es complicado tener diecinueve años y no haber besado, pero más duro es tener veinticuatro y solo haber dado un beso), la relación conmigo mismo pasaría completamente al lado oscuro.

8

EL FUTURO, ¡QUÉ NERVIOS!

A todo esto sumadle que estás cursando segundo de Bachillerato, el que, desde mi experiencia, fue el año de estudio más duro de mi vida. Si el colegio era un poco mi lugar tranquilo, porque ahí me había ganado un estatus siendo buena estudiante y ya les tenía más que cogido el punto a mis compañeros para convivir a diario con ellos, en el último curso todo cambió. Y fue porque ya desde el primer día que arrancaron las clases todos los profesores empezaron a repetir sin parar: SELECTIVIDAD.

«Selectividad» significaba que había que estudiar mucho, ir muy deprisa dando el temario porque había que llegar hasta el final, hacer un montón de exámenes cada dos semanas para ver cómo íbamos y, encima, como colofón final, presentarte a un examen «real» donde las preguntas las elegían profesores a los que no conocías de nada ni sabías de qué pie cojeaban, y a la hora de calificarte no se iban a acordar de que eras esa buena estudiante a la que se le podía inflar un poquito la nota.

Pero ahí no acaba todo. Además de sobrevivir a segundo de Bachillerato y aprobar la Selectividad, tenías que tomar una de las decisiones más importantes de tu vida: qué carrera estudiar. Y como todas las decisiones más importantes de la vida, esta también tenía que ser aprobada por un montón de gente. Porque tus gustos o apetencias nunca son suficientes. Los profesores tenían que estar de acuerdo en que esa era una salida digna para ti y tus padres tenían que darle el aprobado definitivo, sobre todo en mi caso, porque iban a ser ellos quienes pagasen la universidad.

La mejor parte de todo esto fue que, mientras discutíamos sobre mi futuro, dejábamos de discutir sobre mi cuerpo. Así que hasta cierto punto fue un alivio, pero también una oportunidad para darles, por fin, una alegría. Porque yo llevaba ya muchos años sintiendo que le había dado a mi familia un disgusto terrible solo por el hecho de estar gorda. Por tanto, aunque había manifestado alguna vez mi interés por las profesiones más artísticas (y es que me encantaba cantar, escribir o el cine), mis padres me convencieron de que lo mejor que se podía hacer en la vida era estudiar algo que me diera acceso a un trabajo fijo, pero un trabajo que no me quitase demasiado tiempo para luego poder seguir desarrollando mis aficiones. Como mi padre, que por las mañanas trabajaba en un trabajo DE VERDAD y por las tardes y los fines de semana tocaba la batería.

De este modo se acordó que yo sería profesora, que era un trabajo que me parecía interesante, pero, sobre todo, me permitiría tener muchas vacaciones. Finalmente me decanté por estudiar Filología Hispánica, porque como me gustaba tanto escribir, pensaba que en la carrera me enseñarían a hacerlo mejor, así mataba dos pájaros de un tiro y todos contentos.

Visto así parece fácil. Sabía lo que quería estudiar, y por suerte no era una carrera muy popular, así que no necesitaba sacar buena nota en la Selectividad para poder acceder a una plaza. Pero también hay que contar con que yo ya me había convertido en una persona superexigente conmigo misma, y como el resto de las facetas de mi vida estaban manga por hombro, quería seguir destacando en lo mío, que era ser lista y sacar buenas notas.

Creo que una de las causas de mi superexigencia fue mi paso por el conservatorio. Vengo de una familia de músicos, por parte de padre, y como todos mis primos iban al conservatorio, yo tampoco lo dudé. Y yo quería estudiar piano, como ellos; sin embargo, no pasé las pruebas a la primera y me tocó elegir otro instrumento. Solo tenía siete años, pero aún recuerdo esa vergüenza de no haber conseguido lo que quería y de haber decepcionado a los demás. Empecé a estudiar clarinete, pero no me gustaba nada. Finalmente volví al piano, por ese empeño mío de que el piano era para los mejores, pero yo creo que no disfruté ni un solo día de los ocho años que estudié ese instrumento. Y si no lo disfrutaba era porque estudiar música es muy estricto y cuadriculado. Todo está medido al milímetro y tu trabajo consiste en mejorar poco a poco para ajustarte a lo que un señor del siglo XVIII quería que hicieras con el instrumento. No había espacio para el entretenimiento; todo era puro sacrificio. Y nunca, jamás, ningún profesor me dijo «muy bien». Hicieras lo que hicieses, siempre había algo que corregir, lo que te convencía, desde bien pequeña, de que eras una persona imperfecta y que tu esfuerzo (o peor, tu talento) nunca era suficiente.

En segundo de Bachillerato abandoné el piano. Ya era demasiado para compaginarlo con un curso tan difícil. Me sentí muy frustrada porque nunca llegué a tocar como yo quería, a pesar de los ocho años dedicados. Por no hablar de que veía a compañeros de clase capaces de compaginar el curso con el conservatorio y, ya se sabe, las comparaciones son odiosas, sobre todo cuando te comparas para reafirmarte en tu fracaso.

En segundo de Bachillerato, también, volvieron esos ataques de nervios inesperados y se multiplicaron los atracones. Fracasada, gorda, reprimida, avergonzada y atacada, logré terminar el curso. Pasando antes por la graduación, por supuesto, eventazo del año en mi colegio para el que mi tía me tuvo que hacer ropa a medida porque ya no había tienda en Zamora que pudiera vestir mi cuerpo con vestidos que no fueran de luto riguroso.

A mediados de ese curso, también, visité por primera vez a un psicólogo, aunque esta ni siquiera la cuento, porque para lo que me sirvió… Pero me sirve para saber que entonces ya se me debía de notar que, además de estar más gorda, no estaba bien anímicamente. Era de la Seguridad Social y creo que me llegó a atender unas tres veces en cinco meses. Gracias a él supe darle nombre a lo que me volvía loca, la ansiedad, y aprendí a hacer unas respiraciones que nunca me sirvieron para nada. Lo único bueno que saqué de aquella primera vez es que el psicólogo le hizo entender a mi madre que si yo quería comer chocolate, me dejase comer chocolate. Que era un mal menor comer una porción todos los días para evitar que me comiera la tableta entera una tarde a escondidas. Durante un par de meses funcionó, hubo paz con la comida en casa, pero entonces llegó el momento de irme a otra ciudad para vivir por mi cuenta, porque empezaba la universidad.

No sé si es algo que le pasa a todo el mundo, pero aún hoy me cuesta mucho desprenderme de la persona que fui durante mi adolescencia. Yo ya no tengo nada que ver con esa pobre niña reprimida que soñaba con todo pero no se veía capaz de apostar por nada, mucho menos por sí misma. Sin embargo, hay días en los que todavía me siento así. Me grabé (o me grabaron) tan a fuego que valía menos por estar gorda, que tenía que demostrar que merecía lo que conseguía, que nadie me iba a querer, que lo lógico era que me rechazasen, o que había cosas que no podía hacer, y punto (como ir a Ibiza), que hay momentos en los que vuelvo a creérmelo. Tengo que seguir luchando contra estas ideas ya que, en cuanto me descuido, me engañan de nuevo.

8

LUNA CRECIENTE

De pequeños, todos pensamos que al tragarte las pepitas de una sandía corrías el riesgo de que una planta te creciera dentro. Aquella noche en la que por fin besé y en la que mi mente convirtió la dicha en trauma, dos pequeñas pepitas que tragué de niño despertaron en la boca de mi estómago. Dos plantas carnívoras empezarían a crecer a buen ritmo, anillando mis venas como una enredadera que va reptando cada vez más alto. Dos vegetales voraces que se necesitaban el uno al otro para sobrevivir, porque mientras uno hundía las raíces en mi infancia, el otro encontraba orificios nuevos por los que buscar la luz del mundo. Esas plantas espinosas y retorcidas son la culpa y el autoodio.

Tres años después de irme del pueblo, empezaba a descubrir que mis miedos y mis problemas no se habían quedado en Alpera. En Valencia, la facultad era muy estimulante y mis compañeros de clase sí se parecían a lo que yo esperaba. Aunque había llegado un curso más tarde y eso nunca es fácil para hacer amigos, lo cierto es que no tardé demasiado en construir afinidades, algunas de las cuales llegan hasta hoy. Mi vida académica iba genial, y, de hecho, esa parte intelectual era donde yo me sentía seguro y confiado. Pero mientras mis amigas llevaban ya varias relaciones a sus espaldas o tenían parejas cada vez más estables, yo seguía en el escaparate, plastificado y muerto de miedo.

Si hasta los dieciocho años había achacado al pueblo ser la razón de mi ostracismo amoroso, la culpa se había ido girando grado a grado hasta apuntarme al pecho. Ni siquiera podía acusar de mi poco éxito a mi gordura, porque había adelgazado, pero los años pasaban y seguía sin ser capaz de empezar de una vez por todas mi *vida de verdad*, que era lo que en mi cabeza significaba acostarme y tener relaciones con chicos. Cada día me sentía más culpable por ello. Cada día me odiaba un poco más a mí mismo.

Hoy soy capaz, claro, de ver las cosas en su contexto. Estaba en una ciudad grande y encajaba mejor en los cánones del deseo después de perder tanto peso, pero también era un marica que no había terminado de salir del armario (mi padre no sabía que era gay y con mi madre y mi hermano seguía sin hablar abiertamente de ello) y que vivía en una residencia del Opus Dei. Lo cierto es que no tenía la mejor mano en la partida. Pretendía hacer escalera de color con la sota de bastos.

De hecho, por entonces ni siquiera tenía mucha conciencia de lo que significaba ser maricón. Mi contacto con otros gais se limitaba a mi amiga Javier, que por entonces vivía a 654 kilómetros de distancia. Tenía internet, claro, y bendito sea, porque me unió con otros maricas con los que compartir intereses, pero a la hora de la verdad no tenía cerca a nadie con el que *desarrollarme* como maricón. No sabía cómo se es marica un martes por la tarde, cómo se es marica tomando un café. Cómo se es marica sin ser periodista del corazón o villano de Disney, que eran los únicos referentes con los que había crecido.

Más allá del chascarrillo (buen título para mis memorias), la ausencia de ese intercambio vital con mis iguales hizo de mí uno de esos maricas enfadados con los suyos. Efectivamente, yo también fui víctima de la homofobia interiorizada. Mientras mis correligionarios eran vistos como el ejemplo de la promiscuidad y la ligereza moral, yo me estaba erigiendo, muy a mi pesar, en el epítome de la castidad. Lo gay© me causaba un cierto rechazo: ni pisaba el ambiente ni sentía necesidad de hacerlo, porque creía que entre otros maricones me iba a sentir rechazado (spoiler: esto se convertiría en realidad), todavía no me interesaba el activismo y, aunque solo otras personas LGTBIQ+ comprenderían de verdad lo que me pasaba por dentro, estaba convencido de no ser uno de esos *típicos gais*. Amiga, date cuentísima.

Mi tercer año en Valencia (cuarto de carrera) me marché del colegio mayor. Para entonces había ido engordando progresivamente, y si bien no había vuelto a un peso estratosférico, la insatisfacción de ir recuperando las tallas que daba por perdidas se convirtió en una constante. Hasta entonces yo no había sido consciente del proceso de engordar, siempre fui gordo. Ahora, recuperar de nuevo los pantalones que había guardado al fondo del armario era como pasar a una nueva pantalla en el juego del autoodio. ¡Y yo que pensaba que ya me las sabía todas! Pues toma, hija, un *bonus track*.

No todo era malo. En clase fui poco a poco tejiendo una red de amigas como jamás había tenido. Una vez fuera del colegio mayor (donde uno, por ejemplo, no podía llegar a la hora que quería), pude vivir una vida ciertamente parecida a lo que imaginaba al entrar en la universidad. Si Javier había sido mi primera amiga a los diecisiete, ahora con veintidós tenía un grupo de referencia, un conjunto de personas con las que no me daba miedo comportarme como me salía, probar a ser yo mismo.

Pelotear mi personalidad con distintas personas, juntas o por separado, me hizo tomar carrerilla para todo lo que vendría después. Con algunas de ellas (hola, Sergio; hola, Clarirris; hola, Violeta) lo sigo haciendo tantos años después. Han sido lo suficientemente generosas y pacientes conmigo como para permitirme explorar y explorarme, cometiendo los errores pertinentes por el camino.

El primer cuatrimestre del quinto y último curso (pertenezco orgullosamente a la última generación de la licenciatura) me fui de Erasmus a Newcastle, al norte de Inglaterra. Era cuando más a gusto estaba en Valencia, pero quise vivir la experiencia universitaria completa. O, más bien, quería probarme. Todavía me sorprende que una persona con habilidades sociales tan limitadas se atreviera a ponerlas a prueba en otro país y en otro idioma, pero el caso es que lo hice. Creo que se debía a que era 2011, y para entonces ya se intuía que la crisis económica iba para largo. Recuerdo que, como empecé la universidad en el curso 2007-2008, mucha gente nos decía: «¡Qué suerte! Para cuando acabéis la carrera ya se habrá terminado la crisis». Un mensaje desde el futuro: jajajajajajajaja. Ja.

Las cosas no solo no mejoraban, sino que para entonces ya estábamos empezando a agotar las reservas de energía. Afortunadamente, yo siempre conté con becas y con la ayuda de mis padres (además de algún trabajillo dando clases particulares o de monitor en una biblioteca), pero miraba el fin de la carrera con angustia. Sabía que muy probablemente no iba a tener empleo al acabar los estudios, y que de tener alguna posibilidad, sería en el extranjero. El Erasmus fue mi toma de contacto con Inglaterra, el país al que más me veía emigrando, quizá porque estaba entonces en mi apogeo como fan de los Smiths. Sí, amigas, yo también fui indie.

Mi Erasmus fue como tomarte un descafeinado con leche desnatada y sacarina. ¿Te has tomado un café? Bueno, sí. ¿Se ha parecido a la experiencia de tomar café? Más bien no. Y es que no solo no follé, por supuesto (aunque podía justificarlo como seguidor convencido del célibe Morrissey), sino que pasaba buena parte del tiempo paseando solo, viendo *Doctor Who* y yendo al cine casi cada día, aprovechando el descuento de estudiante. Visto hoy, me parece un planazo, pero entonces estaba en la absoluta miseria.

Vivir en el extranjero, al menos al principio, tiene algo de ser un perpetuo turista que mira todo con una mezcla de curiosidad y recelo. Uno sale a la calle como los exploradores saldrían a la jungla, con los sentidos puestos en todo lo que pueda pasar. Irte a una ciudad donde no conoces a nadie es un buen barómetro de la relación que tienes contigo mismo, y si esta no es buena, es probable que esa situación la convierta en peor. En mi caso, aunque disfruté mucho de las clases y llegué a conocer rincones muy bonitos de la ciudad, vivir en Newcastle me retrotrajo a ese primer curso de la carrera, en el que fallé en tantas cosas por primera vez. Inglaterra me demostró que podía seguir cayendo en los mismos errores cinco años después.

Creo que muchas veces, cuando algo falla en nuestra vida, intentamos resolverlo con un cambio radical... en otro aspecto que no es el que solucionaría el problema. Hay que conocerse muy bien para identificar de dónde viene nuestra frustración, sobre todo cuando se enquista y parece invadirlo todo. Muchas equivocaciones vienen de esa desconexión, de querer sentirse mejor y creer que cambiar de escenario, de entorno, de pareja, de lo que sea, será la solución. Mi Erasmus tuvo algo de eso, de volcar el tablero y ver qué podía hacer con las piezas que quedaran. Y, con todo, allí aguanté estoicamente y hasta me traje algún recuerdo bonito.

Donde más bajo caí en esos tropiezos ya tradicionales, para sorpresa de un total de cero lectores de este libro, fue con la comida. A Inglaterra llegué con buena parte de los kilos que había perdido de vuelta, pero allí, a pesar de ser el lugar más septentrional en el que he vivido, perdí el norte.

Es probable que empezaran entonces mis atracones. Yo siempre había comido regular (uno no pesa 135 kilos porque la grasa le llegue por wifi), pero en Newcastle, si la memoria no me ha bloqueado episodios anteriores, empecé a darme un atracón diario, que es algo parecido a comer mal, pero no exactamente lo mismo.

La diferencia, al menos en mi experiencia, está en disfrutar de las cosas, en que te apetezcan. Yo puedo comer un trozo más grande o más pequeño de chocolate porque me apetece, pero si *necesito* comer una tableta grande y cuatro donuts y lo engullo todo como si me estuvieran cronometrando en un concurso de la tele, es un atracón. Además, e insisto en que esto es mi opinión como usuario, con los atracones se crea un patrón. Los míos siempre son una cadena concreta, un combo establecido, como los que había en el *Tekken 3* (sigo siendo imbatible con Yoshimitsu).

En Inglaterra consistían en hacerme cuatro sándwiches de queso y chorizo (compraba literalmente «*Spanish* chorizo»; diría que es una paletada, pero con toda probabilidad es lo más rico que había en los supermercados ingleses) y luego me zampaba una bolsa entera de Skittles, a veces dos. Todos los días. Como un adicto que espera su dosis, mis días acabaron por orbitar en torno a ese ritual. El contador se ponía a cero con el último skittle: mi ansiedad se daba la vuelta, como un calcetín, para mostrarme el lado de la culpa. Y cuando me levantaba al día siguiente, vuelta a empezar. Doce horas de ansiedad, doce de culpa. Y dolor de barriga.

Creo que los atracones tienen como objetivo que el dolor físico, que los retortijones y el empacho distraigan el dolor emocional. Los atracones son mi forma de autolesión. Yo sé, sé, que lo que voy a comer no es bueno para mí. No ya porque me vaya a engordar, que por supuesto, sino porque me va a hacer un daño concreto, unas punzadas en el estómago precisas y afiladas. De hecho, pienso en ello antes de hacerlo y mientras lo hago, pero no puedo parar. No puedo detener mis movimientos, ni siquiera cuando tengo que bajar al súper a las tantas a por un kilo de dulces como un yonqui, muerto de vergüenza. Quien no ha tenido problemas de adicción de ningún tipo no puede entender —y yo que me alegro— la desconexión de la voluntad que experimentamos las personas adictas. Cualquiera te diría que, sim-

plemente, no comas esas cosas. O que no te metas esa raya, te
bebas esa copa o te fumes ese porro. Ojalá fuera así de fácil.*

Algo positivo ocurrió al mismo tiempo en Newcastle. Algo
que sí recuerdo a lo Ana Guerra, con una sonrisa. Me había
hecho muy amigo de Mica (hola), una chica medio uruguaya,
medio gallega, y con ella pisé por primera vez, con todas las de
la ley, el ambiente. Hasta entonces había salido por sitios indies
o poperos (¿se sigue diciendo «poperos»?) donde había maricones, pero no a una discoteca plenamente marica. Yo no sé qué
sintió Howard Carter al poner un pie en la tumba de Tutanka-
món, sellada durante tres mil años, pero creo que algo comparable me ocurrió al poder bailar canciones de Britney, las Spice
Girls o Rihanna en una discoteca.

Solo entonces empecé a ser consciente de esas pequeñas cosas
que hacen de la experiencia marica algo más profundo y complejo de lo que imaginaba. Tomar conciencia de hasta qué punto el mundo nos ha acostumbrado a la renuncia, a los márgenes,
a la desconfianza de uno mismo. Tuve que irme a la pérfida
Albión (quizá me animé a ir al ambiente precisamente porque
no estaba en mi ciudad, ni en mi país) para descubrir que empezaba a estar cómodo siendo maricón. Siendo algo muy cercano a ese *típico maricón* que había despreciado y que ahora me
atraía como las sirenas a Odiseo. En este caso, cantando «Libé-
rate» de El Titi.

* Lectura recomendada sobre esto: *Yo, adicto*, de Javier Giner, que también pasó por
¡Puedo hablar!

9

¡ME VOY DE CASA!

La recompensa por haber pasado quince años en un colegio de monjas convencida de que lo que hay que hacer en la vida es estudiar y sacar buenas notas, haberla liado muy poco para una chica de mi edad y haber aprobado todo a la primera era irse a Salamanca a estudiar. ¡Guau! Vivir a 70 kilómetros de casa de tus padres. Así contado puede resultar ridículo, pero cuando tienes dieciocho años recién cumplidos, mudarte a otra ciudad, comenzar la universidad y «apañártelas solita» era, básicamente, un sueño.

Bienvenidos a cómo convertir un sueño en una pesadilla.

Comencemos por el principio.

Yo había demostrado a mis padres que se podía confiar en mí y que tenía claro que los estudios eran lo primero. Ellos, a cambio, me metieron en una residencia de monjas porque, sí, está muy bien que te vayas fuera de casa, pero tampoco queremos que te despendoles mucho. ¿Otra vez con monjas? Pues sí, pero estas eran mejores que las de mi colegio porque… ¡te daban de comer!

La comida de la residencia era una mierda, por supuesto. Prácticamente comíamos todas las semanas lo mismo y siempre había una guarnición que se repetía a diario: las patatas fritas. Vamos, la suerte de mi vida. Y esto lo digo sin ironía. Porque después de vivir en una casa donde, si quería comer ciertas cosas, tenía que hacerlo a escondidas, llegar a un lugar donde nadie te iba a juzgar (en tu cara, al menos, porque supongo que mis compañeras preocupadas por el tamaño de su cintura verían en mí un claro ejemplo de las terribles consecuencias de comer patatas fritas a diario) significaba comer con alegría. Y, por si fuera poco, los martes y los jueves ponían bollos de chocolate en el desayuno. ¿Monjas? ¿Qué monjas? Aunque la gula es un pecado capital, estas mujeres no tenían ningún problema con lo que yo comía. Y es que en esa residencia solo existían dos pecados imperdonables: beber alcohol y hacer ruido por las noches. El reino de los cielos debe de ser un lugar que suena a ASMR porque de verdad que eran muy pesadas con los ruidos.

Además del «bufet libre» en el que desayunábamos, comíamos y cenábamos, teníamos permiso para hacer la compra y guardar comida en los *offices* de cada planta. Así que siempre podía tener refrescos en la nevera, tabletas de chocolate en mi habitación y palomitas en el armario para cuando surgía el plan de ver una peli en la sala de la televisión.

Qué dulce al principio y amarga a largo plazo es la libertad mal entendida. Pero no podía entenderla de otra forma, si venía de una vida en la que se vigilaba con lupa cada uno de mis movimientos. Ahora, en Salamanca, podía hacer lo que quisiera siempre y cuando tuviera muy claro que el precio a pagar era ir a clase y seguir sacando buenas notas. ¡Qué fácil! ¿No?

Pues no. Mi primer año de universidad fue muchas cosas, pero fácil fácil... no usaría yo esa palabra para definirlo. La alegría que me dio saber que ahora podría comer lo que quisiera y cuando quisiera, salir de fiesta los jueves o levantarme los domingos a la hora de comer se fue diluyendo poco a poco, y más o menos al mes de comenzar mi etapa universitaria me fui dando cuenta de que esos «lujos» tampoco lo eran tanto y ahora tenía que hacer frente a nuevos problemas.

Por ejemplo, el de no haber puesto una lavadora en mi vida y cómo estropeé mucha de mi ropa en mis primeros meses fuera de casa. Con lo que le costaba, en aquellos tiempos, a una gorda encontrar algo que ponerse, que entonces no había Asos ni sección de tallas grandes en el Kiabi.

O como el de tener que hacer amigos nuevos. Todos tenemos en la cabeza la idea de que irse a estudiar fuera de casa durante los años de universidad significa fiesta, pero, para poder salir, primero tienes que encontrar gente con quien hacerlo. En teoría, yo lo tenía fácil: vivía en una residencia de estudiantes con otras ochenta chicas. En la práctica, no me hicieron falta más de dos o tres semanas para darme cuenta de que yo no encajaba (y esta vez de verdad; vamos, que no era una sensación relacionada con mi falta de autoestima) con la gente con la que vivía. La gran mayoría de mis compañeras de residencia llevaban perlas en las orejas y estudiaban carreras como Derecho o Medicina. Y algunas de las que mejor me caían volvían a casa todos los findes, así que poco íbamos a poder salir juntas. Otras se quedaban, pero luego iban a misa cada domingo.

Que no es que tenga yo un problema con las perlas, la carrera de Medicina o las misas; simplemente es que yo no era ese tipo de persona ni me interesaba serlo.

Por suerte, en mi facultad el ambiente era muy diferente. Las pijas de misa semanal no estudiaban Filología Hispánica. Allí había otro tipo de gente, mucho más diversa de lo que yo hubiera conocido nunca en un colegio de monjas. Por desgracia, eso me convertía a mí en la rara. En la que no se sentía del todo cómoda porque llevaba quince años acostumbrada a tratar con las mismas personas y sin haber tenido nunca la necesidad de haber aprendido a hacer amigos.

Encima, mis compañeros de clase parecían mucho más listos que yo. YO, que aunque nunca fui la mejor alumna del curso siempre había sobresalido para bien. YO, que nunca me había tenido que esforzar demasiado para entender las clases porque venía de un sistema en el que me lo daban todo bien masticadito y se preocupaban casi alumno por alumno de que lo aprendiéramos bien. YO, que no sabía lo que era investigar por mi cuenta, ni mucho menos coger apuntes por lo que os acabo de explicar. Vamos, que nos trataban como a tontos en el cole, esto es así. Por eso, YO me vi totalmente perdida en los primeros meses de universidad.

Me acojoné, claro, porque YO (bueno, volvamos ya a las minúsculas), yo me había grabado a fuego lo de «tienes que ser una buena estudiante para que no se te note tanto que estás gorda», y lo cierto es que, tres meses después de haber comenzado mi vida universitaria, ya estaba mucho más gorda y bastante preocupada porque los primeros exámenes eran inminentes y no había sido capaz, aún, de pillarles el truco a las clases universitarias. Amigos, al menos, al final sí que hice. Aunque no me sentía nada cómoda con ellos porque tenía que disimular para que no se me notase que yo, en realidad, no era tan lista. Era un fraude. No estaba a su altura. Mucho tiempo después descubrí que esto se llamaba «síndrome del impostor», pero es que en 2000 este concepto era aún ciencia ficción.

9

LLAMADLE ISMAEL

Para cuando volví del Erasmus, arrastrando una pesada maleta llena de discos y una adicción feroz a los skittles (que afortunadamente se topó con que por entonces no se vendían en España, que yo supiera), volvía a estar orondo. Supongo que entre los 125 y los 130 kilos. Una nueva dimensión de culpa me cayó encima como lluvia ácida. Yo lo había logrado, había sido capaz de adelgazar, de quedarme en *mi peso* (esa incógnita que todo el mundo parecía tener más clara que yo) y lo había tirado por la borda. El sacrificio descerebrado, las largas tardes muerto de hambre, las carreras de hámster atrapado en la pista de frontón del colegio mayor... Todo era historia. Volvía a ser gordo. Y, de algún modo, volvía a ser yo.

Un esqueje de tranquilidad nacía entre la maraña del autoodio. Porque, al contrario que mi cuerpo, mi mente no había dejado de ser obesa. Es decir, nunca había llegado a considerarse algo distinto a la mente de un gordo. Volver a mis lozanas lorzas tenía algo de reajuste, de volver a casa. Al fin y al cabo, ¿qué beneficios o qué ventajas me había proporcionado el medio centenar de kilos menos? Seguía siendo un marica que no besaba, que no deseaba, que no acariciaba. Y mucho menos que era besado, deseado, acariciado. A punto de acabar la carrera, todo mi futuro se resumía al académico. A elegir un máster, a calcular si podría permitírmelo. A continuar mi camino como estudiante sin desarrollarme como persona, sin avanzar en ese camino de descubrimientos que es o debería ser la juventud.

Lo cierto es que, aunque no fuera capaz de percibirlo, sí estaba dando pequeños, tímidos, acelerones. Dos confluencias apuntaban en una dirección, para mí entonces azarosa, pero que acabaría siendo mi destino: Madrid. En ese tiempo empecé a viajar de vez en cuando a la capital con la excusa de algún concierto, algún evento o por el Orgullo. Muchas veces iba con Javier, que por entonces vivía en Sevilla con su novio de entonces, que ya empezaba a convertirse en hermana mía también (hola, Brais), y alrededor de nosotros iban apareciendo personas que acabarían siendo fundamentales. Normalmente venían precedidas de una amistad digital a través de Fotolog y Facebook, y entre ellas estaba… ¡la Caneli! Aunque, spoiler, de la Caneli me haría amiga de verdad en un capítulo botella de este relato que vendrá más adelante.

Ir al Orgullo a Madrid tenía mucho de rito de paso para los maricas de mi generación. Yo había asomado tímidamente la patita por otros orgullos (fui al de Sevilla un año con Javier y después estuve en el de Valencia, donde tengo una foto con la Prohibida que, vista hoy, dan ganas de hacerle la prueba del carbono 14), pero el Orgullo de Madrid era algo más grande. Era la mayor celebración de la comunidad LGTBIQ+ de todo el país: como una reunión de familia mezclada con un festival de música y con unas fiestas populares.

Quizá fueron esos días fundacionales los primeros en los que ser maricón no era una carga, una presencia incómoda que me hacía agachar la cabeza y estar siempre con un ojo puesto en la salida. Quizá durante esas horas me atreví por primera vez a soltar las amarras de la masculinidad, del patriarcado, de la cisheteronorma. Y pude bailar, hablar, cantar, desear, reivindicar y celebrar sabiendo que aquel era por fin, después de toda una vida de vagabundo desconcertado, mi lugar.

Decía que hubo dos confluencias. La otra fue la primera relación que, pensé, iba unos milímetros más allá de la amistad. Hasta entonces yo me había forzado a creerme enamorado de algún chico al azar o de algún amigo, para justificar de alguna manera mis padecimientos y para ensayar unos afectos que, aunque seguían retrasándose, algún día tendría que experimentar.

Conocí a un chico por internet con el que compartía muchos intereses, con un sentido del humor afín y con una ortografía impoluta chateando. Él era de un pueblo del extrarradio de Madrid y, cuando me quise dar cuenta, me pasaba el día entero hablando con él. Conocía sus rutinas, sus esperanzas y sus desvelos; y le iba mostrando, pulgada a pulgada, los míos. Como perdí hace mucho todo contacto con él, le llamaremos Ismael, como el narrador de *Moby Dick* (lo cual creo que a mí me convierte en la ballena).

Ismael y yo volcamos el uno sobre el otro una cierta parte de nosotros que no encontraba acomodo en nuestro día a día, en nuestro entorno. Hablábamos y hablábamos (siempre por escrito), nos reíamos mucho. Veíamos series y *realities* juntos (nos coordinábamos para darle al *play*); entre ellos, las primeras dos temporadas de un programa que por entonces no acabé de entender del todo llamado *RuPaul's Drag Race*, y sin ningún esfuerzo nos convertimos en confidentes.

No recuerdo si hubo insinuaciones eróticas de algún tipo (por mi parte probablemente no, aunque quizá la cosa tomó ese derrotero alguna vez), pero compartíamos tiempo y confianza, por lo que estaba bastante claro, creí yo, que llevábamos el rumbo del interés amoroso.

Después de algunos meses así encontré una excusa para viajar a Madrid. Un concierto o alguna exposición me ofrecían una coartada con la que vernos por fin. Tras tantos años deambulando entre el deseo y el amor de los demás sin atrapar nada, estaba convencido de que esta vez sí, esta vez era la buena. Reservé una habitación con cama doble en un hotel en Chueca, y compré preservativos. Me fui preparando mentalmente para enfrentarme al primer contacto carnal de mi vida. Estaba aterrorizado, pero tenía ganas.

Ismael era el primer chico que me gustaba de verdad; no era el depositario de una atracción forzada o de una fascinación adolescente. Charlando con él estaba a gusto, reía, aprendía y bajaba mis altísimas barreras. Cuando llegué a la estación de Atocha, el verde brillante del frondoso bosque tropical que la decora parecía darme una bienvenida cómplice. *Por fin, Enrique. Qué bien.* En el metro, camino al hotel, me robaron mi querido iPod, que estaba grabado con una frase de «I Know It's Over» de los Smiths. Aunque eso lo descubriría por la noche, cuando el título de la canción se había convertido en una profecía autocumplida.

Me encontré con Ismael en algún sitio del centro. Pertenezco a la primera generación que hizo amigos por internet, por lo que *desvirtualizarle* fue bastante natural. Superado el extrañamiento de poner materia a quien hasta ese momento solo se ha compuesto de unos y ceros, ambos nos familiarizamos con la presencia del otro enseguida («familiarizar» es un buen verbo para lo que estaba pasando). Fuimos a comer y al cine, paseamos. Bromeamos mucho, con el humor cómplice de quienes llevan tiempo construyendo un espacio común.

Mientras todo esto ocurría, mi circuito neuronal iba llenándose, poco a poco, de un pensamiento que cada vez sonaba más lógico: «¿Estás loca? ¿Es posible que hayas estado loca todo este tiempo? Este chico solo quiere ser tu amigo. Le caes bien, pero no le gustas». Y enseguida: «Pero ¿cómo pensabas que ibas a gustarle? Si además es muy mono. Podría estar con cualquier otro. Desde luego, con chicos mucho mejores que tú. ¿Cómo te has hecho este castillo en el aire? Jamás le gustarás a nadie».

Una de mis tareas en terapia ha consistido en saber tratar con esa voz, con el maltratador. Cuando empecé a ir al psicólogo pensaba que un buen tratamiento o una cierta medicación harían que se callase, que desapareciera. Que en mi cabeza solo sonara la voz dubitativa de mi voluntad. Hoy sé que eso no ocurre. Los pensamientos intrusivos forman parte de la naturaleza humana; literalmente nos han servido para sobrevivir, para evolucionar. Poner en duda lo que percibimos y estar alerta ante las amenazas del mundo nos han convertido en la especie dominante... y en seres propensos a la ansiedad.

La voz del maltratador no se va a ir jamás. Lo que he logrado con la terapia es no quedarme escuchando como un tonto todo lo que tiene que decirme, sin poner en duda ni una coma. Con el tiempo, y poniendo el foco de lo importante donde toca, soy capaz de escucharle, ignorarle y seguir adelante. Si no se va a ir, al menos voy a interactuar con él lo menos posible. Hay días que eso es fácil y hay días que sigue siendo imposible. Porque cuando la inseguridad, la fatiga o el desencanto son más poderosos, continúo dejándome arrastrar por el fango. Cuando eso ocurre, trato de no machacarme por ser débil y de salir lo más serenamente posible de esa espiral.

En aquella boca de metro en la que me despedí de Ismael todavía no sabía nada de esto, por lo que, cuando él se marchó (con cierto aire culpable en el rostro, he de decir) sin darme el beso que llevaba todo el día esperando, me quedé allí de pie unos minutos, por si se giraba y corría hacia mí a cámara lenta, como en las películas. Pero no ocurrió.

Desconcertado y abatido, volví al hotel. Quise escuchar mis canciones tristes y fue entonces cuando descubrí que me habían robado el iPod. Revolviendo la maleta me topé con los condones. Qué patético, qué ridículo más espantoso. Los tiré a la basura y me sumí en la bruma de una noche que, de manera casi psicomágica, había conjurado tiempo atrás inscribiendo en el aparatito los versos de una canción que se habían convertido en mi biografía:

> *I knów it's over*
> *and it never really began.*
> *But in my heart, it was so real.*
> *And you even spoke to me, and said:*
> *«If you're so funny,*
> *then why are you on your own tonight?*
> *And if you're so clever,*
> *then why are you on your own tonight?*
> *If you're so very entertaining,*
> *then why are you on your own tonight?*
> *[...]*
> *'Cause tonight is just like any other night.*
> *That's why you're on your own tonight».*

Los días siguientes volví a quedar con Ismael, y dudo que mi desencanto no fuese visible, a pesar de mis esfuerzos por enmascararlo. Todavía mantendríamos nuestra conversación digital un tiempo y hasta volveríamos a encontrarnos, porque disfrutábamos el uno del otro y porque yo creía que mis expectativas no importaban ni debían importar. Si un chico quería de mí amistad, atención y bromas, pues se las tenía que regalar. Pero con el tiempo acabaríamos por distanciarnos. A su padre le dio un ictus, y lo cierto es que no supe darle a aquello la importancia que tenía. Lo lamento. Su vida cambió de repente, y yo, por desafección o por falta de empatía, seguí con la mía, enfrascado en mis propios problemas.

10

LA VIDA TE DA SORPRESAS

No fui consciente hasta tiempo después, pero lo que me pasó durante mis primeros meses de universidad fue que tuve que romper la burbuja en la que había estado viviendo durante toda mi vida. Y romper cosas, sobre todo si las rompes de manera accidental, suele provocar dolor y heridas.

Cuando estás dentro de ese mundo tan cómodo que otros han creado para ti ni se te pasa por la cabeza que allá fuera pueda haber otras realidades. Y esas otras realidades suelen ser peores que la tuya, la verdad. Las burbujas, ahora que lo pienso, son un privilegio.

Yo sabía que era privilegiada, me lo decían mucho en el cole. Allí me grabaron a fuego lo de ayudar a los demás. En mi colegio era muy frecuente que nos mostrasen fotografías y vídeos de niños de países africanos y asiáticos que pasaban hambre y no podían acceder a una educación. Así aprendíamos a valorar lo que teníamos y entendíamos la caridad. Una vez entendida, nos pedían dinero. Oc.

En cuanto a la zona familiar de mi burbuja, allí se respiraba eso de «hay que estudiar para que, cuando seas mayor, tengas un buen empleo, estable como el nuestro, y mantener esta vida cómoda». Un aroma que yo inspiraba sin rechistar, porque me creí aquello, vamos, como cualquier otro *millennial*. Esa fue la máxima con la que nos educaron a los de mi generación. Lo que pasa es que, para mí, estudiar nunca había sido realmente duro.

En Salamanca todo esto cambió. Y cuando el cambio es tan brusco te quedas un poco desconcertada, sin entender muy bien lo que está pasando, pero sintiendo cómo tu vida se tambalea. Y yo nunca me había pegado una hostia, las cosas como son. Así que me daba miedo la caída, era capaz de aferrarme a cualquier cosa por no ver mi burbuja precipitarse al vacío.

Ahora sé que lo que estaba pasando era que los profesores de la universidad no se preocupaban mucho de que tú entendieras las clases, fueras al día con las lecturas o cogieras buenos apuntes. No te daban la brasa todo el tiempo ni te controlaban los deberes para que, cuando llegases al examen, fuera más sencillo aprobar. Por supuesto que no te lo daban todo bien desmigadito para que no tuvieras que utilizar tu cerebro para otra cosa que no fuera retener cuatro datos. Y no, no todos los alumnos teníamos el mismo nivel, porque cada uno de mis compañeros venía de un instituto diferente y algunos, incluso, ya habían estudiado otras carreras o módulos y tenían muchos más años que yo, así que las preguntas y reflexiones que aportaban en el aula me volaban la cabeza y me iban convenciendo de que yo estaba MUY por debajo del resto. Y eso sí que me pesaba, mucho más que los kilos.

Ser más gorda que los demás era algo que sí, me jodía, pero ya había aprendido a encajar. Pero ser la tonta de la clase… ¡no creo que pudiera soportar vivir con ello! Sobre todo porque, en mi colegio, los «tontos» no lo tuvieron nada fácil. Cuando reflexionamos en el presente sobre el *bullying*, yo no puedo evitar acordarme de algunas escenas que viví en mi colegio, donde el acoso a los «tontos» no solo estaba permitido, sino fomentado por algunos profesores que daban collejas a los menos espabilados.

Yo había logrado pasar desapercibida como gorda gracias a «mi inteligencia»; si perdía esto, no solo volvía a ser la gorda, sino la gorda y tonta. Había aceptado que, por gorda, jamás tendría una pareja, una familia, unos hijos... y había aprendido a estar en paz con eso. Pero si era tonta, ¿tampoco tendría un trabajo que me gustase? ¿No podría ser profesora? ¿O escritora? Claramente los escritores no son tontos (bueno, ahora sé que algunos sí, pero entonces idealizaba mucho este oficio). ¿En qué me había convertido? ¿En Homer Simpson?

(Breve inciso para remarcar la importancia de los referentes en la ficción y los medios de comunicación para que, si eres una chica joven que se siente mal, NO TENGAS QUE VERTE OBLIGADA A COMPARARTE CON HOMER SIMPSON. Ahora podría decir: ¿en qué me he convertido?, ¿en Soy una pringada? Y eso no me haría sentir tan mal conmigo misma porque, al final, Esty Quesada será vista por muchos como una gorda inútil, pero a mí me parece una tía talentosa e interesante que ha conseguido algunos de mis sueños, como tocar a Javier Cámara o escribir y protagonizar su propia serie).

Lo difícil habría sido dedicar todo mi tiempo libre a ponerme al día y a buscar y leer a todos esos autores que se citaban en las clases y de los que yo no había oído hablar. Pero estaba acostumbrada a lo fácil, así que opté por enfadarme con el mundo por haberme hecho creer que la vida estaba chupada. ¡Malditos padres y profesores de mi adolescencia! ¡Cuánto me cuidasteis y me protegisteis! ¡Mirad lo que habéis conseguido! ¡Que me metiese en Filología Hispánica sin tener ni idea de quién era Pedro Salinas! ¿Cómo habéis podido? Cuando eres una niña mimada realmente llegas a creer que el mundo entero ha confabulado en contra de ti en cuanto te encuentras cara a cara con tu primera dificultad real en la vida.

Aquellas primeras navidades de mi etapa universitaria en las que volví a casa durante tres semanas con el agobio de saber que me tendría que enfrentar a mi familia por haber engordado de forma notable y con el miedo a que descubrieran que no me estaba yendo tan bien como pensaban en la carrera fueron especialmente estresantes. Ni siquiera las tabletas de turrón de chocolate que me comía encerrada en mi habitación para aliviarme un poco conseguían animarme. Mi autoexigencia me castigó por adelantado, y nada más poner un pie en casa de mis padres me elaboré un horario de estudio en el que solo se descansaba los domingos y festivos. Los días de Nochebuena y Nochevieja podría estudiar por la mañana. Disciplina y muchas horas de estudio al día. La única forma válida que yo conocía para esforzarme al máximo, sacar el cuatrimestre y, de paso, demostrarles a mis padres que sí, que estaría más gorda, pero es que pasaba tantísimas horas sentada estudiando porque la universidad era más difícil de lo que me esperaba que… ¡qué le iba a hacer! Lo primero es lo primero, ¿verdad? Y lo primero es estudiar. Me lo habéis estado repitiendo durante años.

Llegaron los primeros exámenes y fue entonces cuando aprendí que yo era una de esas personas incapaces de estudiar por la noche pero a la que le sentaba genial madrugar el día del examen, desayunar un par de Coca-Colas y repasar de forma compulsiva para que no se me olvidase ni una sola fecha. Porque cuando estudiaba Bachillerato me convencieron de que las fechas eran superimportantes. Es imposible demostrar que sabes de algo si no te acuerdas del día, el mes y el año de lo acontecido. De este modo, yo me casqué unos exámenes que parecían artículos de la Wikipedia: todas las fechas, todos los nombres y títulos de las obras aparecían allí, pero luego, realmente, había poca chicha.

Por eso, recibir mis primeras calificaciones en la universidad fue una decepción absoluta. Yo sabía que había estudiado más que mis amigos, que me había leído todas las obras recomendadas, que había asistido a todas las clases y que no me había saltado ni una, ¡ni siquiera por los botellones que empezaban a las doce de la mañana! Así que no pude entender cómo yo había sacado un cinco en un examen y ellos ochos, nueves y dieces. Qué fuente de insatisfacción constante es saber que estás haciendo algo mal pero ni sabes cómo solucionarlo ni tienes el valor para preguntar qué estás haciendo mal o pedir ayuda.

Era tal la vergüenza que sentía por haber tenido notas tan bajas (ah, y un suspenso pero suspensísimo, creo recordar que mi nota de Fonética y Fonología fue un dos, que en mi colegio no sacabas un dos ni dejando el examen en blanco, porque siempre te podían sumar algún punto positivo por haber entregado los deberes a tiempo) que ni siquiera fui a hablar con los profesores en las fechas de revisiones de los exámenes por no pasar el mal rato de dar la cara ante semejante alarde de mediocridad.

Sin duda alguna, este ha sido uno de los problemas más constantes en mi vida: no entender que los errores son parte del aprendizaje, no permitirme fallar, y si lo hacía, esconder el fallo y seguir adelante disimulando o echando balones fuera, no ser capaz de enfrentarme a un resultado decepcionante, asumir que valgo menos porque no he estado a la altura de las expectativas. Hacer que mi felicidad dependiera de un número: durante la carrera, de mi calificación, y más adelante, de la cifra que marcase la báscula.

Aún sigo teniendo problemas con esto, porque es más fácil medirse en función de las reglas que la sociedad valora de forma positiva que recordar que esas reglas son una mentira tan generalizada como la existencia de los Reyes Magos. Salir del perverso juego del valor social es vivir a contracorriente. Sí, tienes la verdad: sabes que la gente (por lo general, la gente con poder) decidió convertir en dogmas varias mentiras para poder sostener una jerarquía, pero, a cambio, también tienes la desesperación constante de no entender por qué, si esas mentiras hacen daño a las personas y afectan a tantas vidas, se perpetúan de generación en generación. Y que nosotras mismas también hemos contribuido a perpetuarlas.

Y todo este rollo para deciros que BENDITA MEDIOCRIDAD, que cuando asumes que vales la nota que sacas o el peso que pesas o el dinero que ganas entiendes que ser la más o la mejor solo sirve para sufrir.

Pero bueno, sigamos. Con mis notas de mierda esperaba una bronca en casa, pero esto no ocurrió. Mi plan de hacer ver que estaba estudiando muchísimo y comentar de vez en cuando que la universidad era mucho más dura de lo que me esperaba funcionó, así que solo recibí la palmadita en el hombro de «pues el próximo cuatrimestre te tendrás que esforzar más». Pero estas palabras, viniendo de personas muy importantes para mí (mis padres seguían siendo el pilar fundamental de mi vida), no me las tomaba como un mensaje reconfortante, sino como una nueva responsabilidad, o dicho de otra manera, una nueva forma de presionarme, porque lo que realmente querían decir era: «Vuélcate en mejorar tus notas de cara al segundo cuatrimestre O MUERE».

Aunque tengas que desayunar Coca-Cola todos los días, aunque tengas que dejar de salir tanto de fiesta o pasar de apuntarte a actividades como teatro o el coro de la universidad, aunque tu motivación sea el miedo y no las ganas de aprender o mejorar. ¿Y lo más gracioso de todo? Que funcionó. Y terminé el segundo cuatrimestre de mi primer año de universidad con sietes y ochos en vez de aprobados raspados. Y con diez kilos más, sí, eso también.

Lección que debería haber aprendido antes de llegar a la universidad: NADA en la vida merece que arriesgues TODO por ello, incluida tu salud. Ni unas buenas notas, ni una pareja, ni un cuerpo «perfecto».

Sin embargo, cuando yo tenía dieciocho años, no podía saber esto, porque lo que a mí me decían era justo lo contrario: que cuando algo tiene valor social (un buen expediente, un buen trabajo, un buen marido, un buen culo) hay que esforzarse sin límites, porque vas a ser tan feliz cuando lo consigas que todo habrá merecido la pena. Spoiler: no. Luego os cuento lo feliz que fui cuando adelgacé por primera vez en mi vida.

10

CARMEN CANELI BARCELONA

Acabé la carrera en Valencia y me mudé a Barcelona para estudiar un máster sobre teoría del cine y el audiovisual. Fue un año muy estimulante en lo académico, porque pude investigar sobre películas y series que me interesaban, y acabé escribiendo una tesina sobre *sitcom* contemporánea de la que estoy bastante orgulloso. En lo personal, fue un año muy raro del que me cuesta sacar enseñanzas o conclusiones. Tuve muy mala suerte con los pisos (viví en tres distintos a lo largo del curso) y solo al final logré algún vínculo amistoso reseñable (hola, Cibrán; hola, María). Básicamente me pasé un año viendo series (sin ninguna culpa porque eran documentación para mi trabajo), yendo al cine, leyendo y paseando.

Sí quiero detenerme en algo que ocurrió a principio de curso y que después traté con mi psicólogo. En Valencia venía de tener mi primer grupo compacto de amigas, como explicaba hace unas páginas. Lo cierto es que acabamos siendo una piña muy unida y lo pasábamos en grande, incluyendo un viaje a Ibiza inolvidable. Me sentía valorado y querido por ellas, y respondía con igual cariño y compromiso. El Enrique temeroso de cualquier interacción social, pensaba, había quedado en el pasado. Pero cuando llegué al máster y entré en la primera clase, ese Enrique se volvió a sentar a mi lado. Estaba rodeado de un grupo reducido de compañeras y compañeros de aspecto agradable y educado, pero no fui capaz de hablar con ninguno de ellos. «No pasa nada —pensé—, es el primer día y es normal estar un poco tenso». Al día siguiente diría cualquier tontería y arrancaría la charla. Pero el segundo día me pasó lo mismo. Y el tercero, y el cuarto. Los demás empezaban a saludarse, a sentarse juntos, mientras yo me quedaba tieso, inventando en mi cabeza docenas de frases para romper el hielo sin ser capaz de hacerlo.

Al cabo de un par de semanas la clase había adoptado una forma más definida. Habían surgido grupos, y en el inicio y el final de las lecciones había un alegre sonido ambiente de charlas y risas. Como quien va a una fiesta de disfraces y al llegar descubre que no lo es, yo aparecía con el rostro congelado y me sentaba donde pasara más desapercibido. Mi falta de contacto con los demás era en ese punto ya embarazosa, estridente. Había pasado el razonable periodo de adaptación de los primeros días para convertirse en algo que, a buen seguro, llamaba la atención de los demás.

Lo doloroso de todo aquello, aparte de la incomodidad creciente que sentía cada día un poco más abultada en el pecho cuando tenía que ir a clase, era la constatación de que uno puede volver con facilidad a los errores del pasado. Sé que el ser humano es el único animal que tropieza dos veces con la misma piedra, pero tenía la esperanza de que, si la piedra es del tamaño del menhir de Obélix, yo pudiera aprender a esquivarla.

Uno de los tramos más empinados de la terapia —y diría que de la vida— es enfrentarse a situaciones que uno creía superadas. Cuando Juan, mi psicólogo, me dio «de alta» en el primer tramo de mi trabajo con él, realmente creí que no iba a volver a experimentar ciertas cosas. En su consulta había tomado conciencia de muchos aspectos de mí mismo que, pensaba, una vez descubiertos podría abandonar o modificar con facilidad.

Pero revelar los mecanismos del comportamiento humano no significa poder intervenir en ellos. Lo que hacía Juan conmigo era proporcionarme herramientas para poder gestionar mejor mis emociones, y ahora sé que, como en los juegos de Pokémon, uno no puede usar la *master ball* sin haber pasado por la *poké ball*, la *super ball* y la *ultra ball*. O para los no *millennials*: uno no aprende a montar en bicicleta sin ponerse primero los ruedines.

Las herramientas que me proporcionó mi primera etapa con el psicólogo eran nuevas para mí, y, por lo tanto, me parecían poderosas, infalibles. Nunca había podido experimentar las emociones con la guía y el cuidado que adquiría con ese conocimiento nuevo, y di por hecho que eso me aseguraba estar protegido frente a los peligros de estar vivo. Pero la única ley universal que se cumple para todos es que la vida siempre puede ponértelo más difícil. Pasar por la consulta de un psicólogo no te va a evitar el sufrimiento futuro, pero te dará muchas herramientas para hacerle frente.

En Barcelona comprobé que haber hecho amigas antes no me daba la garantía de hacer unas nuevas fácilmente. A pesar de todo, más o menos al mes de empezar el máster y con cualquier excusa, por fin entré en contacto con mis compañeros y acabé siendo el eslabón más chistoso de la clase, como siempre. Ser gracioso a toda costa: mi manera de buscar el amor de los demás. Eso sí que no me ha fallado nunca.

El día antes de presentar mi Trabajo Fin de Máster en Barcelona conocí a Carmen de Mairena. Me enteré de rebote de que iba a aparecer en un acto, y allí que me planté con mi amiga Clarirris, que estaba pasando unas semanas en la ciudad condal. Apretaba el sol de julio y Carmen, en un estado ciertamente decadente, hizo lo que pudo en un escenario sobre el que la paseaban de un lado a otro en su silla de ruedas. Yo había estado obsesionado con ella desde sus míticas apariciones en *Cró-*

nicas marcianas. La imitaba (y la imito) constantemente, repito sus frases y la tengo muy presente.

Aquella tarde sofocante en Barcelona, el sol deshizo los restos de un prejuicio que ya llevaba tiempo debilitándose. Tener delante a un referente como Carmen, ponerle carne, perlas y sudor a esa figura que provocaba burlas en los demás pero que a mí me apelaba de una manera que no era capaz de descifrar... hizo que pasara a un nuevo nivel de maricón. O, más bien, empecé a ser un maricón con toda la potencia y la herencia de la palabra. Del linaje. De la comunidad.

Poco antes, y aquí va el anticipado capítulo botella, me había hecho amiga, pero amiga amiga, de la Caneli. Alberto vino a Barcelona con su novio de entonces y quedamos para tomar algo a la hora del vermú. Nos conocíamos de internet y habíamos coincidido en Madrid algunas veces, pero nunca habíamos quedado las dos directamente (Encarna). Lo que pasó ese día escribió una página importante en el cuaderno de mi vida. En concreto, una página fucsia cubierta de purpurina y pegatinas de *Sailor Moon*.

Hoy lo recuerdo como si fuera un sueño. Por supuesto, mi ansiedad social hizo acto de presencia mientras esperaba en la plaza de Glòries. Llevaba entonces casi un año en Barcelona y fue el tiempo más solitario de mi vida, por lo que encontrarme con dos personas a las que apenas conocía suponía un reto. Pero en cuanto vi la regia figura de la Caneli recortarse sobre un horizonte coronado por la torre Agbar y dirigirse hacia mí, ocurrió lo que pasa, en palabras de la Prohibida, cuando dos electrones chocan. Alberto y yo nos reconocimos enseguida como semejantes, un poco como cuando te encuentras con alguien de tu barrio o de tu pueblo en el extranjero. Primero recorrimos el rastro de los Encants, donde ella se compró un Power Ranger y yo un muñeco de los Snorkels (atrapadas en el pasado, sí estamos). Después comimos tremendas hamburguesas, porque ambas tenemos buen saque. Peregrinamos tras la comida a la Filmoteca de Catalunya porque ponían *Eva al desnudo*, y acabamos en un pub de ambiente que puso a nuestra disposición los dos elementos a los que los maricones nunca podemos decir que no: un micrófono de karaoke y pelucas.

No puedo describir las caras de los turistas que allí estaban cuando nos hicimos con el control absoluto del improvisado escenario. A medio camino entre Beyoncé y Gracita Morales, nos desgañitamos con grandes clásicos de ayer, hoy y siempre. Y no, no estábamos *tan* pedo. Subimos una foto en Instagram celebrando la unión de la Caneli y Paqui Derma (que era mi nombre drag de entonces, sacado de *La flor de mi secreto*) y nos convertimos en hermanas para siempre, además de en un par de travestorras que años después actuarían bajo el sofisticado nombre de Las Puertohurracas.

Más allá de la anécdota travesti, aquella jornada de ensueño marica fue como pasar por la puerta de humo de *Lluvia de estrellas*. Ese Enrique perdido y hasta enfadado a veces con su identidad iba encontrando su lugar. Llevaba entonces ¡siete años! fuera del armario y solo había besado a un chico. Y no solo eso: ser gay había complicado la relación con mi familia y con el entorno, me había puesto en la diana de algunos descerebrados, había hecho que recorriera mi juventud con miedo y desconfianza hacia los demás. Y todo eso sin la «parte buena». Sin ni siquiera haber querido a un chico, sin haber sido querido por un chico.

Pero debajo de aquellas pelucas comprendí que hay un reino al que sí pertenecía por derecho propio. Ser homosexual quizá sea acostarse y enamorarse de hombres, pero ser maricón es algo mucho más grande. Es pertenecer a una cultura, a una identidad, a una sensibilidad que me conecta con millones de otros maricas, muchos de los cuales nunca pudieron ejercer sus inclinaciones afectivas, como yo hasta ese momento. El desencanto por

mi relación con los hombres y conmigo mismo era menos trascendente bajo la viva mirada de Bette Davis como Margo Chan-
ning; los sinsabores de mi vida pesaban menos mientras cantaba y mariconeaba viva con canciones de Jeanette o de La Oreja
de Van Gogh.

Como casi todos los maricas de mi generación, tuve que superar el rechazo que esa cultura y esa identidad me producían,
porque me habían enseñado que rechazo es lo que tenían que
provocarme. Yo debía querer ser un gay respetable, no una loca.
Demostrar que uno puede ser marica *y que no se le note*. Negarse a uno mismo, limitar sus movimientos, vigilar su expresión.
Qué equivocadas, madre mía. Bastante bien hemos salido.

El tiempo y ciertos empujones como el de aquel día con la
Caneli me permitieron llevar a mi día a día esa libertad y esa
armonía con mi interior, que hasta entonces como mucho dejaba aflorar en el espacio acotado que supone el Orgullo. Como
una mariposa que solo después de encerrarse en sí misma ad-
quiere las formas que le pertenecen, terminé en ese tiempo por
asumir mi verdadera apariencia arcoíris. Pensé que el conflicto
con ser marica iba tocando a su fin, pero no tenía ni idea de
hasta qué punto crecer fuera de la norma me había socavado el
interior. Todavía se venían muchas más cositas.

Mi TFM, que presenté, como decía, el día después de conocer
a Carmen de Mairena (qué ecléctica semana), obtuvo un nueve
y mereció los elogios del tribunal. Aunque en Barcelona claramente no había encontrado mi lugar, en la calle arreciaba la
crisis y yo me sentía a gusto en el mundillo académico, así que
solicité entrar en el programa de doctorado en la misma facultad. Pero no me seleccionaron.

Para alguien acostumbrado a la excelencia en los estudios,
fue muy doloroso. Era la primera vez que me daban con el no
en la cara. Un no que además me obligaba a un cambio de
rumbo en un momento en el que el futuro era más negro que

nunca. Y un no que me daba donde más dolía, quizá en el único terreno en el que yo estaba seguro de mí mismo de verdad. En el único aspecto con el que yo sí me veía por encima de mucha gente. Porque yo era un gordo marica con problemas de ansiedad, sí, pero era listo, ¿no? Esta vez, sin embargo, no lo suficiente.

Leyendo mucho después sobre psicología, aprendí que la autoestima, esa ave mitológica que yo aún tardaría años en atrapar, no es un bloque monolítico, una única barrita de los Sims que uno tiene al 87 o al 23 %. La autoestima es en realidad un conjunto de partes más pequeñas, que determinan nuestro autoconcepto (la imagen que tenemos de nosotros mismos) en distintos aspectos de la vida: la autoestima social, la física, la intelectual, la erótica, la laboral... Aunque están muy relacionadas entre sí (y, de hecho, si una se hunde, tarde o temprano todo se vendrá abajo), uno puede tener partes muy altas y otras muy bajas; por ejemplo, sentirse muy valioso en su trabajo, pero un ser despreciable en el terreno físico. Por eso, que el rechazo a mi solicitud en el doctorado resquebrajara la única pata de mi autoestima que siempre había funcionado más o menos fue un golpe que me dejó desorientado y muy enfadado conmigo mismo.

De nuevo, el autoodio. Autoodio por algo que además no dependía de mí. Yo tenía un muy buen expediente, pero simplemente los había mejores. Eso no me quitaba ningún valor, y quizá, si hubiese esperado un año, me habrían seleccionado al curso siguiente. Pero la negativa me ofuscó, así que abandoné la universidad y Barcelona sin mucha idea de qué sería lo siguiente. ¡A por nuevos y más grandes errores!

Y UNA COSA LLEVÓ A LA OTRA

Al haber cumplido con mi parte del trato me había ganado el derecho a decidir sobre mi futuro en Salamanca, y mi decisión más inmediata fue salir de la residencia de monjas e irme a vivir a un piso compartido. Resumiendo, volvió a pasarme lo mismo que el año anterior: en el primer cuatrimestre intenté adaptarme a los cambios y descubrí nuevas libertades, lo que provocó que mis notas volvieran a flojear, pero en el segundo se me metió el susto en el cuerpo y finalmente saqué buenas notas.

Fueron dos libertades en concreto las que tuvieron la culpa del nuevo «traspié» académico, esta vez con dos suspensos en lugar de uno. La primera, que el novio de mi mejor amiga me instaló en el ordenador *Los Sims*. Nunca me habían llamado la atención los videojuegos, y ahora estaba completamente enganchada a uno. Horas y horas seguidas, noches que se pasaban volando delante de un ordenador viendo a mis personajes conseguir todos sus objetivos en la vida o, por el contrario, morir ahogados en la piscina después de que yo misma les hubiera retirado la escalera.

¡Qué gustico! ¿Cómo no me iba a apasionar un juego que consiste en cumplir con lo que te mandan, donde la felicidad se mide con varias barras que cambian de color, del verde al rojo, según el nivel de satisfacción de las necesidades de cada uno? ¿Y que cuando tu sim se pone rojo sabes exactamente qué le pasa y puedes solucionar su malestar? ¿Y, además, tienes un truquillo para que, si se te va todo de las manos, esas barras de nuevo se pongan verdes en menos de un segundo? Qué fácil sería la vida si todos tuviéramos un truco que nos permitiera pasar de estar fatal a estar como nuevos en un momento. En realidad, yo lo tuve, o creía tenerlo.

La otra libertad que me hizo perder un poco (más) el foco en mis estudios fueron mis noches de pizza y peli. Mi momento favorito del día para desconectar y dar rienda suelta a una recién adquirida pasión, el pirateo de contenido audiovisual, que me permitía ver un montón de películas a las que no había tenido acceso hasta ese momento, mientras disfrutaba de uno de mis más antiguos hobbies: comer. Mi truco era dedicar al menos una noche a la semana, dependiendo de los ratillos que pudiera sacar entre estudiar, mi vida social y *Los Sims*, a pasarme por el supermercado, pillar todo tipo de comida que me apeteciera y comérmela durante la hora y media que duraba la película elegida. Y hora y media comiendo, creedme, es mucha comida. Pensad que cuando vais al cine y os pedís las palomitas, solo os duran los diez primeros minutos. En aquel momento yo llamaba a esto «planazo». Ahora mismo lo llamaría «atracón programado».

Daba igual lo mal que me hubiera ido el día si sabía que esa noche iba a sacar tiempo para programar mi atracón. Y si encima podía conseguir una noche sola en casa, ¡entonces el planazo se convertía en el evento de la semana! Saber que, por ejemplo, un viernes por la noche mis compañeras no estaban significaba que podía hacer todo esto pero en el salón, es decir, con una tele más grande, un sofá más cómodo que mi cama pequeña y una mesa grande donde esparcir el festín. En noches así de especiales, la visita al supermercado podía sustituirse por una cena a domicilio para dos personas. Aunque, evidentemente, la única comensal iba a ser yo. Pero es que hay muchas y muy razonables ofertas de comida a domicilio para dos personas, ¿os habéis fijado?

Si estaba enfadada, mi plan de peli y cena me calmaba. Si estaba triste, mi plan de peli y cena me calmaba. Si estaba frustrada, mi plan de peli y cena me calmaba. Si me sentía insegura, mi plan de peli y cena me calmaba. Si creía que iba a suspender todas, si no me apetecía nada ponerme a estudiar, si creía que mis amigos iban a dejar de serlo porque cada vez quería pasar más tiempo a solas, si me molestaba que hicieran planes sin mí, si pensaba en que tenía que ir a ver a mis padres más tarde o más temprano y tendría que volver a responder las preguntas de siempre («¿Cómo llevas el curso?», «¿Estás comiendo bien?», «¿Estás haciendo ejercicio?»), si pensaba en apuntarme al gimnasio pero cuando decidía ir a hacerlo no era capaz de cruzar la puerta y pasaba de largo como si no estuviera yendo allí realmente, si me gustaba un chico pero las cosas no estaban yendo nada bien entre nosotros… Cualquier problema desaparecía la noche en que me sentaba a disfrutar de una buena película y una cena copiosa. A la mañana siguiente, cuando me despertaba, los problemas seguían ahí. Pero, al menos, había descansado aquella noche.

II

¿CRISIS? ¿QUÉ CRISIS?

En 2008, tras una legislatura que entonces se llamó «de la crispación» y que, comparada con la política actual, nos parecería una balsa de aceite, durante unos meses la gran pregunta era cuándo el presidente del Gobierno iba a pronunciar la palabra «crisis». Zapatero agotó todos los sinónimos: «desaceleración», «reajuste»... Hasta se bromeó con su afición por el grupo Supertramp, que tiene un disco llamado *Crisis? What crisis?*

Poco después, cuando «crisis» era de largo la palabra que más oíamos, pronunciábamos y pensábamos, cuando nuestras vidas quedaron truncadas por hipotecas extranjeras y primas de riesgo, y después de que Zapatero reconociera por fin que no había otro modo de llamar a lo que estaba ocurriendo, lo urgente desbancó a lo importante. Ya no se hablaba de conquistar derechos, sino de salvar a los bancos. Las garantías sociales se abarataron para que pudiéramos pagar la deuda estatal. Y encima nos dijeron que el problema éramos nosotros, que habíamos vivido por encima de nuestras posibilidades.

Tranquilas, no me he convertido en un contertulio de *La Sexta Noche*. Cuento todo esto porque en mi vida estaba ocurriendo un proceso similar. Tras hacer la carrera y el máster, tras mis buenos seis años lejos del pueblo, tuve que poner en pausa indefinida el futuro para ocuparme de sobrevivir al presente. Mi desencanto con muchas partes de mi vida estaba igual o peor que cuando me había marchado de casa; mi poca conciencia de los traumas que arrastraba seguía cegándome, y continuaba sin ser capaz de avanzar en los terrenos que necesitaba. No obstante, finiquitados los estudios y en pleno 2013, en lo más oscuro de la desaceleración-reajuste-crisis, lo urgente no era por qué tenía un estado de ánimo tan oscuro, sino cómo iba a salir adelante en lo material.

Decidí probar suerte en Madrid. Primero porque, al ser la ciudad más grande de España, entendí que era donde más posibilidades tendría. Y, también importante, porque Javier, Brais y la Caneli se habían mudado allí hacía un tiempo. Muchas personas (a quién quiero engañar: muchos maricas) han soñado con vivir en el Madrid de Almodóvar, han fantaseado con recorrer sus calles y sentirse Carmen Maura a punto de ser regada por una manguera callejera.

Sin embargo, yo me mudé a Madrid casi por descarte, así que mi llegada a la ciudad fue bastante anticlimática. Nada de bajarme del autobús con una sonrisa dibujada en los labios y dispuesto a comerme el mundo, tipo *El bar Coyote*. De hecho, llegué una mañana en la que estaba diluviando y me perdí buscando la casa de mis amigas. Tuve que refugiarme en lo que después descubrí que era una de las cafeterías más hípsters de Malasaña. Así que mi aparición allí, empapado y cargado de maletas, fue algo así como el oso Yogui pisoteando un pícnic a la carrera.

Alquilé una habitación y me puse a buscar trabajo. Eché currículums en los sitios más inverosímiles, casi siempre sin respuesta. Decidido a no quedarme de brazos cruzados esperando, monté una web cultural con mis pocos recursos y me lancé a aplicar lo que había aprendido en la carrera. Allí estaban mis primeras críticas, mis primeras entrevistas, mis primeros podcasts. Intentaba tirar del carro como buenamente podía, pero mi desorientación y la angustia general ganaban por goleada.

Veía cómo mis amigas sobrevivían mal que bien con trabajos precarios, pero yo ni siquiera era capaz de conseguir uno.

La única empresa que me respondió era de publicidad a puerta fría; es decir, de esas que llaman sin más a tu casa para convencerte de que compres algo. En la compañía había dos equipos: uno (donde me tocó) tenía que hacer que la gente cambiara la compañía de la luz; el otro, que se hicieran una tarjeta de crédito. Un día, un chico con el que recorría las calles de Madrid, aún tan desconocidas para mí, me contó que un familiar se había hecho efectivamente la tarjeta de crédito que ofertaban y que era una estafa. Me invadió una tristeza infinita comprobar que allí estaba él, allí estaba yo, conocedores los dos de que para ganarnos el pan teníamos que engañar a la gente.

A los diez días de estar en esa empresa, viví lo que creo que fue un ataque de ansiedad. Digo «creo» porque por entonces estaba tan desconectado de mis emociones que el ataque consistió sobre todo en quedarme paralizado. Era mi primer o segundo día yendo solo casa por casa, porque hasta entonces acompañaba a alguien más experimentado para ir aprendiendo. Comencé la jornada con un ánimo normal, pero al tercer o cuarto edificio empecé a sentirme fatal. Los pensamientos se atropellaban en mi cabeza. Me veía hacía solo unos meses yendo tan contento a clase, escribiendo mi tesina, haciendo bien aquello que se suponía que debía abrirme las puertas del futuro... Y allí estaba ahora, llamando puerta a puerta, forzando una sonrisa para que un anciano o una madre de familia se fiara de mí lo suficiente como para firmar unos papeles, para darme su cuenta bancaria y que yo la inscribiera en algo que con toda probabilidad era un timo.

En un momento dado, una fuerza distinta a mi voluntad tomó las riendas de mi cuerpo y salí, muy pausadamente, del edificio donde estaba. Localicé un banco y me quedé allí sentado, con el corazón latiéndome a todo trapo, pero quieto como una estatua. Cuando pude reaccionar, llamé a mi madre y le intenté contar la papeleta como pude. Ese día decidimos que era mejor que me volviera al pueblo, donde al menos no gastaría dinero y podría seguir buscando algo digno por internet sin pasar por aquellos padecimientos.

Soy consciente de mis privilegios. Sé que es una suerte haber tenido siempre becas y que mis padres me ayudaran año tras año; que mi techo y comida no dependieran en mis años universitarios de trabajos de supervivencia. Sé que muchas personas no han tenido un lugar al que volver ni unos padres que les concedieran tiempo para encontrarse. Pasé cuatro meses en Madrid intentando poner una pica en el Flandes de mi carrera profesional y no lo conseguí. Quizá no tuve suerte; desde luego, lo que no tuve fue la fortaleza para seguir batiéndome el cobre como fuera para conseguir algo.

Sin ningún ingreso, los días en Madrid aumentaban la presión. Cada gasto, cada movimiento me angustiaba. Mis padres me ayudaban con todo su cariño, pero yo me sentía fatal viendo cómo no era capaz de conseguir ninguna mejora, y era consciente de que cada mes que pasaba en la ciudad era un dispendio considerable. El resto de mis problemas quedaron eclipsados por el vacío laboral. Tenía pesadillas constantes relacionadas con primeros días en trabajos extraños en los que todo salía mal. Puede que entonces comenzara mi estrecho vínculo con el insomnio. Y aunque no sé si esto está relacionado con el estrés, recuerdo que me salió entonces mi primera almorrana. ¡Chispas!

Pero en el fango también crecen algunas flores. Aquellos pocos meses en Madrid empezamos a construir el que sigue siendo mi grupo de amigas. Tengo muchas otras, pero creo que se entiende cuando digo «mi grupo». Esa familia elegida con la que compartes la vida, pase lo que pase. En nuestro caso, es una familia integrada únicamente por maricones.

De vez en cuando se hace viral alguna foto en Twitter con una fiesta de cumpleaños o una piscina veraniega en la que solo hay hombres homosexuales —muchas veces cortados por el mismo patrón: gimnasio, blanqueamiento dental y ropa de Springfield— y vuelve a brotar un debate que yo mismo tengo en mi fuero interno. ¿Por qué tantos gais nos juntamos principalmente, cuando no en exclusiva, con otros maricas? ¿Por qué hay tantas cuadrillas sin una sola mujer? No sé si hay una respuesta única para ello, pero mi experiencia quizá sirva para apuntar un motivo posible.

Si en Barcelona había empezado a constatar que ser maricón era mucho más que tener o no relaciones con chicos, formar parte de un grupo de maricas me descubrió que ser maricón era también algo muy comunitario. No es que yo sea menos homosexual cuando estoy a solas en casa, pero muchos caminos de la cultura y la identidad LGTBIQ+ precisan del contacto con los demás.

Pienso en la Ocaña paseando por las Ramblas colgada del brazo de sus amigas; pienso en Paca la Piraña haciendo hueco en su casa a Cristina la Veneno cuando pasaba una mala racha; pienso en los sofás que me han acogido y en las personas que he acogido en el mío. Creo que desarrollarnos plenamente como lo que somos requiere, al menos en un momento clave de nuestra formación, rodearnos de personas con las que bajamos todas las barreras. En mi caso, necesité o me encontré con que esas personas eran otros maricones.

Como una oveja perdida que halla un rebaño, socializar entre otros maricas me permitía descubrir en los demás quién era yo, aprender de ese diálogo, llevarlo a terrenos que hubiera sido más complejo o más lento descubrir con no maricas. Sería un problema si me hubiera quedado ahí, si no hubiera sido capaz de usar el crecimiento en mi grupo para aplicarlo a la relación con los demás, porque me estaría perdiendo muchas cosas. Afortunadamente la seguridad que construí poco a poco entre los míos me ha servido para abrirme a todos, a su debido tiempo.

Durante mis últimas semanas en Madrid, ya sabiendo que me volvía al pueblo, la presión económica se relajó y pasaron un par de cosas que acabarían siendo importantes. Una es que pinché en el cumpleaños de Brais y la Caneli, en una fiesta cuyo *dress code* era: peluca obligatoria. Yo además me compré un vestido enorme y un collar de perlas de plástico. Aquella noche en el mítico y malogrado Poliester, en Malasaña, me travestí por primera vez (sin contar carnavales, unos días en que vestirse *de mujer* está permitido incluso para los cuerpos menos probables). Lo que llevaba no era más que un burdo vestido y un par de complementos, pero la libertad y la diversión que suponía disfrutarlo entre amigas me hicieron intuir que por ahí había algo importante.

El travestismo es a los maricones lo que la misa a los católicos: muchos no van nunca y eso no los convierte en menos católicos, pero uno aprende, comparte y comulga con su tradición cuando acude a la ceremonia.

El drag nos ha enseñado desde siempre que el género es una representación, que la feminidad se puede y se debe celebrar y que todos los cuerpos son bienvenidos a la fiesta. Al contrario que otro tipo de espacios asociados a lo gay©, donde parece que uno no puede entrar a partir de cierta edad o de cierto índice de masa corporal, las artistas que se expresan a través del travestismo siempre han generado espacios inclusivos y seguros para divertirnos y disfrutarnos.

En una comunidad cuyos espacios de ocio han funcionado casi siempre con el reclamo de cuerpos de gimnasio y la promesa de un ligue al alcance, el drag ha sido una vía para construir otro tipo de ecosistemas. Frente a las incontables fiestas con carteles repletos de apolíneos chulazos, los locales con espectáculo travesti son un lugar donde no existe tanta competencia entre cuerpos, tanta evaluación de los otros, tanta fijación por compararse. Para alguien deseoso de socializar con otros maricas pero que sentía una gran vergüenza (que después convertiría en compromiso) por no encajar en las típicas discotecas gais, acudir a locales drag fue todo un oasis.

Y un pequeño apunte: *RuPaul's Drag Race* y todos sus derivados, que me encantan y han hecho llegar el drag al *mainstream*, lo cual es loable, son una forma muy limitada y muy concreta de disfrutar del drag, que es un arte mucho más grande, infinito. Pensar que todo el drag es como en *Drag Race* es como pensar que toda la cocina es como en *Masterchef*. Ir a los locales con *shows* travestis allí donde vives (si los hay, claro) es una experiencia mucho más real, y las travestis que allí actúan necesitan tu apoyo mucho más que la multimillonaria RuPaul.

Otra cosilla importante que ocurrió entonces es que me decoloré y me tinté el pelo por primera vez. Para alguien que siempre había deseado desaparecer, pasar lo más desapercibido posible (superando el metro noventa y pesando lo que pesaba, date cuenta), aquello era una forma de enfrentar uno de sus miedos más arraigados. Durante toda la vida mi aspecto había sido algo fuera de mi control. Me había limitado a navegar el mundo en la carcasa que me había tocado, sin reparar demasiado en ella. Intervenir de una manera poco habitual (al menos entonces, porque hoy al maricón que no se ha decolorado le rompemos el carnet) y ciertamente llamativa sobre mi imagen supuso un clic que entonces no me pareció demasiado trascendente. Pero hoy, visto en perspectiva, así lo valoro.

Un día o dos antes de hacer las maletas y volverme a Alpera fue mi cumpleaños. Mis amigas me vendaron los ojos en el metro y me llevaron a ciegas por lo que me pareció un larguísimo recorrido de calles, carreteras y descampados. Cuando los abrí, me habían puesto delante de la tumba de Sara Montiel, la manchega universal (que me perdone Dulcinea del Toboso). En lugar tan señalado me hicieron un regalo también cargado de significado: unos zapatos rosas del número 45. Mis primeros tacones. Como en un juego de rol, con ese último ítem completaba mi evolución y pasaba al siguiente nivel. Siete letras como siete días trae la semana: MARICÓN.

12

AMOR, AMOR

Se supone que la universidad es esa etapa en la que todo está permitido: fiestas infinitas, millones de amigos, borracheras y vomitonas que se convierten en un gran recuerdo, novatadas que se van de las manos, amores intensos que cambian tu vida, viajes, Erasmus, orgasmus... Sí, esto es lo que se supone, pero no lo que yo tuve. Esta enumeración de lo que se considera «ser universitario» eran momentos muy puntuales durante el curso. El resto de mi tiempo en la facultad lo ocupaba en *Los Sims*, los atracones programados y mis amiguitos de internet.

Si durante mi primer curso, rodeado de pijas y de monjas, cogí algunas fiestas con ganas y, como no me gustaba pasar mucho tiempo en la residencia, me apuntaba a cualquier cosa que me sacase de allí, durante el segundo volví a mi «cuevita», a hacer vida dentro de mi habitación porque era donde me sentía más tranquila. Allí comía, jugaba, estudiaba y conocía gente.

Un cambio tan radical como el de haber salido de Zamora, haber conocido gente muy diferente a la que estaba acostumbrada y estudiar algo que parecía que me gustaba de verdad no ayudó a que yo dejase de sentirme fuera de lugar y, para estar a gusto, tuviera que quedarme a solas.

Pero yo no me sentía sola. Tenía a mi familia, aunque procurase mantener las distancias; tenía a mis amigos de la carrera, aunque no me apuntase a todos los planes porque había que darse un atracón de vez en cuando; mis amigos del cole, también, aunque poco a poco esas amistades se iban diluyendo; y luego tenía una cuenta de Messenger en la que procuraba tener al menos dos chicos en activo con los que hablar y hablar y hablar hasta pensar que eso era estar enamorada.

Lo de que procuraba mantener un mínimo de amiguitos lo digo porque estas relaciones de internet eran muy volátiles. Aunque hubo algunos que se mantuvieron durante bastante tiempo, otros iban y venían porque buscaban cosas diferentes a una eterna conversación. Yo, de alguna manera, sentía que NECESITABA tener al menos a dos tíos pendientes de mí, con los que poder hablar, desahogarme y soñar. ¿Que por qué dos? Porque también se pueden tener relaciones tóxicas por internet, vaya que sí. Así que cuando me enfadaba con uno o quería castigarle con mi indiferencia, me entretenía con el otro. Porque yo sí creía que estaba enamorada de algunos de ellos, pero tenía que ponerlos a prueba para que me demostrasen que ellos también me amarían a pesar de todo. Y quizá por eso iban desapareciendo más tarde o más temprano.

De los que se mantuvieron en el tiempo me acuerdo aún de dos, y de esos dos había uno que me gustó tanto que hasta llegué a pensar que podría ser el hombre de mi vida. Era el típico chico que sabía mucho de cine pero estaba muy atormentado, así que quién mejor que yo para admirarle y dejarme recomendar películas para mis planes favoritos, y también para escuchar todos sus problemas, comprenderlo, apoyarlo y ayudarle a solucionarlos, mientras él, a cambio, me daba su atención, que era lo único que yo necesitaba: sentirme atendida. Me conformaba con sentirme útil y valorada por un chico aunque apenas supiera cómo era su cara, porque él estaría tan avergonzado de sí mismo como yo y no solíamos enviarnos fotos de nosotros.

El otro cumplía más con el prototipo de chico perfecto, el novio que le presentarías a tu abuela, pero que, por supuesto, no quería NADA conmigo más allá de buenas conversaciones. Con este último también me hacía ilusiones que se frustraban enseguida, así que me consolaba sabiendo que el otro me necesitaba porque su vida también era una mierda. Y así pasaban los años. Nunca he vuelto a saber nada de ninguno de estos chicos, aunque si me los encontrase, me haría ilusión darles un abrazo y preguntarles qué ha sido de sus vidas. Al chico perfecto me lo imagino bien casado y con dos hijos de... ya seis y ocho años. Al hombre de mi vida, no sé por qué, siempre me lo imagino muy machacado.

En aquel momento yo creía que los quería. Pero lo que yo quería era otra cosa, claro. Yo quería salir de fiesta y acabar enrollándome con un desconocido en la discoteca. Yo quería que me metieran mano. Yo quería follar como en las películas. Bueno, y tener un novio como en las películas, claro. Pero no sabía expresar mis deseos, así que me los comía. Metafóricamente primero y literalmente después, cuando los convertía en un kebab con patatas a las cuatro de la madrugada antes de volver a casa frustrada porque nadie se fijaba en mí; en dos pizzas sola en casa un viernes por la noche porque mi amiguito de internet esa noche salía de fiesta y yo no era capaz de hacer nada pensando en que se liaría con otras, o en una bolsa de golosinas cuando me enteraba de que el chico al que creía que yo le gustaba porque me hablaba a menudo en realidad estaba interesado en mi amiga.

Y para darle un poco más de emoción a mi vida sentimental, dos anécdotas que, aunque anecdóticas, también tuvieron consecuencias a largo plazo.

La primera: una noche salí de fiesta con unas amigas y se nos ocurrió probar un bar por el que siempre pasábamos pero nunca entrábamos. Además, estaba casi al lado de otro al que íbamos

mucho. ¿Por qué no habíamos entrado allí nunca? Esa noche
una chica fue simpática conmigo, me invitó a un chupito y después me besó. Yo me sentí rarísima. Nunca nadie me había
besado tan directamente, como si nada, y delante de todo el
mundo. Y yo nunca había pensado en que le podía gustar a una
chica. El beso estuvo bien, pero se quedó en eso.

La segunda: había un chico, también atormentado y cinéfilo
(¿es esto un patrón?) con el que quedaba de vez en cuando. Sé
que nos gustábamos, pero nunca se habló de que fuéramos
novios. Yo pensaba que a él le daba vergüenza salir con una
gorda, ya que siempre quedábamos en su casa a solas, excepto
una vez, que fuimos juntos al cine (a ver, por cierto, una película francesa que me pareció infumable, pero no se lo dije, solo
dejé que me la explicara). Durante más de un año esperé a que
fuera él el que diera el primer paso, que hiciera algo que demos-
trase que éramos novios, pero eso no pasó. Sin embargo, lo que
sí pasó es que un día fui a su casa para despedirnos, pues se
volvía a su ciudad natal por las vacaciones. Lloramos un poco
y salimos juntos de su portal, él se fue en dirección a la estación
de autobuses y yo hacia mi casa. Nunca más volví a saber de él.
Dejó de contestarme a los mensajes, a los mails, y nunca más
se conectó al Messenger. Hoy en día sería capaz de decir «otro
gilipollas que me hace *ghosting*», pero en aquel momento yo no
sabía que eso existía. Porque hasta aquel momento los chicos
me habían insultado, humillado, rechazado, se habían aprove-
chado de mí, pero nunca me habían abandonado. Justo este
mismo verano fue cuando el cinéfilo atormentado de internet,
también conocido como «posible hombre de mi vida», me dijo
que se había echado una novia. ¡Vaya! ¡Yo lo salvo y él se va
con otra! Se fueron, a la vez, mis dos chicos en activo.

12

OSCURIDAD

El alivio de dejar Madrid y abandonar por el momento la batalla de sobrevivir al día duró lo que el autobús ALSA tardó en llegar a las tripas de La Mancha. Con los tacones bien guardados en el fondo de la maleta, volví al pueblo más de seis años después de haberme marchado de allí para siempre. La mitad de mis compañeros de universidad habían emigrado y se repartían por el mundo, de Nueva York a Kenia. El resto malvivían encadenando prácticas o, como yo, se habían vuelto a casa de sus padres a esperar que la tormenta escampara. Esa tempestad que empezó en 2008 y debía ser la crisis que marcara nuestras vidas, aunque hoy sabemos que era solo la primera. Algún día conoceremos el precio que pagó mi generación por encadenar esos diversos *fines del capitalismo*, quizá cuando el precio del alquiler nos permita cinco minutos de respiro para reflexionar.

Deshacer el equipaje en la habitación de mi infancia fue el primer momento de cruel extrañamiento. Llevaba muchos años visitando Alpera solo unos pocos días, por lo que iba cogiendo y metiendo cosas en la maleta sin deshacerla, como si su presencia, tirada a medio cerrar en el suelo del cuarto, me recordara que estaba allí de paso. Ahora iba metiendo la ropa en el armario y mis cosas en los cajones, y cada movimiento escribía la caligrafía de mi fracaso. ¿Cómo había pasado de estudiante sobresaliente a parado sin futuro? ¿De qué me servían las matrículas de honor? ¿No había hecho yo lo que me habían pedido? ¿No había cumplido con mi parte del trato?

Volver al escenario de mi adolescencia traumática, volver al campo a ayudar a mi padre en sus tareas, volver al armario, volver a no compartir espacio con gente visiblemente LGTBIQ+… Era como si todo lo que había vivido, todo lo que había hecho, todo lo que había conocido en el tiempo que había estado fuera se cerrara en un paréntesis que me había dejado en el mismo instante en el que partí. En ese tiempo que ahora quedaba en suspenso, la ilusión de las primeras veces y el empuje de quien está descubriendo el mundo habían equilibrado mi estado de ánimo, pero con el regreso a Alpera y sin esos alicientes, me dejé arrastrar por la más completa oscuridad.

Aunque aquel estado no se presentó de inmediato. Al llegar, seguí buscando trabajo por internet, convenciéndome de que así también podía salirme algo, y consolado por la idea de no continuar gastando dinero viviendo fuera. Me dejaba cuidar por mi madre, que, aunque no disfrutara de las razones, estaba contenta de tenerme allí. Durante un par de semanas intenté engañarme, pensando que era como estar de vacaciones, pero no podía ignorar la culpa, la vergüenza y el sentimiento de fracaso.

Los ánimos empezaron a decaer. Busqué mil formas de mantenerme ocupado —pinté mi habitación, decoré camisetas, inventé manualidades—, pero empecé a hartarme pronto de todo. Buscar trabajo también se me hizo cuesta arriba. Cada día demoraba un poco más ponerme a ello, buscaba excusas para evitarlo y me convencía enseguida de que aquello no iba a funcionar. Iba cayendo en un letargo que se espesaba cada día.

Me pasaba muchas horas en casa, encerrado en mi habitación, poniéndome película tras película y leyendo libro tras libro sin prestar realmente atención a lo que tenía delante. Algunos días iba al campo a trabajar con mi padre, pero, en general, tanto él como mi madre me concedieron el espacio que requería mi tristeza.

Siendo adolescente, vivir en aquella casa y en aquel pueblo solo había podido encararlo con la promesa de un futuro fuera de allí. Ahora no había promesa ni futuro, ¿qué más daba esforzarse? ¿Qué más daba todo? Levantarse cada día era una tarea absurda. ¿Para qué estar por ahí rondando, si iba a acabar acostado de nuevo? En la cama uno puede estar a solas con sus pensamientos. A una persona en la cama no se le exige nada.

Tampoco ayudaba que las redes sociales me mostraran a mis amigas en sus pisos de la ciudad, en sus noches de fiesta, en sus citas con sus nuevas conquistas, estrenando una camisa o subidas en una montaña rusa. Cada post en Instagram, cada estado en Facebook, cada tuit me parecía la certificación de que la gente sí sabía cómo moverse por la vida mientras yo estaba paralizado en el pueblo, en mi cuarto de la infancia, atascado entre muñecos de peluche.

Aunque fueron creadas con la idea de comunicarnos de manera sencilla, de algún modo las redes sociales, sobre todo Instagram, se convirtieron en esos años en un catálogo de vidas ideales —o un catálogo de los momentos ideales de nuestras vidas— y su consumo diario nos hizo confundir esa ilusión de perfección con la aspiración de que así debía ser nuestra rutina.

La imagen de una amiga a la entrada de un cine no solo me daba la información de que había ido a ver una película, era la constatación de que yo no lo estaba haciendo; si veía a una conocida camino de la playa, me recordaba el tiempo que hacía que yo no la pisaba; un sudoroso retrato tomado en los espejos de un gimnasio me gritaba a la cara que yo no estaba haciendo deporte. Contemplaba todas esas fotos, leía todos esos textos metido en mi cama, en mitad de la estepa manchega, sin sentir en realidad envidia o rabia, porque no sentía nada.

La depresión fue cortando los pocos cables que me unían con mis emociones. Pasé a ser un poto. Un ser apenas vivo, habituado a la oscuridad, en mitad de la cual repasaba todos mis errores, hora tras hora, día tras día. Si hubiera hecho esto o aquello... Si hubiera llamado a esta persona... Si hubiera estado más atento a tal cosa... Si no fuera tan gordo, tan feo, tan insoportable... Si no existiera, ¿acaso no sería el mundo un lugar mejor? Mis padres no me tendrían que cuidar, mis amigas no me tendrían que soportar.

En algún momento de ese proceso, la mente pierde el contacto con la realidad. Como una tela de araña que, por más intrincado y perfecto que sea su diseño, sucumbe al soplo del viento, la vida acabó por transformarse en un cómputo constante de mi falta de valor. Cada pensamiento, cada interacción con los demás y hasta cada hecho que ocurría a mi alrededor pasaba porque yo era un fracaso y sería mejor que no estuviera ahí. El mundo me hacía saber constantemente que era un despojo, un sobrante de humanidad que el resto de las personas tenían que aguantar porque ¿qué otra cosa podían hacer?

Existes, para tu desgracia existes, y tu existencia condiciona la vida a los demás. Mi presencia en casa de mis padres la interpretaba entonces como anacrónica: «Yo no tengo que estar aquí, no me toca. Estoy aquí como el reloj Casio que se coló en una escena de *Gladiator*. Soy un fallo que nadie tiene corazón para enmendar».

A veces ese dolor tan profundo me llevaba a un tipo de rabia soterrada que me hacía chocar con mis padres. Estaba muy enfadado con el mundo y conmigo mismo, y no podía evitar pagarlo a veces con ellos. Pero casi todo el tiempo la sensación principal era una autocompasión meliflua, una suspensión de las emociones que me convertía en un fantasma, en alguien a quien las experiencias no acababan de tocarle del todo. Un ser ensimismado en la observación parsimoniosa de sus heridas, un torpe forense de su propio cadáver.

De hecho, una de las consecuencias de mis procesos depresivos es precisamente esa. Cuando el sufrimiento se intensifica —ya sea por causas externas o porque estoy más flojo de ánimos—, me convierto en alguien que no ve más allá de su propio dolor. Me cuesta relacionarme y empatizar con los demás cuando me siento mal conmigo mismo, porque me convierto en una bolita de ansiedad que no es capaz de ver lo que tiene delante de sus narices. Y es un verdadero problema, porque a veces el dolor de los demás es más urgente que el mío, o porque me enquisto y en realidad sería más fácil pasar página desatendiendo mi angustia y centrándome en otra cosa.

Los días transcurrían lentos en el pueblo. Consumido por la tristeza, me abandoné a un estado vegetativo en el que pasaba en la cama buena parte del día, y cuando no estaba en ella contaba las horas para volver a enfundarme entre las sábanas y entre mis oscuros pensamientos. Sintiéndome totalmente inútil, desprovisto de la inteligencia o los recursos para labrarme un futuro, abandoné esa búsqueda activa de empleo que se exige a los buenos parados.

Y justo en ese momento me surgió una oportunidad de donde menos me esperaba.

13

TENÍAIS RAZÓN

Comencé el tercer curso de mi carrera con muy pocas ganas. La mayoría de mis amigos se habían ido de Erasmus, y yo no. ¿Por qué, os estaréis preguntando? Porque creía que iba a conseguir ser la novia del chico que me abandonó, y prefería quedarme en Salamanca con él a irme al extranjero y olvidarle. Aquel sería el peor verano de mi vida. Por sentirme tan gilipollas como para renunciar a una experiencia tan enriquecedora para la mayoría de la gente por un tío y por sentirme más insegura que nunca.

Porque cuando te abandonan te empiezas a preguntar qué hiciste mal. Porque no dudas que fue culpa tuya. Con las malas notas de mis primeros dos años de carrera, mi solución fue estudiar muchísimo más, pero con mis relaciones sentimentales la reacción fue la contraria: encerrarme aún más, tanto física como emocionalmente. Como excusa para poder estar encerrada y alejada de todo el mundo, decidí que aquel verano, como tenía dos asignaturas que estudiar para los exámenes de recuperación de septiembre (sí, lectoras jóvenes, antes recuperábamos las asignaturas en septiembre y estábamos pringados todo el verano), me quedaría en casa de mis padres y aprovecharía para sacarme el carnet de conducir. Una coartada perfecta para que nadie hiciera preguntas y me dejasen jugar a *Los Sims* tranquila, que era lo que más me apetecía hacer porque me proporcionaba un total de CERO sensaciones negativas y una evasión que necesitaba más que nunca.

Aquel verano no pisé ni un solo día la piscina, el único oasis de fresquito que te puedes permitir con las altas temperaturas veraniegas de Zamora. Pero es que nunca me había sentido tan mal con mi cuerpo. Echaba la culpa a mis kilos de mis fracasos en el amor y empezaba a entender que estar gorda era una condena. No me odiaba a mí misma, creía que para mí aún había esperanza, pero sí llegué a un punto de rechazar por completo mi cuerpo. ¡No quería ni verlo, ni mucho menos que otros lo vieran!

Al compartir de nuevo techo con mi familia, el monotema sobre mi peso y mi poca actividad física volvió a la carga. Pero en esta ocasión lo afronté de otra manera. Por primera vez pensé que mis padres tenían razón. Que estando así de gorda todo me había ido fatal. Y se podía poner aún peor, ya que mi madre siempre jugaba la carta de los problemas de salud que desarrollaría si no adelgazaba. ¿Estaría a tiempo de cambiar?

Me prometí a mí misma que en septiembre empezaría a ponerle remedio (que en verano hace mucho calor para dedicarte a hacer ejercicio), y, esta vez sí, al regresar a la universidad lo primero que hice fue apuntarme a la piscina para ir a nadar dos días por semana. (Realmente la había echado de menos ese verano, todavía me da rabia darme cuenta de que siempre me autocastigo quitándome lo que más placer me da).

Además, también puse mucho empeño en comer mejor. Y, bueno, al principio me salía. Y con «al principio» quiero decir que sí, que me sentaba a comer la pechuga de pollo a la plancha con un poco de ensalada que tocaba, pero luego me daba tanta hambre que merendaba tres veces. Y al día siguiente me decía: «Venga, hoy sí. Lo único en lo que te tienes que concentrar hoy es en desayunar sano, comer sano, merendar sano y cenar sano», y de repente, cuando volvía a casa de la facultad y tenía que pasar por delante de un supermercado, una voz dentro de mí me proponía entrar a coger algo «que no sea pizza pero tampoco el pescado a la plancha que te toca. Te puedes permitir algo intermedio, que el resto del día lo has hecho genial, y, chica, el pescado lo puedes comer mañana. ¿Qué te parece si en vez de pescado cenas... ¡¡un sándwich mixto!!? Pero, bueno, ya que vas a hacerte unos sándwiches, coge también unas patatas, ¿no? Venga, mujer, que hoy casi has cumplido todo el día, y si hoy casi has cumplido, mañana puedes seguro». Y cenaba dos sándwiches con patatas fritas y un par de refrescos también.

Era la primera vez en mi vida que intentaba «cuidarme», y comprobar que eso tampoco me salía bien, que no podía «cumplir» con mi plan durante dos días seguidos, fue la gota que colmó mi vaso. Había fracasado en la universidad, había fracasado en el amor y ahora también había fracasado intentando adelgazar. ¿Para qué valía yo? ¡Madre mía! ¡Qué pena de chica!

Estaba clarísimo: toda mi vida había sido una mentira. YO ERA EL RATONCITO PÉREZ. UNA ILUSIÓN QUE DESAPARECE CUANDO CRECES. Me habían hecho creer que era una chica divertida, inteligente, creativa, curiosa, que podría llegar muy lejos, y la realidad era que no, que esas ideas eran otra burbuja, porque yo no valía para nada. En cuanto me dejaron sola, mi único logro fue cagarla en todos los ámbitos de mi vida. Ya llevaba un par de años oliéndome el engaño con patas que yo era, pero había seguido adelante intentando disimularlo. Sin embargo, ahora ya no lo podía ocultar más.

Así que dejé de ir a clase. Total, ya no me hacía tanta ilusión porque mis amigos ya no estaban, y encima había una asignatura que se me había atravesado: ¡maldita historia de la lengua! Así que me dediqué a lo único que estaba bien en mi vida: mis sims. Por cierto, que en *Los Sims 2* tus personajes también podían engordar, pero eso se solucionaba si los ponías a correr en la cinta un par de horas. Sin embargo, yo iba un par de horas a la piscina y seguía siendo gorda. Porque ya no había solución para mí. Iba a ser gorda siempre. Así que también dejé de ir a la piscina. Ya no como autocastigo, sino rendida ante la evidencia. Tirando la toalla.

No sé si el karma existe o si es cierto eso de que todo lo que tú das la vida te lo devuelve. Pero durante los dos primeros años de la carrera yo fui esa compañera que siempre prestaba los apuntes, así que después de un par de meses sin ir a clase tuve que tragarme la vergüenza que me daba mostrarme fallida ante los demás y acudir a otros para que me salvasen el culo. Me hice con unos buenos tochos de todas las asignaturas y, por primera vez, no me leí las lecturas obligatorias y recomendadas, solo los resúmenes (ahora arrastro un vacío insondable sobre la literatura española del Siglo de Oro y no, nunca me leí el *Quijote*). Y a pesar de estudiar poco y sin ganas, saqué las mejores notas de mi carrera. A excepción, por supuesto, de historia de la lengua, porque saqué un cinco. ¡Pero había aprobado todas!

Resulta que la clave del éxito en la universidad no es echar más horas y leerte absolutamente todo, sino tener unos buenos apuntes y buenos análisis de las obras leídas. ¡Vaya! Y yo, que un poquito lista, en el fondo, sí que era, enseguida até cabos. Si saqué buenas notas gracias a otras personas y encima aprendí a coger buenos apuntes… ¿podrían otras personas ayudarme con mi peso?

Con el subidón que te da pensar que sí, que puedes dejar de ser gorda, que puedes, por fin, tener una vida normal y ser feliz como los demás, le dije a mi madre que había llegado el momento: ya me podía buscar una buena dietista porque iba a adelgazar. Les di tal alegría a mis padres que hasta accedieron a comprarme, por fin, un ordenador portátil. (Después me daría cuenta de que esto había sido un poco caer en mi propia trampa pues en el portátil no se jugaba a *Los Sims* tan bien como en el ordenador de mesa).

Y esa misma semana ya tenía una cita con una doctora con consulta privada en Salamanca cuya placa en la fachada proclamaba: «Especialista en obesidad». ¿Qué podía salir mal? Absolutamente nada. Eso pude constatarlo en mi primer día, cuando una médico, UNA MÉDICO, pronunció las palabras mágicas: «En esta dieta no hay cantidades y lo único que tienes que controlar es la fruta». ¿QUÉÉÉÉ? Pero ¿por qué nadie me había dicho que se podía adelgazar comiendo muchísima carne (que era lo que yo más comía) y poquísima fruta (grupo de alimentos al que yo más odiaba porque me habían taladrado con que para estar sana lo que había que comer era fruta, fruta y más fruta, y encima mi abuelo tenía árboles frutales y viñas, así que en mi casa siempre había cajas repletas de fruta que había que comerse para que no se estropease, y yo es que no podía ver la fruta ni en pintura, pero de verdad, que siempre que iba al Museo del Prado me saltaba la sala de los bodegones)?

Mientras aquella delgadísima doctora me iba explicando las cuatro páginas que ocupaba mi nuevo plan dietético con los alimentos permitidos y los que estaban prohibidísimos, yo no podía evitar pensar: «Pero esto es muy fácil, claro que podré hacerlo». Podía beber toda la Coca-Cola que quisiera, eso sí, ahora tendría que ser light, y, bueno, si obviamos que los hidratos de carbono desaparecerían de mi vida (que era, realmente, lo que yo más comía, aunque creyese que la base de mi alimentación era la carne), ¡todo pintaba de maravilla!

Nunca habría podido imaginar que hacer una dieta podría ser tan estimulante. La cogí con muchas ganas y aún recuerdo lo mucho que adelgacé en la primera semana. Había cumplido tan a rajatabla con esas fotocopias mágicas que cuando volví a la consulta y me pesaron, ver con mis propios ojos que en tan solo siete días había perdido 3,9 kilos fue tan emocionante que esa cifra se me quedaría grabada para siempre. Tanto como para convertirse en una expectativa en mis próximos intentos por comenzar una dieta, ya que en el futuro me repetiría sin cesar: «Si fuiste capaz de perder cuatro kilos en una semana una vez, puedes volver a hacerlo; aún conservas la dieta de aquella médico, ¿por qué ya no lo logras?».

La médico en cuestión y su dieta de cuatro páginas me hicieron perder 34 kilos. Muchos años después yo me enteraría de que hice una dieta hiperproteica durante nueve meses, una dieta basada en comer alimentos ricos en proteínas (carnes, pescados, embutidos, huevos, moluscos...) que tiene múltiples efectos secundarios en el organismo, desde problemas renales hasta pérdida de calcio, lo que provoca futuras osteoporosis. Por no mencionar que cuanto más joven eres cuando realizas esta dieta (y cuanto más la mantienes en el tiempo), más probabilidad tienes de desarrollar obesidad en años posteriores. Es decir, de engordar más de lo que adelgazaste. Que fue exactamente lo que me pasó a mí.

Adelgacé 34 kilos en nueve meses. Fui capaz de mantener mi peso, más o menos, durante unos seis meses, después empecé a engordar paulatinamente sin hacer nada excepcional o diferente, lo cual me llegó a desesperar porque sentía que «engordaba por nada», hasta llegar a sobrepasar en 11 kilos el peso con el que había comenzado esa dieta. Adelgacé 34 kilos. Engordé 45.

13

PASIVA ADELGAZA

Mi amiga Sergio había empezado a trabajar un par de meses atrás en un festival levantino de música indie. Una de sus superioras, avezada consumidora de redes sociales, había visto mis posts de Facebook y le parecían divertidísimos. Porque —y este es un mito importante que quisiera derribar— una persona puede estar deprimida y ser graciosa e ingeniosa. En el estado casi comatoso en el que me hallaba, publicar chistes y digresiones en las redes me servía como un mínimo respiradero y como un cable de conexión con mis amigas, que tan lejos estaban. Resultar divertido es uno de los escasos valores que siempre he logrado atribuirme, y cuando todo lo demás en mi vida fallaba, recurrir a mi chispa era una manera de no tirar del todo la toalla, de no abandonarme al abismo.

En uno de los cuentos de su libro *Una ciudad entera bañada en sangre humana*, el inefable genio Jorge de Cascante escribe: «Las personas más inteligentes y más divertidas que conozco están deprimidas». Lejos de ser una contradicción, en los ambientes artísticos y en mi propio entorno he detectado cómo la tristeza patológica muchas veces pone a trabajar el ingenio. Hay una capa de las profundidades de la comedia que solo se alcanza cuando uno está lo suficientemente hundido, cuando estar vivo le resulta a uno un chiste cruel. Estoy seguro de que mis amigas se han reído más conmigo cuando peor estaba yo, porque ese descreimiento de la realidad hace brotar una mordacidad kamikaze.

Con esto no digo, por supuesto, que el humor sea sinónimo de depresión. Pero en mi caso, y en otros que conozco bien, ese núcleo de tristeza hace cristalizar en la superficie una fina capa de ocurrencia y acidez. Es importante saber que esa combinación existe, porque una persona que se ríe constantemente del mundo y de sí misma puede estar ocultando con esa trampa la necesidad de ayuda. Como en aquel episodio de *Los Simpson*, la realidad «Detrás de las risas» puede dejarle a uno la sonrisa congelada (Colau).

Pues esa chispa encendida con el alquitrán de mi tristeza, como digo, me consiguió un empleo. En junio de 2014 me ofrecieron entrar como refuerzo de redes sociales en el festival durante dos meses, y acabé quedándome seis. Las oficinas estaban en Alicante, así que allí me planté, con una mezcla de ilusión y temor. Ilusión, porque por primera vez en casi un año tendría una ocupación para distraerme de mi estado de ánimo, y además lucrativa, en un momento en el que empezar a generar dinero era una de mis principales angustias. Y temor, porque, aunque entonces no era capaz de verbalizarlo, estaba en un estado anímico muy delicado, y comenzar una nueva vida en esas condiciones, aunque fuera con carácter temporal, se me hacía cuesta arriba.

Sublimé esa tensión de la única manera que sabía: con atracones. En aquella habitación que alquilé los primeros meses en Alicante, recuerdo darme un atracón diario muy concreto, que incluía unos bollos bañados en chocolate de Mercadona que después retiraron para alivio de mis arterias. Y eso que estaba contento, en líneas generales, con el trabajo. Me daba espacio para ser creativo e hice algunas cosas que gustaron mucho.

Además, volver a estar fuera del pueblo me otorgaba la autonomía suficiente para decidir un poco más cómo quería que fuera mi vida. En cualquier caso, iba a Alpera todos los fines de semana y llamaba a mi madre cada día, cosa que no me pasaba en la universidad. Quizá fuera para sentirme un poco más seguro en ese periodo de adaptación, porque empezar en un trabajo nuevo y en una ciudad nueva en el estado emocional en el que estaba podría haber acabado en catástrofe.

En su precario equilibro, la combinación del nuevo empleo y vivir otra vez fuera del pueblo me distrajo un poco de mi dolor emocional. El verano iba acabando y, movido por la urgencia de salir como fuera de ese estado, decidí que en septiembre iniciaría una nueva vida. Por supuesto, «nueva vida» significaba sobre todo enfrentarme otra vez a mi gordura; vencer a ese enemigo grasiento que había vivido siempre atrincherado entre mi piel y mis órganos.

Tenía por entonces veinticinco años, y ser gordo y virgen —lo segundo me parecía consecuencia de lo primero— me martirizaba cada día. La novedad es que empezaba a ser consciente de ello. Hasta entonces, mi pesar era un bloque inmenso pendido sobre mi cabeza, o un oscuro fluido navegando por las venas; algo absoluto e inabarcable. Estaba triste, pero era incapaz de responder por qué. Ahora que las experiencias de la vida me iban indicando los vacíos que detectaba dentro, y aunque todavía me quedara mucho sufrimiento hasta enfrentarlos del todo en terapia, al menos iba siendo más honesto conmigo mismo y podía intentar cambiar ciertas cosas.

Algo significativo es que hice esos días un chiste sobre ello en Instagram. Cerca de la estación de tren de Alicante había unos letreros, supongo que de algún centro de estética, que ofertaban gimnasia pasiva, métodos de adelgazamiento, etc. Colocándome delante de la cámara en un punto concreto, los mensajes se cortaban de tal manera que al lado de mi cabeza por entonces

pelirroja se leía: «Pasiva adelgaza». En el texto de la imagen puse:
«Es una orden».*

De nuevo, el humor como ariete para empezar a hacer tam-
balear los traumas. Cualquiera que escuche ¡*Puedo hablar!* sabe
que en los últimos años Bea y yo hemos hecho carrera de ello,
pero hasta ese día yo no hacía bromas con mi cuerpo ni con mi
sexualidad.

Esa foto y el chiste que propone fue un paso importante,
porque para solucionar los problemas primero hay que poder
hablar de ellos. Aquella broma me identificaba como cuerpo
gordo y como cuerpo sexualizado, hasta entonces dos agujeros
negros con los que no generaba discurso. Me emociona un poco
pensar que, en un momento tan oscuro de mi vida, ese Enrique
encontró la manera de agarrarse a algún lado para detener la
caída, que fue capaz de levantar la vista del abismo para, quizá,
empezar a buscar un puntito de luz.

Supe que quería estar delgado y que quería acostarme con un
chico. Quizá me engañara con los motivos que me llevaban
a generar esos deseos, pero tenía muy claras las metas. Me convencí de que si no había conseguido ni una cosa ni la otra era
porque no me había esforzado lo suficiente. Incapaz de salirme
de las mismas lógicas de siempre, todo consistía en una cuestión de competencia, de *ganarse* o no los logros, de *merecerse*
o no el amor de los demás.

Como las emociones seguían siendo para mí un lenguaje
desconocido e incomprensible y todavía no era capaz de gestionar lo que sentía por dentro, comprendí que la clave estaba
en centrarme en lo que sí podía controlar: mis actos, mis rutinas,
mis objetivos, el aquí y el ahora.

El 1 de septiembre, cual escolar que quita el plástico a su
agenda de Hello Kitty, yo estrené mi nueva vida. Sin reflexión

* Dejo el enlace para los del eBook: <https://www.instagram.com/p/qZ18I-M2TK/>.

en el cómo ni sopesar el porqué, decidí que solo existía la acción, el qué. Y ese qué era cambiar mi cuerpo y ofrecerlo a los demás. Como tantas otras veces, empecé una dieta y me apunté de nuevo al gimnasio. La dieta me la iba haciendo yo con recetas y consejos de internet. Era más equilibrada y no me maté de hambre como la vez anterior, pero un nutricionista probablemente se hubiera llevado las manos a la cabeza. Recuerdo cosas como cenar algunas noches una (1) zanahoria, sin ser yo Bugs Bunny.

En el gimnasio por primera vez tenía el asesoramiento del entrenador de la sala (en mis anteriores intentos me daba tanta vergüenza estar allí que jamás pedí consejos a nadie) y empecé a hacer una serie de rutinas bastante completas.

Sin ser demasiado consciente, fui entrando de nuevo en la obsesión. Si factores como el estrés del desempleo podía achacarlos al exterior, a la falta de oportunidades, mi nulo desempeño en lo afectivo y sexual creía que era consecuencia única y directa de mi peso. Iba cumpliendo años sin hacer ningún avance, así que, con la fuerza de voluntad de quien ve cómo su juventud empieza a dirigirse hacia la siguiente etapa sin haber vivido casi nada de lo que esperaba, me agarré a esa dieta y ese gimnasio como si me fuera la vida en ello. Los resultados no tardaron en aparecer.

En noviembre mi contrato terminó y estaba de nuevo en el paro, así que dedicaba la mañana al gimnasio y la tarde a dar largas caminatas por el paseo marítimo. Para cuando declinaba el año había perdido casi veinte kilos y mi estado de ánimo había dado un giro importante. Un deporte y una dieta mejor planteados que la vez anterior (aunque la segunda no pasara seguramente los estándares) tenían un efecto novedoso. Me sentía en forma, ágil y elástico. Además, me veía guapo. Quizá no guapo de manual, pero las formas que iba revelando mi cuerpo me causaban, por primera vez, un cierto agrado.

Casi como si aquel no fuera mi cuerpo, empecé a observarlo dejando el autoodio tímidamente a un lado (muy cerca, pero a un lado). Fue entonces cuando me puse el piercing en la nariz, algo con lo que había fantaseado pero que no consideraba que alguien como yo pudiera lucir. ¿Quién me creía? ¿Alguien normal? Pues ahora empezaba a serlo.

Tan normal que no me sentía expulsado en las tiendas estándar de ropa. Ir a un Pull&Bear o un Bershka siempre había sido una tortura. Casi nunca me entraba nada y, cuando me entraba, no me quedaba bien. Ahora no solo me cabía la ropa, sino que había dejado de percibir unas miradas inquisitorias por parte de los demás que es muy probable que solo estuvieran en mi cabeza. En ese tipo de tiendas siempre me había sentido observado, como un alienígena que se hubiera colado ahí y cuya presencia solo podía incomodar a los demás.

Tener un tamaño más normativo me introdujo de inmediato en una vida mucho más cómoda. No solo podía vestirme con mejor arreglo a mis gustos, sino que el día a día parecía fluir más plácido. La seguridad que estaba ganando en mí mismo me hacía pisar los espacios públicos con confianza, ya no me parecía que todo el mundo esperara de mí que me apartara de su vista cuanto antes.

Pero todo esto tenía un peligro: relacionar tan íntimamente mi bienestar a tener un peso o una forma determinados confirmaba la idea de que la gordura me había estado privando de la felicidad, o al menos de la tranquilidad. Después, cuando recuperé de nuevo el peso que había perdido entonces, me costó mucho aceptarlo.

Me costó porque ahora sí conocía bien el otro lado de la balanza, porque había vivido en carne propia (je, je) que, en efecto, estar más delgado me hacía más feliz. Esto no quiere decir, por supuesto, que exista una ley universal delgadez = felicidad. Pero así lo creía entonces; en esos términos funcionaba mi ecosistema mental.

Todavía no había entendido que la aceptación debería estar por encima de lo que pesara; que no puedo estar bien conmigo mismo solo cuando entro en determinadas tallas. Pero, como digo, en ese momento disfrutaba de los beneficios sociales de estar más delgado y me parecía que aquello comenzaba a ser, por fin, lo que daría arranque a mi vida adulta de una vez por todas.

Fue entonces cuando tuve mi primera cita. Empezaba a entender que las cosas no iban a pasar simplemente porque tuviera edad para ello, sino que tenía que poner de mi parte. Hasta ese momento tan solo había deseado con todas mis fuerzas que los chicos se fijaran en mí, que me abordaran de alguna forma, pero sin hacer el más mínimo gesto. Estaba tan aterrado que ni sostenía la mirada a los chicos en los bares. ¿Cómo iba a ligar, entonces?

Por internet, mi modus operandi era tres cuartos de lo mismo. Como una trampa para ratones con queso de plástico, esperaba simplemente que alguien acudiera por su propio arrebato hasta mi perfil, en el que dejaba crípticos mensajes sobre mis objetivos y motivaciones para estar ahí.

En cualquier caso, escribiendo por una app me sentía más seguro que en el cara a cara, así que me puse a mirar a los chicos en Bender (se llamaba Bender aquella app, ¿no? ¿Algún marica me lo puede confirmar?) y, al contrario que en todos los años anteriores, esta vez con la intención real de quedar con alguien.

Me puse a hablar con un muchacho originario de Rusia, pero que llevaba toda la vida en Alicante. No era especialmente guapo ni especialmente interesante, quizá por eso me dio más seguridad. Después de una cantidad razonable de mensajes, nos citamos.

La confianza que había ganado o la urgencia que sentía por ponerme manos a la obra con mi vida adulta hicieron que acudiera al encuentro, por lo que recuerdo, sin demasiados nervios. Me encontré con este chico, de cuyo nombre no me acuerdo, en el paseo marítimo: Estuvimos paseando y charlando con una fluidez más que digna. Pasaron un par de horas sin que la cosa fuera muy mal ni muy bien (esto lo digo ahora, entonces no tenía referencia de cómo era una cita). En un momento dado sonó mi teléfono y recuerdo que él, con cierta pena, preguntó: «Te reclaman, ¿no?».

Aquello me dejó bloqueado. Ese chico era completamente normal, lo que a mis ojos le situaba en un nivel muy superior al mío, porque yo era un monstruo explorando la vida de los humanos con su disfraz nuevo de persona delgada. En su pregunta había un abatimiento, parecía interpretar que la llamada era una señal programada para poder huir y escapar de su lado. Detectar en otra persona un dolor comparable al mío, o una inseguridad que yo hasta ahora solo detectaba en mí mismo, supuso un cambio de óptica importante. Porque durante toda mi vida yo me había considerado el receptáculo de todo el sufrimiento existente, de toda la pena humana. Ahora empezaba a ver que los demás también tenían sus pesares. ¿Sería yo acaso más corriente, más mundano de lo que creía? Comenzar a mirar a los demás, a mirarlos de verdad, iba a ser un gran recurso durante mi terapia para poder poner escala a mi dolor.

La cita acabó sin mayores alharacas, y no volvimos a hablar. Supongo que no nos gustamos lo suficiente, aunque si él me lo hubiera propuesto, yo habría aceptado vernos de nuevo, porque para mí era más importante la experiencia de otra cita que con quién la tuviera. No hubiera sido nada justo para él, pero ese razonamiento me movía entonces.

En cualquier caso, aquel primer encuentro fue un pequeño paso para el marica y un gran paso para la humanidad. Descubrí entonces la sensación de control sobre mi vida: había sido capaz de intervenir en mis deseos sin esperar a que sucedieran sin más. Como en un festival de verano cuando te toca piedra a las tres de la madrugada, aquello fue un subidón total. Tanto es así que el día de año nuevo subí una foto a Instagram desde aquel mismo paseo marítimo alicantino y declaré: «2015 es mi año, amigas». Un alegato imprudente para alguien que estaba de nuevo sin trabajo en una ciudad a la que había llegado de rebote. Pero estaba adelgazando y estaba empezando a tomarme en serio como persona deseante y potencialmente deseada; es decir, estaba trabajando de forma activa para quitarme mis mayores complejos, con resultados razonables.

Aunque luego aprendiera que el problema estaba mal planteado de base, las sumas y restas empezaban a cuadrar. Comenzaba un nuevo año y me sentía por fin con la capacidad de lograr las cosas que me proponía. ¿Me concedería el destino una tregua después de un 2014 sumido en la oscuridad?

Como cuando hacíamos llamadas perdidas a las amigas para echar la tarde, el universo no tardó en responder. El día 10 de enero recibí una llamada. El día 11 de enero hice una entrevista de trabajo por Skype. El día 14 de enero empecé un nuevo trabajo y una nueva vida en la ciudad que deseaba. Hola de nuevo, Madrid.

14

RECETA PARA UN TRASTORNO POR ATRACÓN

Estar delgada, aunque solo sea durante unos meses, es algo que toda persona debería experimentar al menos una vez en la vida. Primero, para saber lo que se siente cuando pasas desapercibida, cuando nadie te mira con horror al cruzarse contigo, cuando entras en una tienda y tienen tu talla y puedes elegir la ropa que más te gusta, porque ya no te tienes que conformar con la que te vale.

Todo el mundo debería saber lo que es subirse a un avión con la certeza de que te cerrará el cinturón, montarte en una atracción sin miedo a que falle la seguridad, llevar vestidos fresquitos en verano (como gorda a la que le rozaban MUCHO los muslos, los vestidos en verano para mí eran impensables, porque cuando yo tenía veinte años no había tantas soluciones como hay ahora), hacerte un disfraz en grupo y que no tengas ningún problema en ir como los demás, sentarte en un autobús y no molestar al desconocido que llevas al lado con tu gigante culo, ir al médico y que no te diga que tienes que perder peso aunque te hayas ido a quejar de unos fuertes dolores de cabeza, no escuchar comentarios ofensivos con la excusa de «te lo digo por tu bien» o «es por tu salud», que nadie se preocupe por lo que pides o dejas de pedir en un restaurante, que nadie, en definitiva, convierta a tu cuerpo y tu peso en lo único que importa de ti.

Y segundo, creo que todo el mundo debería saber lo que es estar delgado, al menos durante unos meses de su vida, para que se le quede grabada a fuego una lección superimportante. Sí, cuando adelgazas, tus problemas superficiales desaparecen. Si necesitas un pantalón de hoy para mañana, puedes ir a cualquier tienda, y si sales de fiesta, no tienes que escuchar comentarios de mierda a tus espaldas, y no te van a escribir los vendedores de Herbalife por Instagram. QUE YA ES MUCHO. Pero tus problemas más profundos van a seguir ahí. Adelgazar, ¡qué sorpresa!, no va a remediar tu baja autoestima, tus inseguridades, tu complejo de inferioridad, tu miedo a que nadie te quiera, tu excesiva preocupación por el futuro...

Porque se puede estar delgada y pensar que sigues sin ser atractiva porque ahora tienes carnes colganderas, porque puedes estar delgada y seguir sintiendo que tus brazos son demasiado grandes. Y, lo peor de todo, cuando estás delgada puedes seguir sintiéndote una fracasada, porque te acabas de dar cuenta de que los kilos no eran los culpables de que tus relaciones amorosas fueran fatal, de que te costase adaptarte a la universidad o de que te agobiasen cierto tipo de planes y prefirieses quedarte en casa. Cuando estabas gorda, al menos, le podías echar la culpa a tu cuerpo, pero ¿qué pasa cuando tu cuerpo ya es «normal» y todos tus miedos siguen ahí? O, peor, ¿qué pasa cuando estás delgada y aun así no consigues lo que deseabas? Nunca me he sentido más perdida en la vida como cuando entendí que adelgazar no era la solución. Porque, ENTONCES, ¿CUÁL ERA?

Tendría que ir probando cosas. Cuando dejas de estar gorda puedes empezar a ser muchísimas otras cosas. Porque ya no eres «la gorda que»: la gorda que va a zumba, la gorda que siempre hace comentarios graciosísimos en clase o la gorda que está coladita por ese tío pero no se atreve a decírselo. Lo primero que probé fue a ser una chica fiestera, pues nunca lo había sido, ya que salir de fiesta me provocaba más malestares que diversiones (ponerte ropa que no se lleva, sudar como un pollo frito, sentirme rechazada). Y aunque salir de fiesta siguió sin ser mi plan favorito, lo cierto es que gracias a eso conocí a mucha gente nueva y empecé a ¡ligar! Así que me convertí en la chica que liga mucho y se acuesta cada noche con uno.

¿Sabes lo que suelen contar las personas LGTBI sobre la adolescencia retrasada o segunda adolescencia que viven cuando ya han aceptado y expresado abiertamente su sexualidad? Pues en este punto me identifico un poco con ellas. Aunque yo no he tenido una «segunda» (ya sería tercera, ¿no?) adolescencia tras salir del armario como bisexual a mis treinta y cinco años, sí que viví una adolescencia reprimida, algo que comparto con muchos de mis amigos gais. Nuestra adolescencia no fue igual que la de algunos de nuestros amigos cisheteronormativos porque reprimíamos quiénes éramos en realidad por miedo al rechazo. ¿Que quién nos rechazaba? El heteropatriarcado. A las personas LGTBI, por no ser heterosexuales, y a las gordas, por no ser agradables a los ojos de los hombres.

Cuando estuve delgada quise probar qué se sentía al salir de fiesta con «ese cuerpo», el cuerpo deseable para los hombres heterosexuales. Lo que yo experimenté entonces fue algo muy agradable, la verdad: gustar y sentirte deseada. Sin miedos ni vergüenzas. Aunque, a la hora de quitarse la ropa, volvían todas las inseguridades. Lo que decía antes: tus movidas no van desapareciendo a medida que pierdes grasa.

Tan solo unos meses después ya estaba segura de que ser la chica fiestera no estaba mal, pero tampoco me llenaba. A veces, incluso, me causaba más complicaciones que satisfacciones. Porque no ligar es una mierda. Te hace sentir por completo fuera del ¿mercado? No quiero usar esa palabra, pero realmente piensas eso. En cambio, ligar mucho trae deberes extra: gestionar los ligues, algo que, POR SUPUESTO, yo no sabía hacer.

¡Si ligaba una vez cada dos años! Que si uno te habla mucho, que si el otro no te habla nada, que si este ya no te gusta, que si el otro se pone celoso... No, tampoco sería la chica ligona.

Bueno, pues a seguir probando. Y probé tantas cosas que hasta me apunté a un grupo de senderismo, hice actividades sola, porque me gustaban, sin el miedo a que otras personas pudieran pensar que yo no tenía amigos, e incluso probé el BDSM.

El BDSM me vino genial para darme cuenta de que no me gusta el BDSM (en el rol de ama, que era el que yo desarrollé porque me daba menos yuyu) y que seguía odiando mi cuerpo. Cuando entré en este «mundillo» yo ya estaba bastante mal emocionalmente, así que no le echo la culpa al BDSM, sino a que yo estaba desesperada por conseguir todas esas cosas que yo creía que pertenecían a las delgadas y que yo no estaba disfrutando. Que me fueran bien las cosas, eso quería yo. Que alguien se enamorase perdidamente de mí. Que me convirtiera en la chica de éxito que debía ser porque, ahora sí, ya lo tenía TODO (siendo TODO una talla 38).

El BDSM me permitió exigirles a las personas con las que me relacionaba en estos términos que no tocasen mi cuerpo. O que lo tocasen en muy pocas ocasiones. ¡Uuuh, qué malota era! Y qué morbo, ¿no? No para mí, si os soy sincera. Para mí solo era un alivio. Poder enrollarme con alguien estando vestida me hacía sentir mucho más tranquila, y pensar que yo tenía el control y que íbamos a hacer solo lo que yo quisiera me permitía dejar de estar alerta por si los demás descubrían que mis tetas estaban ya muy caídas.

Pasé de ser la gorda graciosa a la delgada triste. Y fue una tristeza difícil de llevar, porque a ver cómo le explicas a alguien que quitarte 34 kilos de encima no te ha hecho sentir mejor. Así que estaba triste, me sentía incomprendida y, de alguna forma, enfadada con el mundo. ¿Cómo no iba a estar rabiosa si me había dado cuenta de que adelgazar no es sinónimo de felicidad, de que las relaciones sexuales habían dejado de satisfacerme y de que no tenía ni idea de lo que iba a hacer con mi vida?

Como gorda, había decidido que iba a ser profesora, porque cuando te presentas a unas oposiciones obtienes la plaza por lo bien que has hecho la prueba, no por tu imagen corporal. Pero, como delgada, ahora no tenía ni idea de lo que quería para mí, de lo que podría llegar a ser. Adelgazar añadió muchísima presión a mi vida.

Voy a intentar explicar esto con una metáfora que me acabo de inventar, porque creo que la comparación ayuda. ¿Recordáis los noventa, cuando no había internet ni mucho menos plataformas de *streaming* y te flipaba la serie que echaban por la tele? Quizá no era una gran serie, pero era la que ponían, no había alternativas, así que te encantaba, te enganchaba, la comentabas con tus amigas durante toda la semana hasta que echaban el capítulo nuevo y colgabas pósteres de sus protagonistas en tu habitación. Sin embargo, ahora que tenemos muchas plataformas de *streaming* y un montón de opciones para ver, ¿no te has sentido completamente perdida alguna vez? ¿Navegando durante horas por el catálogo sin ser capaz de elegir? Algo así como «hay tantas opciones que es que no sé ni por dónde empezar. Tengo tanto a mi alcance que no sé ni lo que quiero». Pues así me sentí yo cuando adelgacé.

Durante AÑOS dejé de hacer muchas cosas que me gustaban, o creía que me iban a gustar (porque no las hacía, vaya), solo porque estaba gorda. Y siempre pensaba que las disfrutaría cuando estuviera delgada. Por eso mis hobbies no tenían tanto que ver con mi cuerpo o relacionarme con otros, sino con estar sola y desarrollar mi faceta más intelectual. Pero cuando adelgacé, en línea con cómo yo me había creído que funcionaba el mundo, pensaba que ya tenía el poder de hacer lo que me apeteciera y más me gustase. De estar con quien quisiera y ponerme la ropa que me diera la gana. Y ante tanta oferta y con una cabecita no muy bien amueblada, pues digamos que la situación me superó.

¿No supe ser delgada? A veces me lo pregunto.

Menos mal que Dios aprieta pero no ahoga, porque justo cuando peor estaba llegó a Salamanca la Nochevieja universitaria, un evento (horrible) que no te podías perder en el que los estudiantes se reúnen en la plaza Mayor de la ciudad para fingir que es Nochevieja unos veinte días antes, ya que el 31 de diciembre cada uno estaría en sus respectivas ciudades y no podría celebrarlo con sus colegas de la carrera. Yo salí con mis amigas y conocí a Diego, un chico que dos semanas después se convirtió en mi novio, y que ha sido, hasta el momento, la única relación amorosa de mi vida de la que guardo un buen recuerdo.

Aún hoy, cuando siento el deseo de tener una pareja, me asalta el pensamiento (engañoso) de que solo fui capaz de encontrar un buen novio cuando estaba delgada. Me hace pensar que, al estar delgada, el resto de mis extras (mis inseguridades, mi insatisfacción sexual o mi miedo al futuro, al fracaso) se diluían o importaban menos. Pero que, estando gorda, tengo que vencer una primera barrera muy muy alta, la de que a la otra persona no le importe que estés gorda, así que esos extras se convierten en excusas fáciles para rechazarme y quitarse un peso (jajajaja, cómo soy) de encima. Sé que esto no es así, pero os juro que es un pensamiento tan irracional como recurrente en mi vida. Tanto como para haber rechazado yo primero a chicos que me gustaban solo porque me olía que me iban a rechazar ellos a mí. Un lío tremendo.

Pero volviendo a aquel novio majísimo con el que me lo pasé genial y que, además, tenía unos amigos estupendos con quienes aún mantengo contacto, si haber adelgazado me había librado de muchos problemas superficiales, tener un novio «normal», es decir, alguien a quien poder presentar a familia y amigos, me quitó otros pocos más. Vamos, de cara a la galería yo me había convertido, por fin, en lo que se esperaba de alguien como yo. Como yo, es decir, una mujer: había adelgazado «y estaba guapísima», y me había echado novio. Ya está. Ya había triunfado. Ahora solo me faltaba terminar la carrera, que cada vez se me daba mejor, y habría logrado exactamente lo que la sociedad esperaba de mí.

Sí, de cara a los demás las cosas me iban mejor que nunca, y yo podía notar cómo todos a mi alrededor estaban contentos conmigo. Pero eso solo me hizo sentirme peor conmigo misma. Por un lado, porque lo que debería gustarme no me estaba otorgando mucha satisfacción personal, a excepción de las buenas notas en la uni. Y, por otro lado, porque es cierto que se fueron algunos problemas, pero aparecieron nuevos miedos. Los más intensos que he sentido jamás. Los miedos relacionados con perder lo que había conseguido para «encajar»: el miedo a volver a engordar (porque ya había ganado unos cinco kilos y por supuesto que me lo habían hecho saber); el miedo a terminar la carrera y salir al «mundo real», porque la crisis financiera de 2008 ya estaba dando sus primeros coletazos y yo tendría que enfrentarme a ese mercado laboral que cada día estaba peor, y el miedo a que mi pareja me dejara, tal como habían hecho todos los chicos con los que había estado antes.

Este último miedo fue el único que desapareció, porque, pasados los primeros meses de noviazgo (que fueron meses de verdad tan geniales que hasta dejé de jugar a *Los Sims* para pasar todo el tiempo que pudiera con él), volví a sentir esa insatisfacción constante que yo confundía con aburrimiento. Darme cuenta de esto me dejó hecha mierda, desesperada, porque parecía que a mí no me gustaba nada, que nunca iba a estar contenta. Y en vez de dejarlo con mi novio (y decepcionar a tanta gente que estaba contentísima conmigo), me convencí de que aunque este chico no me volviera loca, al menos me lo pasaba bien con él. Me forcé a seguir adelante con nuestra relación, porque así me habían enseñado que era el amor verdadero: un sacrificio, un esfuerzo, algo por lo que siempre merece la pena luchar.

Salió mal, por supuesto.

14

PLEGARIAS ATENDIDAS

Una de las frases más célebres de Teresa de Ávila, quizá solo por detrás de «vivo sin vivir en mí», es la que asegura que se derraman más lágrimas por las plegarias atendidas que por las desatendidas. Truman Capote, que es un poco la santa Teresa de la cultura gay, tituló precisamente *Plegarias atendidas* una ambiciosa novela que empezó a imaginar en los años cincuenta y que jamás concluyó. Sí llegó a publicar algunos capítulos en la revista *Esquire* antes de morir, lo que le granjeó la enemistad de la alta sociedad neoyorquina que hasta entonces frecuentaba, porque contaba las intimidades que le habían confesado. El escritor cayó en desgracia con la que, pensó, iba a ser su obra maestra. No sé si derramó lágrimas, pero el título de la obra se convirtió en una profecía autocumplida.

Obtener lo que uno quiere puede ser, en efecto, el más directo camino a la desgracia. Las metas y los objetivos dotan a la vida de una sensación de viaje, de empresa, de narración lógica. Mientras perseguimos aquello que creemos necesitar o nos hemos propuesto alcanzar, nuestra existencia tiene un sentido, por más aparatosas que sean las circunstancias. Hay que tener la cabeza muy ordenada para lograr lo que uno siempre ha soñado y encajar bien el nuevo orden que eso dispone. Al fin y al cabo, los cuentos acaban cuando sus protagonistas son felices

y comen perdices. Cuando uno obtiene las piezas que le faltaban
del puzle y las coloca en su sitio, ¿qué viene después? ¿Un nuevo puzle? ¿Otra clase de juego? ¿Construir una reproducción
a escala de Albacete en *Los Sims*?

En 2015, con veintiséis años, yo obtuve prácticamente todo
aquello que, creía, me separaba de la felicidad. Como comentaba, en enero me seleccionaron para un trabajo que me llevó
de nuevo a Madrid, y creo que no hubiera podido soñar un
empleo más ajustado a mis intereses: entré en el departamento
de comunicación de la Academia de Cine, de los Premios Goya.
Al principio para estar un mes de refuerzo de cara a la gala de
ese año, y después indefinido. Aún hoy sigo vinculado a la Academia y ningún otro lugar podrá marcarme tanto —y no solo
en lo profesional— como ese espacio tan valioso en el que se
trabaja cada día para fomentar y difundir el cine español.

Mudarme de nuevo a Madrid, esta vez con un contrato bajo
el brazo, fue como enmendar el error de un año atrás. Las mismas calles que me habían contemplado angustiado y ansioso
ante la ausencia de oportunidades me veían ahora sonriente
camino de la oficina, rumbo a desempeñar un trabajo que no
solo tenía que ver con mi formación sino que además me encantaba y me permitía trabajar al lado de personas de las que
aprendía cada día (hola, Juanma; hola, Chusa; hola, María).
Como colofón, cuando en marzo me instalé definitivamente,
me fui a vivir con la Caneli a un pisito infecto que por entonces
me parecía ideal. Ahora sí *vivía de verdad* en Madrid, con todas
las de la ley.

El cambio en mi estatus laboral no era lo único que diferen-
ciaba esta etapa de mi primera intentona en la capital. Volvía
a Madrid con veinte kilos menos. Enseguida me apunté a un
gimnasio cerca de casa para seguir con mi rutina de deporte.
Seguí adelgazando y, para el verano, había perdido diez kilos
más. Empecé a progresar con la musculación y, aún tímidamen-

te, mi cuerpo respondía a los ejercicios. Por supuesto, jamás alcancé un cuerpo normativo´de verdad, pero para la mirada canónica estuve entonces en mi apogeo físico.

En una ciudad tan viva como Madrid, con un trabajo vistoso y un cuerpo más atractivo para los estándares, supe que había llegado el momento de ligar de verdad, de desbrozar esa parte de mi ser que llevaba una década estancada, necesitada de un cauce por el que fluir.

En ese momento se empezaba a usar Tinder, y aquello facilitó las cosas. Seguía siendo una app para ligar, pero mucho menos agresiva que Grindr y similares. Al contrario que estas, el foco no se ponía en lo numérico, en las medidas, tallas y pesos. Tampoco permitía fotos muy explícitas (de hecho, al principio solo dejaba usar fotos que tuvieras en tu perfil de Facebook) y además solo podías hablar con perfiles que habían indicado que les gustabas, por lo que era mucho menos arriesgado iniciar una conversación. Todo esto permitía un lugar mucho más amistoso para alguien que, como yo, quería tener citas y conocer gente sin empezar por la acepción bíblica.

Así que allí me planté, con un estudiadísimo perfil compuesto por un abecedario de cosas que me gustaban o definían (me adelanté unos años a Rosalía) y que he recuperado, en su última versión, de las notas del móvil para su actual disfrute o vergüenza ajena: «Almodóvar. Bolaño. Cecilia. David Bowie. English. Feminismo. Gimnasio. Hidrogenesse. Instagram. Jean Genet. Kerouac. Lorca. Morrissey. New Order. Ñoño. Off. Psiquedelia. Queer. Rastro. Saura. Truman Capote. Unamuno. Vegetariano. Warhol. Yves Saint Laurent. Zanahoria». Añadid una «b» de «bofetada», que es lo que tenía.

A pesar de mi pedantería, empecé a hablar con varios chicos. Tinder, como decía, facilitaba que las conversaciones fueran más *naturales*, o al menos más alejadas de lo puramente sexual. Ahora podía empezar preguntando por aficiones, ocupaciones o intereses sin que resultara raro. En esos terrenos sí me sentía seguro y asomaba mi locuacidad. Hacía chistes, observaciones, preguntas interesantes... En un entorno que no ponía mi capital erótico en primer término, me sentía más o menos confiado en mis capacidades.

Con la llegada de la primavera, siguiendo el versículo 1, 69 del Evangelio según Sonia y Selena,* me decidí a ponerme manos a la obra. Contaba con el bagaje previo de aquel chico en Alicante, que a pesar de haber sido más un experimento que una cita real, me había quitado buena parte del miedo. Así que esta vez quedé con un muchacho que me atraía de verdad. Era muy mono, muy moderno y muy estiloso. Habíamos charlado bastante sobre literatura, sobre viajes o sobre comida, por lo que más allá del resultado, me interesaba de verdad conocerle. Quedamos a mediodía en una librería-vinoteca (*no comment*) y el encuentro no pudo salir mejor.

Hablamos mucho y bebimos. Nos recomendamos libros. Yo había comprado de camino a la cita un volumen sobre la obra editorial de Warhol, lo cual dio pie a seguir charlando. Se nos hizo la hora de comer y, con un atrevimiento impropio de mí, le dije que podíamos ir a mi casa y cocinar algo. Efectivamente, así lo hicimos. Él era vegetariano (yo lo fui después, como indicaba en el abecedario) y preparó una pasta riquísima con setas. Seguimos hablando y riendo mientras comíamos. La Caneli tenía en casa una Nintendo 64, porque si algo define a nuestra generación es pretender que seguimos en 1999, así que después de comer nos pusimos a jugar al *Mario Kart*. Entre cáscaras de plátano y conchas de tortuga, empezamos a intentar distraer al otro, tocándonos y haciéndonos cosquillas.

De la manera más natural del mundo, nos besamos. Yo viví todo aquello como si estuviera protagonizando *Love Actually 2*.

---

* «Cuando llega el calor, los chicos se enamoran».

De algún modo, todo mi historial de desesperación, de miedo, de culpa, de rencor hacia el mundo, de oscuridad, todo eso que me había pesado toda la vida... no contaba. Aquí y ahora, con este chico tan mono y tan estiloso que me está besando y se está quitando la camiseta, no soy el Enrique que creyó que nunca iba a besar a nadie, a tocar a nadie. Mientras mis manos torpes recorren el cuerpo de este chico, soy un Enrique que encaja en este lugar, en este sofá que nos acoge al tiempo que nos enredamos y seguimos besándonos. Al Enrique anterior toca velarlo, enterrarlo, porque ya no existe. No debería haber existido nunca. Ahora soy otro, o soy el de verdad.

Sin embargo, mientras vamos a la cama, a esa cama en la que me tumbé el día que nos mudamos sabiendo que sería la primera que compartiría con alguien, el Enrique anterior da un fogonazo y el atrevimiento se quiebra. Trastabillo, pero sigo tirando del chico, al que arrojo en la cama, al que arranco los pantalones, arranco los calzoncillos, y cuya polla me meto con destreza en la boca, como si lo hiciera cada día.

Con el pene henchido de un chico acariciando mi paladar, me sobrecoge una sensación de alivio, de silenciosa euforia. Cuánto sufrimiento derramado en el penoso camino que me ha llevado hasta ahí; cuánto dolor, cuánta incomprensión hasta ejecutar el sencillo gesto de llevarse el sexo feliz de otro ser humano a los labios. Cuánto autoodio hasta alcanzar esa libación trascendente.

Cuando me detengo un momento y miro de frente al chico, se lo digo: es la primera polla que me como en mi vida. Él se ríe porque cree que es una broma, aunque al segundo observa bien mi cara y sabe que es verdad. A partir de ahí empezamos a hablar sobre ello y, sin pretenderlo, he cortado el rollo. Poco más podemos hacer. Él acaba masturbándose, pero yo estoy tan nervioso, disuelto el primer empuje, que ni siquiera se me levanta. Aunque es lo de menos. El chico había ido a la casa de

alguien que jamás había tenido contacto sexual con otra persona y ahora abandona la casa de alguien que sí lo ha tenido.
Estoy tan contento que, cuando me despido con otro beso y el
chico me dice «hablamos pronto», me lo creo.

No solo no me contesta a los siguientes mensajes, sino que
ni siquiera me devuelve el libro de Warhol que había comprado
y que habíamos metido en su mochila de camino a casa. Ya se
sabe, la parte buena de ser maricón es formar parte de la cultura que hemos generado; la mala es que nos gustan los hombres.
Repetiré el esquema unas pocas veces más. Citas que salen más
o menos bien, a veces llegando a la cama, donde no logro hacer
mucho; la promesa de volver a vernos que nunca se cumple,
y que cada vez me voy creyendo menos. Pero en ese momento
no me importa demasiado, estoy convencido de que se trata de
un proceso que funciona así, tirando una y otra vez de la ruleta
hasta dar con alguien que sí tenga interés real en seguir cono-
ciéndonos. Como reza el antiguo dicho castellano: tira de la
ruleta, de la ruleta tira ya.

15

DESCANSA EN PAZ

Julio de 2009. He aprobado todas las asignaturas de mi carrera a falta de una, una optativa que cogí solamente porque el horario me venía genial y resultó ser más difícil que una troncal, así que me ha quedado para septiembre. He decidido dejarlo con mi novio porque creo que lo nuestro no va a ningún sitio y estoy tan molesta con todo en mi vida que ya creo que le odio, aunque en realidad solo me odio a mí misma, principalmente porque he engordado diez kilos desde que estoy con él. Y Michael Jackson acaba de morir.

Nunca he sido yo muy fan de Michael Jackson, aunque le reconozco los temazos que nos ha dejado, pero lloré su muerte como si se hubiese muerto mi padre.

El día que quedé con mi novio para hablar de lo insatisfecha que me sentía con nuestra relación, una voz, dentro de mí, tenía los santos cojonazos de decirme que igual todavía podíamos arreglarlo. Es increíble cómo puedes estar segura de que quieres hacer algo porque entiendes que, aunque sea difícil, es lo mejor, y ni aun así puedes acallar a la vocecita de tu cabeza que no para de cuestionar tus decisiones racionales y encima te crea falsas esperanzas. ¡Es como un vendedor de teletienda! Ojalá tuviéramos un mando a distancia de nuestro cerebro para cambiarlo de canal cuando entra en bucle o nos vende unas motos tremendas.

Aquella tarde yo me dejé llevar por las envenenadas palabras de mi cabecita porque, como buena mujer educada en una sociedad patriarcal a la que han acunado, consolado y motivado con cuentos de amor romántico, pensaba que el que aún era mi novio, al escucharme, se convertiría en el caballero que haría lo que fuera por salvar lo nuestro. No lo hizo, LÓGICAMENTE. Así que cuando se fue de mi casa yo empecé a llorar y… prácticamente no paré durante una semana. Aproveché todos los documentales, reportajes, programas especiales y el funeral de Michael Jackson para llorar y llorar, porque realmente sentía que algo dentro de mí se había muerto.

Se habían muerto mis ilusiones, se habían muerto mis años como universitaria, se habían muerto mis pantalones de la talla 38, esos que tanto gustico me dio ponerme un día. Y también se había muerto, o más bien había dejado morir, mi relación con el primer chico que me había tratado bien. Entonces no me di cuenta, pero ahora sí sé que uno de los dolores más fuertes que experimenté durante aquellos días fue el que me producía la culpabilidad. No podía perdonarme haber hecho daño y haber rechazado a alguien que fue bueno conmigo. Hasta que no fui a terapia no me perdoné, o, mejor dicho, entendí que no tenía que perdonarme nada porque hice lo que tenía que hacer: cortar una relación con un chico al que ya no quería.

Y ahí estaba yo, repitiendo patrones de conducta: ¿me siento fatal conmigo misma? Me encerré otro verano en casa negándome lo que más me gustaba (los planes con amigos, las tardes en la piscina, los viajes), poniendo como excusa que me había quedado una asignatura para septiembre y quería terminar ya la carrera, pero dedicándome, en realidad, a echar horas delante del ordenador, ya no con *Los Sims*, pero sí con Twitter, una red social perfecta para transformar tu ira, tu dolor y tus frustraciones en frases ingeniosas y relacionarte con gente que está más o menos igual de jodida que tú. ¡Anda que no hice amigos en Twitter!

Eso que se murió dentro de mí casi al mismo tiempo que murió Michael Jackson no llegó a revivir nunca. El miedo, la culpabilidad, la frustración, la incomprensión, el sentirme perdida en un mundo completamente nuevo para todos como fue el escenario poscrisis de 2008, en el que seguimos hacia delante pensando en que todo volvería a ser como antes sin darnos cuenta de que nunca se puede volver atrás (error que repetimos con la pandemia en 2020, por cierto), la soledad impuesta, el miedo al rechazo, la rabia, pero, sobre todo, el odio a mí misma enterraron en lo más profundo mis esperanzas sobre mí misma y hundieron mi autoestima.

Fue en esta etapa tan triste de mi vida cuando comencé a experimentar unas sensaciones muy extrañas respecto a mi cuerpo. Creo que me daba tanta vergüenza haber engordado de nuevo que obligué a mi cerebro a evitar el problema fingiendo que no existía. Porque no rechazaba mi cuerpo como lo había hecho en otras ocasiones. Simplemente, lo obviaba. Nada que tuviera que ver con mi cuerpo me importaba. Quiero decir, hacía como que no me importaba.

Fue en esta etapa cuando dejé de reconocerme en el espejo, y cuando empecé a echar de menos estar muy gorda. Sé que es difícil de entender, pero yo sentía eso. Cuando estás tan gorda como yo lo estuve, la gente te comprende si odias tu cuerpo. De hecho, te anima a hacerlo. Hay una industria multimillonaria fundamentada en hacerte sentir mal con tu cuerpo tal y como es para que gastes dinero en modificarlo.

Y haber conseguido adelgazar y ahora tener que asistir a cómo mi logro se iba diluyendo poco a poco me hacía sentir tan avergonzada de mí misma y de mi poco compromiso con mi salud que en realidad no podía lidiar con ello. Además, haber adelgazado había hecho tan felices a mi madre y a mi abuela que creía que volver a engordar era LO PEOR que podía hacerles.

En aquel momento, calculo, yo tendría una talla 42. Habiendo entregado a Cáritas pantalones de la talla 52, vestir una 42 debería ser un triunfo, pero yo no lo veía así. Es que dejé de verme. Al no sentir como mío el cuerpo que me mostraban los reflejos dejé de preocuparme por él. Para lo bueno y para lo malo. Dejé de usar cremas, de depilarme, de cuidar mis uñas, de comprarme ropa bonita, de hacer ejercicio, de masturbarme y, por supuesto, dejé de enseñar mi cuerpo a otros. Ni siquiera a médicos o fisioterapeutas. Eso sí que es descuidar tu salud, cuando dejas de ir al médico cuando lo necesitas porque te avergüenzas de tu físico hasta ese punto.

Me sentía tan mal por tener el cuerpo que tenía que si me dolía pensaba: «No merece la pena ir al fisio porque mi cuerpo es una mierda y no tiene arreglo», o peor: «No merezco ir al fisio porque yo tengo la culpa de que mi cuerpo me duela».

Y retomo lo de que echaba de menos estar gorda porque creo que esto es fundamental. Haber engordado diez o quince kilos a estas alturas ya era un sinvivir para mí. Cada día me levantaba pensando: «Si una vez adelgacé, puedo volver a hacerlo. Venga, vuelve a intentarlo, todavía tienes la fotocopia que te dio aquella médico». Pero cada mes estaba más gorda. Sin embargo, cuando estaba gorda gorda, ya está, estaba gorda gorda, no me preocupaba de todas estas cosas, no me preocupaba todos los días por adelgazar o medía con lupa qué comía. No me sentía culpable por comer. Al contrario, cuando estaba gorda gorda me sentía aliviada cuando comía. Echaba de menos eso. Necesitaba alivio y ya no sabía dónde encontrarlo.

De alguna forma que aún hoy me cuesta explicar, ese cuerpo gordo gordo era mi casa. Adelgazar fue como mudarse. Solo que, en vez de elegir tú la casa a la que te trasladas, te toca una al azar. Al principio, por la novedad, tú piensas: «Pues tiene posibilidades, podría vivir aquí», pero un tiempo después ya sabes —y esas cosas se saben— que tú no estás cómoda ahí.

Al adelgazar, a mí me tocó un cuerpo que no conocía, y al principio, pues sí, estuvo bien. Pero poco después empecé a sentir que no era yo misma con ese cuerpo. Que mi casa de antes no sería perfecta, porque, seamos realistas, solo el 1 % consigue la casa de sus sueños, pero era mi casa, en la que había pasado toda mi vida, y me había acostumbrado a ella. Al cruzar la puerta, al mirarme en el espejo, sentía eso que se llama «hogar», sentía que «aquí puedo bajar la guardia, aquí puedo descansar, aquí puedo pedirme dos pizzas y ver una peli superdivertida».

Mi cuerpo gordo gordo era un fracaso social, pero era mi refugio. Mi cuerpo de la talla 42, ya no delgado, pero tampoco gordo, se había convertido en un desafío. Como una casa que parecía que estaba bien, pero que a los seis meses le empiezan a salir humedades.

Mi cuerpo me amenazaba. Con ponerse más flácido, con engordar más, con cambiar constantemente. Sentía que cada día mi cuerpo era diferente. Como la humedad, que día tras día va ganando espacio, va deformando más tu pared. Y la mancha avanza y tú no sabes de dónde viene, solo sabes que tu casa no está bien, y te despiertas intranquila cada día pensando: «¿Se habrá caído más pintura?». Y tienes que seguir adelante con tu vida mientras tu hogar se desmorona.

No sé si he conseguido transmitir bien lo que experimenté durante aquellos años en los que rechazaba tan tajantemente mi cuerpo, porque son unas sensaciones que, aunque ya superadas (¿porque vuelvo a estar gorda?, ¿porque hice terapia?), me siguen resultando muy lejanas. Como si las hubiera vivido en otra vida anterior. Como si esos años, en realidad, no fueran parte de mí porque yo no me sentía yo.

Hoy aún me cuesta aceptar que aquella persona también fui yo. Fueron estos, sin duda, mis años más difíciles, en los que los recuerdos se entremezclan, y sé que mi mente tergiversa u olvida muchos momentos, porque eso es lo que hace nuestro cerebro: nos protege. Porque ocurrieron cosas chungas, porque la tensión constante en la que vivía, un malestar sin descanso, hizo que me comportara mal con unos, que hiciera daño a otros. Llegué a fantasear con el suicidio, ya que no veía otra salida a mi sufrimiento incesante. Y cuando llegaron las ideaciones suicidas pensé que ya estaba perdida. Que esto era LO ÚLTIMO para cualquiera. Que ya no había remedio de ningún tipo para mí. Que la casa estaba tan mal que ya no se podía reparar y la única solución era derribarla. Y aunque al principio me angustiaba acabar con todo, poco a poco el alivio lo fui encontrando, precisamente, en saber que tenía la posibilidad de acabar con todo.

Cuando en terapia volví a algunos de estos momentos (porque no fui capaz de hablar de todos ellos, por eso aquí tampoco los estoy describiendo), mi mente los recuperaba con un cierto halo de irrealidad, como si fueran una película que he visto pero no he vivido. Por eso me es imposible seguir narrando mi vida de forma lineal en este periodo.

Fueron años en los que, digámoslo así, perdí el control de mi cuerpo, primero. Dejé de sentirlo como mío, y él no dejó de crecer, poco a poco, pero sin cesar, hasta recuperar once kilos más del peso inicial con el que había comenzado mi primera dieta. Y perdí el control de mi mente, después.

Fueron años en los que el síndrome de la impostora me devoró por completo; cuando más convencida estuve de que yo no valía para nada de lo que había soñado, sobre todo porque había decidido cursar un máster de guion y las cosas no habían salido como yo esperaba, y, vaya, tampoco valía para esto.

Mi miedo a buscar (que no encontrar, ¡buscar!) trabajo me paralizaba por completo. Enviar un currículum significaba volver a perder, no conseguir otro empleo. No podía con más derrotas. Dejé de hacer cosas por no hacerlas mal. No tenía ni idea de hacia dónde encaminar mi vida, y sentía que ya era tarde para volver a empezar, puesto que ya había terminado mi carrera y mi máster. Era el momento de demostrarles a los que habían invertido en mí y me habían repetido tantas veces lo mucho que yo valía que era merecedora de todo eso. También era el momento de una gran crisis económica, pero yo no fui capaz de entender las circunstancias y creía que no encontrar trabajo no era culpa del sistema, sino solamente mía.

Fueron los años en los que me aislé mucho socialmente, puesto que se me hacía insoportable estar con gente porque no podía evitar compararme con cualquiera y concluir que a todos les iba mejor que a mí, que todos eran más felices que yo, que todos habían sido más listos que yo; por tanto, ¡LOS ODIABA A TODOS!

Nunca he sido buena expresando la ira, la rabia, el enfado… Siempre he sido de intentar esconder lo malo para que el resto creyera que yo seguía siendo fantástica. Vamos, que yo odiaba a todo el mundo, pero el mundo no se enteraba. Y tanto disimulé y me esforcé en hacer creer a los demás que las cosas iban de otra forma (incluidos mis padres, especialmente mis padres) que acabé distorsionándolo todo.

15

ESTRELLA DISTANTE

Las pequeñas desilusiones con las citas no opacan el hecho de que tengo veinticinco años, vivo en Madrid, tengo un trabajo chulo y he conseguido adelgazar. Realmente estoy viviendo como siempre he querido, y confundo mi rutina con la felicidad. En ese estado, cada semana es un mapa para nuevos descubrimientos ilusionantes. Empiezo a pasármelo realmente bien saliendo; sé que ahora no desentono y eso me da permiso para disfrutar de verdad. Voy mucho al cine y al teatro, voy a exposiciones y a todos los planes que Madrid me permite. Como Magikarp convertido en Gyarados (última referencia a Pokémon, lo prometo), creo entender que una vida de sufrimiento ha dado como resultado un presente de dicha, que los miedos y las culpas del pasado no van a volver, que el Enrique anterior es historia. Ejem, ejem.

El 1 de septiembre caigo en la trampa de la validación. Pongo un post en Instagram con una foto del año anterior y una del momento, con 30 kilos menos. Hablo de cómo el 1 de septiembre de 2014 empecé un nuevo ciclo, de cómo la dieta y el deporte me han traído al mundo de los vivos. Uso todos los tópicos. La respuesta es ensordecedora y festiva.

Como si me hubiera curado milagrosamente de una dolencia fatal, mis amigas y mis conocidos se deshacen en elogios. Y yo

me deshago en la certificación de que ser gordo era mi tara de
fábrica y de que por fin me he librado de ella. Personas con las
que no he interactuado en años aparecen de la nada para decirme lo guapo que estoy, lo mucho que se alegran por mí. El
mensaje es claro, yo lo canto y el coro me sigue a una: la vida
no merece la pena estando gordo, ahora sí que vivo de verdad.
Me aceptan, soy uno de ellos.

Como en aquel capítulo en el que Marge Simpson es acepta-
da en el club de campo gracias a su vestido Chanel y se esfuerza
en demostrar que forma parte de ese ambiente, porque sabe
que en realidad no es así, me muevo por el mundo disfrazado
con un cuerpo cercano a lo normativo que no es exactamente
el mío. Y, peor, sin haber trabajado ni un ápice en sentirme
valioso y digno de estima por quien soy, y no por mi peso.

Uno de los mayores puntos de mi terapia, si no el mayor, será
lograr entender que merezco ser querido sin más, no porque
encaje en cierto molde o porque me comporte como se espera
de mí. Pero cuando el mundo te da la razón, cuando la humanidad en su conjunto parece respirar aliviada al comprobar cómo
te has deshecho de tus lorzas, es muy fácil agarrarte a eso como una
garrapata.

El sentimiento de validación que tenía ese año pesando 90 kilos nunca volverá, nunca será tan puro. Ahora tengo herramientas para saber que esa ilusión se basaba en una deformación de
la realidad, en una percepción que me hacía considerar que mi
nuevo físico era la única razón por la que me sentía bien. El
sistema gordófobo es tan absoluto que, cuando uno pasa al lado
bueno, es muy complicado no dejarse arrastrar.

Es un cliché eso de que los exgordos son los menos tolerantes
con la gordura, de manera similar a lo que pasa con los exfu-
madores, pero puedo entender la lógica. Cuando uno ve la gordura desde el otro lado, es tal el rechazo que te provoca, es
tanto el dolor de comprobar en otros cuerpos el estigma que

siempre has visto proyectado hacia ti, que comprendo a quienes se vuelven despiadados en su relación con los físicos más voluminosos, porque saben además que en cualquier momento pueden volver a ser así.

En mi caso, yo no desarrollé esa manía, pero tracé inconscientemente una barrera con las personas que *seguían siendo* gordas; una frontera tramposa que después se me volvería en contra. Cuando veía a alguien gordo por la calle, me reconfortaba pensar que yo había logrado algo que otros no, que por una vez había salido victorioso en algo. Estaba convencido entonces de que ya no engordaría nunca más (cara de póquer), porque las sensaciones positivas de verme más delgado eran tantas que ¿cómo iba a renunciar a ellas? Lo que no sabía es que la fuerza de voluntad no dura para siempre, y que si uno encara lograr cierto peso con un esfuerzo inhumano, tarde o temprano se agota.

Comprándome ropa que me gustaba, entrando en una discoteca sin sentirme como si fuera vestido de la gallina Caponata o percibiendo algunas miradas de deseo por la calle, lo último que me apetecía era reflexionar sobre por qué todo eso me hacía sentir tan bien. Me dejé llevar por la corriente que el sistema me señalaba, y no sé si volveré a experimentar un chute de serotonina parecido al que aquello me proporcionaba, porque ahora soy mucho más crítico con el sistema y sus cauces. Pero a quién voy a engañar: encajar en el mundo, poder relajarse, percibir en los demás la aceptación… Aunque fuera por motivos falsos o equivocados, esos meses experimenté la felicidad.

Y quedaba el colofón. En otoño empecé a hablar con otro chico. Un chico que se acercaba mucho al ideal que yo pudiera tener: culto, interesante, estiloso, peludo, robusto y muy gracioso. Alguien con el que podía hablar de literatura latinoamericana y de tortilla de patatas con la misma pasión. Quedamos una tarde de sábado para tomar algo, y acabamos también cenando juntos y tomando una copa después.

Pasábamos por los temas con fluidez, deteniéndonos en aquellos que más nos interesaban. Nos reímos mucho. Creo que los dos nos fuimos dando cuenta de que ahí había algo. Para cuando nos despedimos, tuve la sensación de que, esta vez, la promesa de hablar al día siguiente no era una falacia fruto del compromiso. No me equivocaba. Va a ser una de las primeras personas en leer este libro, y como siempre ha habido tanta literatura entre nosotros, haciendo un homenaje a nuestro querido Bolaño le llamaré Roberto.

Uno debería ponerse menos nervioso en la segunda cita, ¿no? En mi caso fue al revés.

Después de tanto fantasear con cómo sería el chico del que me enamorara por primera vez, ahora lo tenía delante. Durante los largos años de travesía por el desierto, creí caer prendado de algunos muchachos que me encontré por el camino. Amores siempre imposibles y que jamás verbalicé, porque así era del todo improbable que tomaran forma, algo que no sé si habría sido capaz de gestionar. Lo que empezaba a sentir ahora me llenaba las venas de una excitación muy distinta. La perspectiva de ver a Roberto por segunda, tercera, cuarta vez me revolucionaba la sangre. En mi pueblo hay una expresión preciosa para cuando te gusta alguien; decimos que «se te ríen los huesecicos». A mí se me reían con Roberto.

Después de unas cuantas citas exitosas entendí que tenía que dar un paso al frente. Al salir de ver una película de Isabel Coixet (?), y al ir a despedirnos, le planté un beso. ¿Quién era ese Enrique tan lanzado? ¿Bajo qué abultada alfombra había guardado todo su miedo? Roberto respondió y, tras el beso, confirmó divertido: «¡Qué atrevido!». Cruzar el Rubicón o la pasarela de *OT 1* tras cantar «Lady Marmalade»: aquello fue ese beso para mí.

Al cabo de unos días quedamos de nuevo y acabamos tomando una copa con mis amigas en un bar de osos en Chueca del que por entonces no salíamos, el Fraggle Pop. Siempre recordaré como uno de los momentos de mayor plenitud de mi vida el instante en el que me vi bailando animadamente canciones pasadas de moda, rodeado de mis amigas y al lado de un chico que me encantaba y que después se iba a venir a casa conmigo.

Tantos años, tanto sufrimiento, tanto miedo… y ahora había dado con ese pilar que siempre creí que faltaba en los cimientos de mi vida. Daba igual entonces cómo había llegado hasta allí y lo que pasara después. Bajo la luz multicolor de la angosta pista de baile, el mundo se reducía a mis amigas, a Roberto rozándome la mano mientras bailaba, a mi cuerpo por fin en su lugar y a Rocío Dúrcal cantando «La gata bajo la lluvia».

Los nervios me atacaron de nuevo cuando llegamos después, por primera vez, a la cama. Él fue delicado y me otorgó el trato que necesitaba. Aquella noche fundacional me dijo que le gustaba mucho. ¿A un chico tan apuesto y tan interesante le gustaba yo? Increíble. Él a mí también, claro, y así se lo confesé. Entendí entonces que mi primera relación llamaba a la puerta, lo cual concluía por todo lo alto un año que había empezado sin trabajo, sin futuro y sin muchas expectativas, e iba a terminar en Madrid, abrazado a un chico que me encantaba y con un contrato indefinido. ¿Y qué precio había tenido que pagar a cambio? El de adelgazar.

Para cuando llegó 2016 tenía más claro que nunca que siendo gordo no había vivido de verdad. Gordo estaba solo y deprimido; delgado (aunque yo no me viera delgado realmente, siempre quise adelgazar más) la vida me ponía enfrente todo lo que quería. La furia del converso hacía que la alegría que sentía se mezclara con algunas notas de enfado. ¿Por qué había esperado tanto tiempo para adelgazar? ¿Qué había ganado sin *esforzarme* antes para conseguir el peso que tenía ahora? ¿Me iba a dar tiempo a hacer todo lo que quería hacer mientras aún era incontestablemente joven? Qué equivocada, qué equivocada, qué equivocada, Mary.

Por supuesto, la felicidad no te la convalidan cual asignatura de libre configuración cuando llegas a un peso determinado. La seguridad, la ilusión y la esperanza en el futuro que estaba experimentando eran las de alguien que había comprado su confianza al diablo. Depositando toda la culpa en mi cuerpo y habiendo sido capaz de vencer sus formas naturales, estuve durante un tiempo bailando al son del mismo sistema que me había hecho y me seguiría haciendo la vida imposible. Y cuando uno se engaña de esa manera, el baile no dura demasiado.

16

MIÉNTETE, CONDÉNATE

Ahora sé lo que es el autoengaño. Entonces no lo sabía. Pero antes de continuar, dejadme deciros una cosa: no os agobiéis leyendo esto, porque TODOS nos autoengañamos. Es una de las herramientas que nos ofrece nuestro cerebro, ¿por qué, entonces, no íbamos a usarla? El problema llega cuando el aislamiento social, el bucle de pensamientos irracionales y el autoengaño van conformando progresivamente tu realidad diluyendo lo tangible y encerrándote en un mundo creado por tu mente, uno que se parece un poco al Upside Down de *Stranger Things*.

Cuando tú mientes a otra persona (otra de las posibilidades que nos ofrece nuestro cerebro y que TODOS usamos a menudo) eres consciente de que estás diciendo una mentira, con el objetivo que sea. Pero el autoengaño es un mecanismo inconsciente. No sabes que te estás autoengañando a no ser que hayas aprendido a identificarlo y seas capaz de frenarlo, algo que no pasó hasta, lo habéis adivinado, que fui a terapia.

Pero si no tienes ni idea de que tu cabeza puede hacer todo esto y has perdido el contacto con la realidad, con la gente ofreciéndote otros puntos de vista que te permiten cuestionarte a ti misma, puedes llegar a montarte una película pero de las buenas... y no olvidemos que yo había estudiado guion. Quise aislarme tanto de los demás y de sus continuos juicios que hice una cosa que no había hecho nunca, como es tomar una decisión drástica en un pispás: irme a vivir a Nueva York. Como lo de encerrarme un verano en mi casa, pero elevado a la máxima potencia. ¿Y qué mejor sitio que Estados Unidos para producir una buena película?

Por ejemplo, en mi película podía pasar que cuando llegué a pesar once kilos más que cuando empecé mi primera dieta pensase: «Tampoco estoy tan gorda, es que la gente es una exagerada». Además, si un día coges las maletas y te trasladas al otro lado del Atlántico, ni siquiera tienes que pasar por el mal trago de ver a tus padres a menudo para que comprueben que lo que les cuentas es mentira, que no estás bien, que no estás cuidándote y que menos mal que en Nueva York la ropa es barata y hay muchos *outlets*, porque todo tu equipaje dejó de valerte a los tres meses de pisar suelo americano.

También puedes convencerte de que comprarte prácticamente todos los días al terminar de trabajar un paquete de ocho chocolatinas Reese's y devorarlo en menos de un minuto en cuanto te encierras en tu habitación tampoco es un problema, o, mejor todavía, es tu premio por haber superado el día. ¡Que menudo trote!

Cuando yo fui adolescente se le dio mucha importancia, tanto en los medios de comunicación como en las charlas del colegio, a la anorexia. La imagen con la que nos explicaron entonces en qué consistía la anorexia era la de una mujer muy muy delgada que se mira al espejo y se ve gorda. ¿Cómo podía alguien entender una enfermedad tan compleja reduciéndola así?

Yo fui consciente, ya en terapia, del poder que tiene nuestra mente cuando vi algunas de las pocas fotos de cuerpo entero que me había hecho mientras viví en Nueva York, y luego en Londres, adonde me mudé cuando se me acabó el visado de estudiante en EE.UU. Vi las fotos tiempo después y no me podía creer lo gorda que estaba. Yo no me veía así de ninguna manera. Yo me miraba y no me veía las piernas así de gordas, ni la espalda tan ancha, la cara tan redonda, ni la barriga tan abultada (una ventaja de ser tetona es que no te ves la tripa).

Este es uno de los síntomas más típicos de los trastornos de la conducta alimentaria, la dismorfia corporal, percibir tu cuerpo de una forma muy diferente a la realidad. Por eso las personas con anorexia se ven gordas, porque tienen pánico a engordar, y las personas con un trastorno por atracón no nos vemos tan gordas como la gente se empeña en señalar, porque tenemos pánico, también, a asumir lo gordas que estamos.

Y ya que me pongo marisabidilla, aprovecho para nombrar también la gordofobia. Que si nos transmitís auténtico pánico a engordar desde que somos niñas, luego ¿por qué os lleváis las manos a la cabeza cuando ese pánico nos provoca trastornos como estos?

Tomé la decisión de irme a vivir a Nueva York tras el fracaso que colmó mi vaso, tras intentar buscar trabajo como guionista, no conseguir nada de nada y verme en una empresa trabajando como comercial de esos que van puerta por puerta convenciéndote de que necesitas una alarma, trabajo que también se me dio fatal porque yo no quería engañar a nadie, requisito indispensable para venderles una alarma.

Me fui a vivir a Nueva York como una vía de escape que nadie podría cuestionarme. «Es que me voy a aprender inglés», decía. Y tampoco es que fuera una mentira total, claro, que los idiomas, querida, no me iban a venir mal. Pero yo me iba porque era la única salida que veía para mí. La gente de mi generación empezó a emigrar para encontrar trabajos mejores. Yo no quería irme a Europa porque eso, en el fondo, quedaba cerca, y no tendría excusas para no volver ni en Navidad, que siempre me había generado mucha ansiedad volver a casa por Navidad, es decir, a comer mucho estando muy gorda delante de gente que me critica por comer mucho y estar muy gorda.

Yo me fui deseando no volver jamás. Irme muy lejos y buscarme la vida. Triunfar y no volver, ahora ya sí, con una buena excusa: «No, esta Navidad tampoco podré ir a casa, el trabajo de mis sueños tan bien pagado que me permite vivir en una casa como la del Príncipe de Bel Air no me deja ni unos días libres para ir a España, pero os mando unos bolsos de Michael Kors».

Por lo que fuera, no acabé viviendo en una mansión de un barrio rico. Estados Unidos es la tierra de las oportunidades, sí, pero las oportunidades se les presentan a aquellos que saben dónde encontrarlas. Y aunque creamos que conocemos muy bien EE. UU. porque nos hemos visto todas las series y películas, realmente es un país muy diferente a España donde todo funciona, vamos a decirlo así, «a su manera». Sobre esto hablamos en el episodio «Americanas» de *¡Puedo hablar!* junto a Belén, de @alo_miami.

Y como en Nueva York tampoco me fueron bien las cosas, lo intenté donde lo habían intentado mis amigos, en Londres. En Estados Unidos no aprendí que cuando estás pasándolo tan mal es muy difícil pensar con claridad y tomar buenas decisiones, pero por lo menos allí entendí para qué sirve un amigo. Algo que, tengo que reconocer, no había sabido valorar hasta entonces.

Hasta que no me vi completamente sola no me di cuenta de lo egoísta que había sido durante toda mi vida con mis amigos. Porque nunca había sido capaz de ser yo al cien por cien con ellos, nunca les había permitido derribar todas mis barreras y conocerme de verdad, pero luego bien que me había quejado de ellos cuando no veían lo mal que estaba o no me llamaban para quedar (cuando las cuatro veces anteriores que me habían llamado yo les había dicho que no me apuntaba). En Estados Unidos entendí que es muy diferente tenerlos cerca y pasar de ellos por tus movidas, pero si un día te apetece o realmente lo necesitas, llamarlos, a estar tan aislada que, cuando necesitas un amigo, no tengas a nadie a quien acudir.

Así que, concluido mi año en Nueva York, un año muy agridulce (que también me pasaron cosas guais, ¿eh?, pero este es un libro con bien de drama), me trasladé a Londres. Allí vivían mis amigos Alberto (*aka* la Caneli) y Clara. Y también un chico que me gustaba, con el que había estado hablando durante mi año en Nueva York. Porque, ahora que ya me conocéis, sabéis que me encanta repetir patrones, y si volvía a sentirme sola, ¿por qué no retomar mis enamoramientos cibernéticos para creer que le importaba a una persona? Y, ya que estamos, ¿por qué no tomar decisiones cruciales para mi vida aferrándome a la remota posibilidad de que alguien quisiera ser mi pareja?

Una vez instalada en Londres me enteré de que Alberto se volvía a España, me di cuenta de que Clara vivía en la otra punta de la ciudad y cerca, lo que se dice cerca, tampoco la iba a tener, y que las ciberrelaciones a distancia funcionan porque te autoengañas y te generas unas expectativas que luego no tienen nada que ver con la realidad. Y te das una hostia que ni te la veías venir. Una hostia de esas que dejan a los personajes de dibujos animados totalmente escayolados en la camilla de un hospital con estrellitas revoloteando por encima de su cabeza.

¡Abróchense los cinturones y no saquen manos ni brazos fuera de la atracción, que nos vamos cuesta abajo y sin frenos directos a tocar fondo!

16

LOS SINSABORES DEL VERDADERO POLICÍA

Siempre me ha pasado algo que, sin ser yo consciente, estaba creciendo de nuevo a mi lado y que iba a tardar poco en explotar, como aquella patata caliente de Chiquito de la Calzada en el *Grand Prix*:* la mayor parte de mi ilusión se gasta en la anticipación, mucho más que en la experiencia en sí. Como cuando vas a una fiesta y estás contentísimo preparándote, peinándote, maquillándote, pensando quién ira y quién no, qué te vas a poner, qué vas a beber cuando llegues... Y cuando te plantas allí la fiesta está bien, pero tu ilusión ya no es la misma porque has pasado del infinito mundo de las posibilidades a una realidad concreta. La antesala de las experiencias ha sido para mí mucho más reconfortante que las experiencias en sí, lo cual es un gran problema, porque, en cuanto estas llegan, todo me parece poco.

En terapia descubriría, un par de años después, que estaba depositando en el futuro las emociones que le corresponden al presente. Al anticipar de esa manera lo que me pasa, descargo al Enrique del presente la responsabilidad de gestionar lo que siente en cada momento respecto a lo que tiene delante, y a la vez le privo de un disfrute pleno y consciente. Siempre creo que

---

* La pregunta era la longitud del río Danubio en kilómetros: 2.888. Por si alguna vez os cae en el *Trivial*.

lo bueno de verdad está por venir, y cuando eso llega, paso directamente a lo siguiente de lo siguiente, que debe ser mejor. De algún modo, considero que lo que tengo enfrente siempre es poco, que siempre se puede mejorar, y en esa espiral acabo huyendo de lo real para concentrarme en un futuro perfecto que nunca alcanzo.

Juan, mi psicólogo, me recomendó varias lecturas y muchos ejercicios de *mindfulness*, que es un conjunto de técnicas que se ocupan de hacerte concentrar tu conciencia en el aquí y el ahora. Porque si eres incapaz de experimentar de forma plena lo que te va ocurriendo, básicamente te estás perdiendo la vida. Estás contemplando el mundo como si fuera el tráiler de una película por estrenar, y no la vives con la intensidad que requiere, con la atención en la que reside buena parte del goce de estar vivo. Algo de esa ansiedad anticipatoria me empezó a acechar cuando me vi con trabajo, con una vida que me empezaba a gustar y con... ¿pareja?

Roberto se cuidó mucho de poner nombre a nuestra relación, y yo no tuve el valor para sacar el tema, aterrado como estaba por dar un paso en falso que pudiera acabar con todo aquello. Al fin y al cabo, por más envalentonado que estuviera entonces por mis recientes conquistas, seguía siendo una persona sin la más mínima autoestima, y por lo tanto pensaba que debía aceptar de Roberto (de todo el mundo, en realidad) lo que quisiera, mientras quisiera y en la medida en que quisiera. No importaban mi voluntad o mis inquietudes; un chico me había escogido a mí de entre todos los maricas de Madrid (que son más numerosos que las ovejas en Nueva Zelanda) y debía dar las gracias sin rechistar.

Pero algo más estaba pasando. Aunque seguimos quedando y durmiendo juntos alguna noche del fin de semana, Roberto poco menos que huía por patas de mi cama en cuanto se despertaba. Yo lo achacaba a mi lento progreso en lo sexual, aun-

que él jamás se mostró disgustado por tener que acompañar-
me pasito a pasito en mi conquista de la confianza carnal.
Empezó a estar más distraído en nuestras citas, y aunque íbamos haciendo bastante vida juntos (conocía a mis amigas y yo
conocí a algunas suyas, íbamos al teatro y al cine, cenábamos
y salíamos a tomar copas), no acababa de bajar todas las barreras conmigo.

Al poco tiempo empezó a dejar más y más tiempo al contestar mis mensajes. Cuando nos veíamos ya no era cariñoso, apenas si me daba un pico al saludarme y al despedirse. Al cabo de
pocas semanas pasó unos días sin contestarme en absoluto. Creo
que le faltó el valor o la compasión para deshacer un nudo que
había ido enredando distraídamente, mientras pensaba en otras
cosas. Para cuando se dio cuenta, tenía un perrillo faldero que
aceptaría cualquier cosa de él, y supongo que no supo cómo
deshacerse de mí.

Logré que quedáramos para hablar sobre lo que estaba pasando. Me dio unas explicaciones confusas; vino a decirme que
cuando me conoció acababa de dejar una relación muy tormentosa y que ahora no pensaba en iniciar nada en ese terreno. Era
difícil unir los puntos, porque yo no me atrevía a mostrar mis
dudas claramente y él era difuso en sus afirmaciones. Hoy, con
más conchas que un galápago, creo que me usó de paracaídas
para amortiguar el golpe de aquella ruptura. Que le vino bien
divertirse conmigo para camuflar el duelo y que no fue capaz
de zanjar las cosas como debía. Estuve muchos años reponién-
dome de esa embestida.

Con la primavera llegó su cumpleaños y nos citamos para,
entendí, vernos por última vez. Por supuesto, yo había acumulado regalos durante meses en la mejor tradición de la comedia
romántica de los noventa, y no le veía mucho sentido a quedár-
melos como recordatorio constante de una relación fallida. El
destino quiso que ese día su padre tuviera una noticia de salud

preocupante. Me recibió descompuesto y me ofrecí a hacerle compañía hasta que se fuera a coger el tren.

Cuando volvió, unos días más tarde, llevado quizá por ese gesto o porque, ahora que ya habíamos medio aclarado su nulo interés romántico en mí, se encontraba más cómodo, retomó el contacto conmigo y me propuso volver a vernos. Hoy sé que hubiera tenido más sentido decirle que no, que necesitaba un paréntesis para poder ser amigo suyo. Pero Roberto me había hecho experimentar las sensaciones más bonitas de mi vida, ¿cómo iba a negarle mi compañía? Pasamos a ser amigos sin solución de continuidad, sin extraerme de la sangre el enamoramiento que sentía por él.

Me quedé atascado así durante mucho tiempo, soñando cada noche con volver a apoyar mi cabeza en su pecho peludo, intentando que no se notara que todas mis atenciones y mis desvelos tenían ese secreto fin. Me convertí en una canción de Ella Baila Sola.

17

TOCAR FONDO

Tenía miedo a volver a España. Tenía miedo a no conseguir el futuro que había imaginado para mí, algo que cada vez me parecía más probable. Tenía miedo a que la familia con la que vivía en Londres para cuidar de su hijo se enterase de que cada noche me daba un atracón de comida, que debajo de mi cama había restos de basura que sacaba de la casa poco a poco porque, si lo tiraba en la cocina, se darían cuenta de todo lo que estaba comiendo a escondidas. Tenía miedo a no conocer nunca a nadie con quien poder tener una relación amorosa. Tenía miedo a quedarme sin dinero, ya que en Londres no ganaba tanto como en Nueva York y todo era más caro (y la comida para los atracones costaba pasta, aunque menos mal que existe Poundland).

Tenía miedo a encontrarme por la calle con el chico con el que al final nada. Tenía miedo a que mi amiga Clara descubriera lo que me estaba pasando. Tenía miedo a que mi nueva amiga Marta se enterase de todo lo que yo venía arrastrando. Tenía miedo a enfermar, pues cada día me encontraba más cansada y las diarreas, el dolor de tripa y el mal aliento ya eran constantes. Al mismo tiempo, deseaba ponerme muy mal, así me ingresarían y me controlarían, porque yo ya tenía claro que no podía controlarme a mí misma.

Tenía miedo a muchísimas cosas, y esos temores me hacían vivir con una ansiedad constante que, cuando caía la noche, no me dejaba dormir. Me tumbaba en la cama y se me aceleraba la respiración, se me disparaba el corazón, me entraban ganas de llorar pero no podía llorar, solo podía si me ponía series o pelis y lloraba por lo que les pasaba a otros, sentía ganas de gritar pero estaba viviendo en una casa que no era la mía y no quería molestar a nadie. O parecer una loca. Por eso, cada noche, cuando me encerraba en mi habitación, comía y comía todo lo que tenía a mano hasta acabar tan llena que caía rendida en la cama. Y así no tenía que pensar.

Porque sí, el autoengaño es un mecanismo inconsciente, pero no vives autoengañada las veinticuatro horas del día. De vez en cuando tienes momentos de lucidez en los que sabes perfectamente que lo que te pasa no está bien. Pero al principio crees que tú sola podrás solucionarlo. Y esto tampoco es autoengaño, es confianza en ti misma.

Creía que sí, pero yo no había tirado la toalla conmigo.

Seguía confiando en mí.

A pesar del atracón diario. A pesar de no ser capaz de hacer nada que no fuera pensar en comida. De estar viviendo en Londres y, en vez de visitar las maravillas que esta ciudad podía ofrecerme, dedicarme a ir de restaurante en restaurante pidiendo en cada uno algo pequeño, para que nadie pensase que era una zampona. A pesar de renunciar a quedar con mis amigas si el plan no incluía comer. A pesar de verme sola, en un burger de mierda (si creéis que la peor comida basura está en Estados Unidos estáis equivocadísimos; la mayor mierda que jamás haya probado es la comida barata de Londres), lamentándome porque no quería estar ahí, pero es que en una ciudad que no es la tuya no sabes adónde ir, y los restaurantes de comida rápida me hacían sentir en un lugar seguro, conocido.

Cuando tienes que volver a cambiar toda tu ropa porque ya no te vale nada de la del año pasado, cuando te duele constantemente el cuerpo por lo mal que comes, cuando no puedes dormir por las noches y eso empieza a repercutir en tu trabajo, cuando mientes a todo el mundo y encima vives con miedo a que te descubran, tú sabes que no estás bien. ¿Y qué hacemos cuando creemos que nos podría estar pasando algo malo? Efectivamente, buscarlo en Google.

No recuerdo qué palabras escribí, pero seguro que fue algo como: «No soy capaz de dejar de comer». Porque esa es la sensación que yo tenía: quiero parar de comer, pero no puedo parar. Y así fue como conocí a Yolanda.

«Hola, me llamo Yolanda, tengo cuarenta y cuatro años y he creado este canal de YouTube para dar a conocer un trastorno alimentario, que es la ingesta compulsiva de alimentos. Todo el mundo conoce la bulimia, todo el mundo conoce la anorexia, pero muy poca gente conoce lo que es la ingesta compulsiva de alimentos, denominada "trastorno por atracón". La forma más fácil para mí de definirla, cuando le explico a un amigo el problema que tengo, es: "Yo soy como una bulímica, pero no vomito", y así todo el mundo lo entiende».

No sé si todo el mundo, pero yo lo entendí al instante. Y todo cambió en ese mismo instante.

Cuando una tarde, de repente, te empiezas a encontrar mal, te sientes muy cansada, comienza a dolerte el cuerpo, se te quitan las ganas de comer, se te revuelve el estómago, te pesa la vista, te sientes muy caliente y después muy fría, no soportas ninguna postura que no sea estar recostada, notas la cabeza cargada... seguro que atas cabos y entiendes que has pillado una gripe. Pero si no tienes ni idea de que la gripe existe y nunca antes te has sentido así, entonces te vas a acojonar, porque no sabes lo que te está pasando, no sabes cuánto va a durar o si te vas a morir, ni qué puedes hacer para sentirte mejor.

Si tú llevas años teniendo un trastorno de la conducta alimentaria pero no tenías ni la más remota sospecha de que ESO era lo que te estaba pasando, porque creías que todo era culpa tuya debido a tus malas decisiones, a tu mal comportamiento, a tu falta de esfuerzo y a lo poco que valías para conseguir una vida mejor y, de repente, encuentras el testimonio de una persona que describe algo que tú pensabas que te estaba ocurriendo solo a ti y te ves reflejada en cada una de sus palabras... ese día se convierte en el mejor de tu vida. Sí, así lo viví yo. Y esa noche sí que la recuerdo perfectamente.

Saber que tenía un trastorno de la conducta alimentaria fue una alegría. Un «¡eureka!» tan fundamental para mí como debió de serlo para Arquímedes cuando descubrió su Principio. Estaba tan contenta por saber que lo que me estaba pasando tenía explicación, ¡y solución!, que lloré, lloré mucho, sin necesidad de ponerme una peli para sufrir a través de otros, y aquella noche me quedé dormida sin necesidad de comerme ni una chocolatina. Yo también estaba en el principio de algo, ¡de mi recuperación!

Al día siguiente volvieron los miedos y las preocupaciones porque, ahora que sabía lo que me estaba sucediendo, sabía también que esto era serio e iba a necesitar ayuda. Y esa ayuda solo me la podía proporcionar mi madre. La persona a la que yo había fallado y desilusionado tantas veces. ¿Querría ayudarme una vez más?

La llamé y también lloré mucho. Le expliqué, para que ella pudiera entenderme, que me había convertido en algo parecido a una persona adicta a la heroína, pero que mi heroína era la comida. Y que si no tenía un par de dosis al día que me relajasen o directamente me dejasen KO no podía seguir adelante con mi día a día. Le dije que me sentía como una adicta, y que ella podía entenderlo porque también fue muy fumadora, y dejó de fumar. Yo quería dejar de comer compulsivamente.

No sé si me entendió, pero se puso manos a la obra. Yo le dije que me había estado informando y que para tratar un trastorno de la alimentación iba a necesitar tanto un psiquiatra como un psicólogo, así que me tenía que ayudar a buscarlos. También le dije que regresaba ya. Que me iba a comprar un billete para España cuanto antes. Que ese mismo día iba a avisar a la familia con la que vivía de que dejaba el trabajo. Quería empezar AHORA. Bastantes años de mi vida había malgastado como para esperar unos meses más.

Dos semanas después volví a Zamora, a mi casa, con mis padres. Por primera vez en mi vida volvía a la ciudad a la que nunca pensé regresar. Yo lo hacía sin trabajo, sin planes de futuro, sin pareja, sin nada. De la peor manera que se podía regresar a una ciudad como Zamora. Y me daba exactamente igual, porque lo único que me importaba en ese momento era que estaba allí porque tenía una cita con un psiquiatra.

Y tenía muchísimas ganas de ir.

17

NO FICCIÓN

Como saben todos los personajes de cuento, ningún encantamiento dura para siempre. Mi nueva vida y mi nuevo cuerpo fueron pasando de la novedad a la costumbre. Para cuando me quise dar cuenta, la tristeza estaba de vuelta. Igual que nuestro organismo genera tolerancia a los medicamentos, por más beneficiosos que estos sean, y cada vez es necesaria una dosis mayor para notar los mismos efectos, Madrid, las citas con chicos y las tiendas de ropa donde cabía en la talla L cada vez me producían menos excitación. El deslumbramiento de una nueva vida dio paso a una etapa gris en la que esas ilusiones estaban eclipsadas por la espinosa relación con Roberto.

Pero ya me cuidaba yo de ocultar esas espinas, que acabaron por crecerme hacia dentro. De cara a los demás nos habíamos convertido en amigos inseparables, en un par de agapornis que iban juntos a todas partes, con planes siempre interesantes. Le introduje en mi grupo de amigas y tiré la llave; para cuando pude reparar en lo que me estaba pasando, Roberto era tan amigo como yo de algunas de ellas. De algún modo, fuimos más novios entonces que cuando se suponía que lo éramos de verdad. Si entonces todo eran prisas por irse a su casa y tardanza respondiendo a mis mensajes, ahora teníamos una relación diaria y compartíamos casi todo.

Digo «casi todo» porque Roberto no compartió jamás conmigo su vida amorosa o sexual, y entendí que era lo que debíamos hacer. Yo sí le detallaba mis raquíticos avances, pero él no lo hacía, aun habiéndoselo pedido alguna vez. Esas habitaciones cerradas que no abría conmigo se fueron haciendo grandes y aparatosas, como en *Alicia en el país de las maravillas*. Su ocultamiento de una parte tan importante de sí mismo se convirtió en el convidado de piedra de nuestras conversaciones. Yo sufría por no ser capaz de pasar página, pero ninguno de los dos teníamos la honestidad o el arrojo de poner las cosas en su sitio.

Hay un librito de Alberto Fuguet, llamado *No ficción*, que consiste íntegramente en un diálogo entre dos hombres que, a pesar de no haber sido amantes con todas las de la ley, habían orbitado tan cerca el uno del otro que sus vidas quedaron marcadas por esa proximidad inconclusa. Creo que algo así nos pasó a Roberto y a mí desde aquel día de su cumpleaños hasta el día que no aguanté más. Y es irónico, porque ese libro me lo prestó él.

Para cuando llegó el día del cataclismo, llevábamos más de año y medio con este juego. Roberto era entonces una presencia central en mi vida, en mi ocio, en mi grupo, en mis planes inmediatos. Un día cualquiera quedó para cenar o para comer con mis amigas. Un día que yo no estaba. Al parecer, en aquella cena relató con bastante detalle una historia amorosa que le había tenido contraído desde hacía tiempo. Satisfecho, al parecer incluso llegó a comentar que se sentía bien contándolo, porque a él esas cosas no le salían fácilmente.

Fue aquello como pudo ser cualquier otra cosa. Mi relación con él era una olla a presión, y hubiera bastado el más mínimo movimiento para que estallara. Que Roberto eligiera a algunas de mis amigas para abrirse cuando estaba todo el día conmigo y no me decía ni media palabra, a pesar de mis requerimientos, fue el golpe que desatascó todo el sufrimiento que había ido acumulando en mi relación con él. Ver cómo una persona a la que le había puesto la alfombra roja para que entrara en mi vida se iba después de la fiesta a tomar la última copa con otras personas fue la estocada que provocó que ocurriera lo que tendría que haber ocurrido tanto tiempo antes.

Hoy, mientras escribo esto, por supuesto que no considero aquella conversación la mayor de las traiciones; explico lo que sentí entonces porque este desengaño fue de las razones más importantes por las que unos meses después empecé la terapia.

Yo y solo yo había convertido a Roberto en la quintaesencia de lo que debía ser mi vida. Por fin estaba delgado; por fin me dedicaba a lo que quería en la ciudad que quería, y por fin me había enamorado de un chico, que además había parecido corresponderme durante un tiempo. Alcancé esos gloriosos segundos de ingravidez antes de precipitarme al vacío con la cera de mis alas rotas chorreándome por la espalda, y durante la caída quise agarrarme a lo que más a mano tenía.

Si hubiera hecho las cosas bien, si hubiera puesto tiempo de por medio entre él y yo, habría alcanzado el suelo con mayor rapidez y habría podido levantarme y sacudirme el polvo antes. Como no ocurrió así, estuve cayendo mucho más tiempo, y el impacto fue colosal.

Guardo de entonces un diario en el que fui expurgando el dolor que sentía. La primera entrada, del 8 de agosto de 2017, empieza así:

Hace dos días terminó la conversación que comenzamos hace dos años. Viniste a mi casa. Yo hubiera esperado estas semanas en las que vas a estar fuera, en la playa, leyendo sobre la arena y quizá pensando en mí. Ahora me cuesta menos imaginarte pensando en mí que durante el tiempo en que estuvimos… ¿juntos? No, juntos no. Al lado sí, pero no juntos. Ahora me cuesta muy poco imaginarte pensando en mí, creo que no con crudeza, pero probablemente sí con estupor o perplejidad. Te he echado de mi vida cuando más afinado parecía nuestro baile, cuando lográbamos ejecutar intrincadas coreografías deteniéndonos siempre a un milímetro, sin rozarnos. Sintiendo la respiración del otro en el cuello, en la nuca. Necesitabas que nos viéramos y resolvernos cuanto antes, y quizá haya sido mejor así.

Y después:

Me preguntaste al marcharte si creía que nos volveríamos a ver. Te respondí que, si había detonado el botón de autodestrucción, era con la esperanza de ver brotar alguna vez una semilla entre los escombros. Creo que lo entendiste, creo que al final nos entendimos. Hace tiempo me dijiste que solo conmigo eras capaz de entenderte sin hablar. Mi mirada debía de ser transparente cuando se enfrentaba a la tuya, no me cabe duda. Pero creo que no es ese verbo, «entender», el que nos ha definido. Lo que hemos hecho este tiempo no es exactamente entendernos. Yo te miraba en cualquier situación y tú te reías porque formulabas en tu cabeza un chiste que no hacía falta verbalizar. Te anticipabas a las cosas que me irritan para evitarlas o para subrayarlas, porque al final acabaríamos riéndonos igual. No es una imagen literaria muy original, pero este tiempo hemos estado *conectados*. Quiero que sepas que me alegro mucho de que nos haya pasado.

¿Intensa yo?

18

EN LA CONSULTA DEL PSIQUIATRA

Sí, sé que empecé mi historia en la consulta del psicólogo y allí os dejé plantadas en el momento más interesante, cuando entendí, de forma un poco brusca, que mi peso no era mi problema, a pesar de que había estado unos quince años convencida de que sí. Ahora debería seguir contándoos cómo continuó todo aquello, cómo se fueron desmontando (o deconstruyendo, que es una palabra que se ha puesto de moda en los últimos años y me parece más precisa) todas mis creencias y cómo me di cuenta de que no es que yo no tuviera solución, es que había enfocado muy mal el problema y lo estaba abordando por el lado que no era, pero me parece necesario retroceder de nuevo en el tiempo, porque al principio pasé muy de puntillas por mis visitas al psiquiatra y creo que esto es muy importante.

Cuando he hablado con gente de mi entorno sobre ir al psiquiatra me he encontrado con opiniones de todos los colores. Lo malo de las opiniones es que SIEMPRE son subjetivas, o sea, que tu punto de vista dependerá mucho de cómo fuera tu experiencia. Siempre habrá alguien que esté contentísimo, alguien que esté enfadadísimo y alguien que se quedase igual que estaba. Por eso, en temas de salud, tampoco conviene opinar o pedir opiniones a gente del entorno, sobre todo cuando tenemos la opción de conocer la opinión de profesionales, que si bien no es infalible, al menos suele estar más atinada.

En el caso concreto de la psiquiatría, a la opinión hay que sumarle el estigma. Y es que, a pesar de ser una especialidad de la medicina, una de las ciencias más importantes y con más prestigio social (¿recordáis cuando salíamos a aplaudir a los sanitarios por hacer todo lo posible para salvarnos del covid?), está estigmatizada. Vamos, que tenemos muchos prejuicios. Es decir, que mucha gente ya tiene una opinión formada sobre la psiquiatría sin ni siquiera haber hecho uso de ella porque existen una serie de creencias aceptadas socialmente que tienen más peso que la realidad.

Yo acudí al psiquiatra solo porque, cuando googleé «trastorno por atracón tratamiento», la primera web que me salió hablaba de combinar el psicólogo con el psiquiatra. Yo era la primera que le tenía miedo a la medicación psiquiátrica por todo lo que había escuchado sobre ella, pero como estaba tan desesperada en este punto de mi vida, cogí sin rechistar la receta que me dieron.

Mi primera consulta con el psiquiatra duraría unos veinte minutos. No fue corta corta, pero tampoco se me hizo larga. Recuerdo que estaba acojonada pidiendo a todos los dioses no coincidir con nadie en la sala de espera. ¿Qué se le dice a alguien en ese contexto? ¿«Buenas tardes»? Tan buenas no serán si nos hemos encontrado aquí.

En esa primera consulta el psiquiatra me hizo muchas preguntas. Eso sí, todas eran fáciles y las pude contestar perfectamente, muy parecidas a las que te haría cualquier otro médico, incluidas la de si fumas, si bebes o si tomas algún medicamento. En ningún momento me preguntó por la capital de Mongolia o me pidió que despejara la X en una ecuación de segundo grado. No van a pillar. Eso sí, recuerdo que me preguntó si había tenido ideaciones suicidas. Como estaba mi madre delante, le dije que no.

Pero la respuesta era que sí. Me llevó un tiempecito aprender que a los médicos y psicólogos es mejor no mentirles, aunque la respuesta te dé mucha vergüenza o creas que te meterá en un lío tremendo. Ellos solo pueden ayudarte en la medida en que tú les dejes, y si les mientes, pues no les estás dejando mucho.

Pero, claro, no es tan fácil decir la verdad. Sobre todo porque para poder decirla antes tienes que reconocerla.

Lo que yo reconocí en aquella primera consulta con el psiquiatra es que tenía mucha ansiedad, continuamente, y que la única manera de frenarla un rato era con comida. Él me dijo que me iba a recetar dos medicamentos, uno para tomar por la mañana y otro por la noche, y me explicó la importancia de combinar las pastillas con la terapia. Sí, lo sabía, venía preparada porque había buscado en Google, así que le contesté que ya tenía cita con un psicólogo a la semana siguiente. También me explicó algo muy importante: es difícil acertar con la dosis de medicación correcta para cada persona, así que tendría unos primeros días un poco raros. Era importante que prestase atención a cualquier indicador que se saliera de lo normal y le llamase por teléfono ante cualquier duda.

Me recetó antidepresivos y benzodiacepinas. Nunca antes había tomado medicamentos de este tipo, así que pude asociar todas las nuevas sensaciones a la medicación muy fácilmente. Lo que yo noté en esos tres o cuatro primeros días raros fue que dormía más de lo normal, que me despertaba cansada y me costaba bastante espabilarme y que NO TENÍA HAMBRE. Era la primera vez en mi vida que sentía lo que es estar llena. Comer y decir: «No puedo más». Eso me flipó bastante. Sentirme saciada y entender que no quería más me hacía pensar que había recuperado el control, después de una larga etapa en la que creía que lo había perdido.

Si no recuerdo mal, solo me tuvieron que reajustar la dosis una vez, y ya fue todo como la seda. Estuve tomando medicación a diario durante un año y medio. Cuando ya parecía que todo iba mejor, gracias a mi trabajo en terapia, el psiquiatra me explicó que para retirar esta medicación tendríamos que ir reduciendo la dosis poco a poco, y de nuevo me insistió mucho en que si notaba alguna sensación rara tenía que decírselo. Fueron seis semanas las que tardamos en rebajar la dosis hasta eliminarla por completo, y en ningún momento tuve sensaciones extrañas.

Así que esta es mi opinión: ir al psiquiatra me vino genial. ¿Por qué? Porque aunque tuve unos primeros cuatro días malos, al quinto mi cuerpo comenzó a regularse. Y volví a dormir, lo que significaba que ya no necesitaba darme atracones para caer rendida en la cama. Y dejar de recurrir a los atracones para calmarme me dio una fuerza tremenda. Toda la que necesitaba para enfrentarme a una terapia de tres años en la que tocaríamos todo tipo de temas y haríamos frente a muchas cosas que yo había estado evitando toda mi vida. Una terapia larga, muy productiva, que me dio momentos muy buenos, pero, por supuesto, también otros muy duros.

18

OSCURIDAD, VIEJA AMIGA

Distanciarme de Roberto terminó por romper el encantamiento de mi supuesta felicidad. La delgadez, la mudanza a Madrid, mis primeros pinitos como amante… Todo eso me había hecho creer que por fin me tocaba lo bueno de la vida. Como en una discoteca cuando llegan las seis de la mañana y encienden las luces, comprobé que la vida anterior y todos sus traumas, que creía haber abandonado, seguían rodeándome. Continuaba siendo una persona sin autoestima, sin una relación sana con sus emociones, sin la capacidad de comunicarse con sus deseos más naturales. Había logrado generar durante un tiempo la ilusión de que aquello estaba solucionado o solucionándose, pero bastó el revés de Roberto y la disipación de los fulgores de la nueva etapa en la ciudad para volver a descubrirme indefenso entre los envites de mi emocionalidad.

La oscuridad, que había logrado distraer un tiempo con engaños, me rodeó con más empeño que nunca. Volvió el insomnio, más fuerte que antes. Levantarme de la cama empezó de nuevo a ser una tortura. Los pensamientos obsesivos se hicieron constantes, la voz del maltratador estaba todo el día conmigo: «No vales nada, no sabes hacer nada bien, a la gente le das pena, has conseguido algunas cosas por lástima o de chiripa, pero en cuanto descubran el ser horrendo que eres todos te van a dar de lado. No te esfuerces, porque tarde o temprano te van a descubrir. No merece la pena».

Cuando iba a visitar a mis padres al pueblo, la mayor de las vergüenzas y de las culpas se apoderaba de mí. Apenas si podía mantener una conversación con ellos; al mirarlos, agachaba la cabeza como si me hubieran castigado. Sentía que era un estorbo, un error que habían cometido y que no merecía la pena arreglar. Sé cómo va a sonar esto, pero empecé a sentirme muy culpable por haber nacido. Me convencí de que el mundo sería un lugar mejor si yo no existiera.

Empecé a fantasear constantemente con suicidarme. Al principio, de forma esporádica; después, cada día. Vivía entonces en un tercero y mi habitación tenía un balcón que daba a la calle. Por las noches me arrullaba recreando cómo iba a levantarme de la cama, cómo iba a hacerla para que la habitación quedara perfecta, cómo abriría el balcón, cómo comprobaría que no pasaba nadie por debajo, cómo saltaría. Mi ideación suicida no fue nunca una intención real, no hubiera tenido jamás el valor de hacer aquello, pero los pensamientos de quitarme la vida ocupaban cada vez más espacio en mi cabeza. La sensación de control que generaba poder acabar con todo me consolaba un poco.

Un chispazo de esos días: había estado en el pueblo y mi madre, amorosa como siempre, me había preparado pisto manchego en unos *tuppers*. Fui incapaz de comérmelo al llegar a Madrid, con lo que me gusta, porque sentía que no me lo merecía. Me incomodaba muchísimo que mi madre hubiera perdido el tiempo haciendo ese guiso con tanto cariño para mí, que era un insecto que no merecía ser querido por nadie, ni siquiera por ella. Me recuerdo llorando frente al espejo, mirándome y repitiendo: «Soy un fracaso, soy un fracaso, soy un fracaso…».

Durante toda mi vida la esperanza de un futuro mejor había estado tirando de mí. Ahora el futuro había llegado y, con tantas pautas mentales estropeadas, todo se vino abajo. Siempre

confié en que sería feliz cuando viviera lejos del pueblo, cuando
tuviera amigos, cuando tuviera amantes, cuando me dedicara
a algo que me gusta, cuando adelgazara... Todo eso se había
cumplido, por lo que la responsabilidad de ser feliz dependía
solo de mí, no de un futuro imaginado. Y yo era claramente
incapaz de generar felicidad por mí mismo.

Durante mis etapas oscuras anteriores, podía achacar a ciertas
circunstancias externas mi tristeza: «Me siento mal porque estoy
gordo, porque no vivo donde quiero, porque no tengo trabajo,
porque estoy solo». Ahora se me habían acabado esas excusas,
y me instalé en la idea de que, simple y llanamente, nunca iba
a ser feliz porque era defectuoso, porque no valía para la vida,
porque no estaba a la altura de los demás. Así me explicaba la
tenaz infelicidad en la que chapoteaba: «No vales nada, lo único que puedes hacer es quedarte quietecito intentando molestar
lo menos posible. No mires a nadie a los ojos, no estés demasiado tiempo con nadie o descubrirán el monstruo que eres».

Explico esto tras mucho trabajo interior, con las palabras que
he ido aprendiendo estos años de terapia e introspección. En
ese momento no hubiera sido capaz de poner en orden lo que
estaba experimentando. Sentía una tristeza infinita, una culpa
demoledora y una vergüenza absoluta por el hecho de ser yo.
Me odiaba y constantemente me comparaba con todo el mundo. Como si me hubieran soltado en mitad de *El juego del cala-
mar* sin explicarme las reglas, sentía que todos excepto yo sabían
cómo debían vivir sus vidas. Cualquier persona con la que me
cruzara por la calle me parecía decidida, segura de sus movimientos, mientras yo me desplazaba de un sitio a otro como un
anfibio torpe fuera de su charca, dejando a mi paso un rastro
de baba maloliente.

Es complicado describir una depresión desde dentro, porque
todo suena a hipérbole afectada, a parodia de un melodrama
de Douglas Sirk. De hecho, yo no formulaba en mi cabeza

«no valgo nada, no merezco ser querido», porque mi cerebro
ni siquiera tenía la capacidad de dar forma a sus emociones.
En lo peor de aquellos días, mi cabeza era una tormenta continua, una batalla de todos contra todos o, más bien, de todos
contra mí. Incapaz de enfrentarme al torrente de mis pensamientos, simplemente daba por bueno todo lo que mi cerebro
me decía.

Esa es una de las mayores trampas: creer que tu depresión eres
tú. Esos pensamientos que te hablan desde dentro para hundir-
te cada vez más tienen tu voz, por lo que crees que ese que
habla eres tú, que esa es tu personalidad y que esa es tu vida.
Si es tan difícil dar el primer paso y pedir ayuda, es porque en
un estado depresivo el cerebro no distingue entre sí mismo y la
enfermedad. Si yo me digo que soy un monstruo es que lo soy,
si siento que no merezco ser querido es porque es verdad, si
tengo la sensación de que jamás voy a ser feliz es una información tan fidedigna como los colores que perciben mis ojos.

Como esos parásitos terroríficos que anidan en la cabeza de
los insectos y los controlan a voluntad (lo vi una vez en un
documental a la hora de la siesta, así que solo puede ser verdad),
la depresión toma el control de tu percepción del mundo. Asumes que eso que sientes lo vas a sentir para siempre, que en
medio de esa oscuridad se va a extender el resto de tu vida. La
tristeza lo absorbe todo, no experimentas ningún momento del
día y ningún pensamiento fuera de ella.

Recuerdo un viaje a la costa, un paseo al lado del mar al atar-
decer, en el que pensaba: «Yo debería estar disfrutando esto, yo
tendría que estar en armonía con este instante tan bonito, pero
soy incapaz. Veo el mar, veo los últimos rayos de sol transformando las olas en un metal iridiscente, percibo la brisa en el
rostro y el olor a sal. Recibo todo como las partes inconexas de
un rompecabezas que no soy capaz de armar. No puedo contemplar el conjunto, deleitarme con las sensaciones que me

ofrece. Solo tengo las piezas desordenadas y ninguna fuerza para ponerme a colocarlas».

Esa idea desoladora de que así va a ser el resto de tu vida se combina con otra sustancia venenosa, que es el convencimiento de que nadie más en el mundo siente lo que tú sientes, y, por lo tanto, nadie te puede entender ni ayudar. La depresión, al menos en mi caso, me convirtió en un idiota egoísta. «Idiota» en el sentido etimológico: del griego ἰδιώτης/*idiótēs*, define a aquel que desatiende los asuntos públicos y se centra en sí mismo. El dolor que sientes es tan grande que solo con mucha dificultad eres capaz de levantar la cabeza para mirar a quien tienes delante. Todavía hoy el sufrimiento inherente a la vida me retrotrae a ese estado de autarquía emocional en el que intento solucionar el dolor a través de un aislamiento de los demás, del escudo frente al mundo.

Quiero explicar también algunas cosas más mundanas, porque tengo la sensación de que hay un arquetipo sobre las personas deprimidas que las dibuja como permanentemente lacias, inmóviles, abandonadas en cualquier rincón, y no tiene por qué ser así. Yo no dejé de quedar con mis amigas, de salir o de reírme cuando estaba en este estado. Es más, hubo momentos en que salir, beber y aturdir la conciencia con cualquier cosa era una forma de lidiar con el sufrimiento. Hay personas perfectamente funcionales —y hasta divertidas, como ya he explicado— que están deprimidas. Cuando asumes que la oscuridad forma parte de ti, hay veces que te impide levantarte de la cama, pero hay otras que te empuja a ir a donde sea, como sea, con quien sea. A forzar tus límites, a jugar con el peligro, a tentar a la suerte.

Creo que es importante concienciarse de que una persona deprimida no pasa necesariamente todo el día en la cama y no renuncia siempre a la higiene, aunque desde luego ambas cosas son habituales. No cumplir con esa *estética de la depresión* es una de las razones por las que tardé tanto tiempo en pedir ayuda.

Era un desafío inhumano, pero yo iba a trabajar todos los días, salía a tomar unas cañas, planeaba viajes, iba a festivales... ¿Cómo iba a estar yo deprimido? Como en aquel disco de Raphael en cuya portada aparece haciendo *cosplay* de Carmen Sandiego, las apariencias engañan.

Me había resignado a navegar la vida en ese estado permanente de pesadumbre. No dejaba de hacer lo que me tocaba porque entendía que era mi obligación, y porque no tenía el derecho de intoxicar a los demás con mis penurias. Entendía que mi dolor era una carga individual, que mostrarlo a mi entorno solo haría que les resultara todavía más insoportable tratar conmigo.

Me limitaba a ofrecer a cada cual lo que creía que esperaba de mí sin ningún disfrute: profesionalidad en la oficina, chistes a las amigas, amabilidad a los desconocidos. Te adscribes a tu papel, eres un autómata que continúa adelante con el día a día hasta que el destino quiera. En el episodio 37 de *¡Puedo hablar!*, llamado «Deprimidas», hago un repaso de estas y otras mentiras que la depresión te cuela sin que te des cuenta. Porque la depresión miente más que las encuestas.

19
¿QUÉ ES LA ANSIEDAD? ¿QUÉ ES UN TCA?

Parece que le he cogido el gusto a interrumpir la narración, pero antes de continuar con mis tres años de terapia me gustaría explicaros qué es la ansiedad y qué es un trastorno de la conducta alimentaria. Más que nada, porque yo tardé AÑOS en entender qué me pasaba. E incluso llegué a pensar que lo mío no tenía cura ni remedio, que yo era así, que la ansiedad y el TCA eran mi personalidad.

En una de las últimas sesiones con mi psicóloga, la persona que vino después de mi psicólogo, pues aproximadamente un año y medio después de finalizar mi primer proceso de terapia tuve una recaída (perdón por el spoiler), ella me dijo una frase que, al menos, resume mi ansiedad a la perfección: «La ansiedad es lo que sientes cuando necesitas llevar a cabo una acción, pero no la cumples». Un ejemplo sencillo para entenderlo mejor: tienes sed, pero no puedes beber agua porque estás en un examen y te olvidaste la botella. Un ejemplo más complejo: quieres mandar a tomar por el culo a tu jefe, pero necesitas el dinero que ganas con tu trabajo.

Esto de no atender mis necesidades resume bastante bien los veintiséis primeros años de mi vida, en los que tuve que reprimir quién era, qué deseaba y qué quería ser para cumplir con las expectativas de los demás.

Mi primer psicólogo, sin embargo, me la describió como una emoción muy importante y necesaria para nuestra supervivencia, pero que, si se desajusta, puede generar mucho malestar. La ansiedad es la respuesta natural que experimentas ante algo que tú has catalogado como peligro.

Imagina que vas paseando por el bosque y de repente ves una culebra. Si estás acostumbrada a ver culebras o sabes que no atacan así porque sí, te llevarás un sustito por la sorpresa, pero nada más. Sin embargo, si tu mente procesa el avistamiento de la culebra como un peligro mortal (porque has visto *Serpientes en el avión*, por ejemplo), aparecerá la ansiedad. Esta ansiedad te ayudará a analizar rápidamente la situación y encontrar una solución, más o menos racional, que te permita sobrevivir a esa amenaza. Puedes salir corriendo, puedes darle una patada (pobre culebrilla, pero es cierto que a veces reaccionamos así ante algo que nos da miedo) o puedes tratar de calmarte, entender que no te va a hacer nada y esquivarla sin molestarla. Además, es bastante probable que la próxima vez que vuelvas por ese bosque estés ansiosa durante el paseo, en alerta constante, pensando que en cualquier momento te saldrá una culebra.

En cambio, si ante un imprevisto que no pone en peligro tu vida, como por ejemplo una llamada de teléfono importante o un examen, la respuesta de tu cuerpo es tan intensa como cuando ves una culebra mirándote fijamente como en la película *Anaconda* o cuando un coche está a puno de atropellarte en un paso de peatones, entonces es que algo no está funcionando de forma correcta.

Cuando la ansiedad se te «estropea» puedes comenzar a experimentar una serie de síntomas que, en mayor o menor medida, te impedirán hacer una vida normal. Simplificando muchísimo, tener un trastorno de ansiedad generalizado es vivir en un estado de alerta constante. Para que las personas que no tienen «estropeada» la ansiedad puedan entenderlo, es como si tuvieras que hacer las cosas de tu día a día con culebras apareciendo de repente por todas partes y coches intentando atropellarte cada dos por tres. Vives *atacá*, básicamente. Y aunque la amenaza es irreal, el sufrimiento es muy real.

Lo malo es que si la ansiedad se te «estropea» cuando eres demasiado pequeña y apenas recuerdas la vida sin ansiedad, te crees que vivir en ese estado es lo normal y solo actúas cuando la cosa se pone peor. Porque, aunque el trastorno de ansiedad generalizada se manifiesta con una sensación constante de preocupación, realmente tienes épocas más tranquilitas y épocas más moviditas.

Y, a veces, en una de esas épocas moviditas pruebas algo que te calma un poco y te da un poquito de tregua. Hay dos actividades que proporcionan placer a nuestro cerebro de forma muy eficaz: la comida y el sexo. Evolutivamente, ha sido primordial que tanto comer como mantener relaciones sexuales nos den mucho gustico, ya que para sobrevivir necesitamos, a nivel individual, alimentarnos, y a nivel colectivo, reproducirnos. Por eso son tan frecuentes las «adicciones» a la comida o al sexo. Son una forma natural de calmarnos y hacernos sentir bien.

Si te sientes mal y descubres que comer comida riquísima te calma un poco y te proporciona sensaciones agradables, ¡vas a repetir! Este no es el único factor necesario para acabar desarrollando un trastorno de la conducta alimentaria por atracón, ya que aquí todos, en algún momento de nuestra vida, hemos tenido un día de mierda y hemos decidido cenar algo que nos guste mucho para aliviar nuestro malestar.

Cualquier trastorno de la conducta alimentaria es multifactorial; es decir, hacen falta varios factores que, combinados, acaban «estropeando» la conducta de una persona en relación con su alimentación.

Lo que la gente se imagina al pensar en una persona que se da atracones es a alguien engullendo como un monstruo, como en un concurso de comer perritos calientes en Estados Unidos. Lo que mucha gente no sabe es que las personas que nos damos atracones siempre lo hacemos a escondidas. De hecho, de cara a los demás solemos actuar de dos formas: o proponemos planes relacionados con comida (anda que no habré quedado yo con mis amigos en los bufets libres de comida asiática o de pizza, donde ponerse hasta el ojete está hasta bien visto, así que aprovechas la ocasión) o comemos poco para mostrar a los demás que no somos la típica gorda, que nosotras nos alimentamos estupendamente, incluso que comemos DEMASIADO poco. Y cuando te has aguantado las ganas de comer en público para quedar bien es bastante probable que al llegar a casa necesites darte un atracón. Como decía mi psicóloga, la ansiedad es lo que sientes cuando no haces lo que realmente necesitas hacer: te cortas de comer delante de la gente = te pones hasta el ojete cuando estás a solas.

Del mismo modo que todos hemos pedido una cena apetitosa ese día que nos ha superado la vida, también muchos nos hemos dado «un atracón», pero eso tampoco debería asustarte ni hacer saltar las alarmas. No es lo mismo estar de vacaciones en Asturias, que el camarero te deje el pote de fabada en la mesa y tú te sirvas tres platos y acabes que no te puedes ni mover, que experimentar el ciclo del atracón. Este ciclo se puede resumir así: siento ansiedad o cualquier otra emoción que me causa malestar, como tristeza, cansancio, enfado → gestiono esa emoción con un atracón, es decir, comiendo mucha comida en un corto espacio de tiempo → al terminar siento alivio unos segundos, pero enseguida aparecen la culpa y la vergüenza, emociones que me causan malestar y que, vaya por Dios, solo sé gestionar comiendo.

Es muy complicado ayudar a una persona con un trastorno como este, ya que la culpa y la vergüenza le impedirán reconocer lo que le pasa y le harán sentir que no es digna de recibir ayuda. Cuando tienes un trastorno de la conducta alimentaria, tu vida se limita a intentar controlarlo todo (pasatiempo ideal para personas perfeccionistas y autoexigentes como yo), sobre todo lo que comes, hasta que explotas y pierdes el control con la comida. Te crees que tú eres el único responsable de lo que te está ocurriendo y que solo tú, controlándolo todo aún más, podrás salir de ahí, lo cual te va machacando cada vez más. Y cuando acudes, por fin, a terapia, después de tantos años cavando tu propio hoyo, creedme que va a ser duro de cojones salir de ahí. Y creedme también cuando os digo que sola es muy muy muy difícil que puedas conseguirlo. Que del mismo modo que si nos rompemos una pierna necesitamos una radiografía, un médico y, en ocasiones, una operación, si se nos «rompe» la ansiedad vamos a necesitar ayuda profesional.

Si leer estas palabras ha despertado en ti la sensación de que necesitas ayuda, probablemente signifique que necesitas ayuda. Pídela. Retrasarlo no va a solucionar nada; si acaso, lo empeorará. Pide ayuda si crees que lo necesitas.

Te mando un abracito.

19

TÍA, NO TE RAYES

Como no podía ser de otra manera, y aunque mi cambio físico me había proporcionado las mayores emociones positivas experimentadas nunca, volví a maltratarme con la comida. Mi adicción al dulce regresó con fuerza. Como cuando era pequeño, como cuando era adolescente, intentaba resolver los males que me producía el mundo hinchándome a comer. Encerrarme a solas con varias tabletas de chocolate o con grandes bolsas de M&M's me permitía aislarme un rato, engañarme con un placer inmediato y acolchar el sufrimiento, concentrado en devorar aquello que, se suponía, me gustaba tanto. Pero uno no disfruta de los atracones, si acaso pone en suspenso la culpa un rato para que después retumbe con más fuerza que antes.

Entré en un bucle autodestructivo en el que combinaba atracones diarios con intensísimas sesiones en el gimnasio. La culpa generada por lo primero me llevaba a lo segundo, y la *recompensa* por lo segundo me devolvía a lo primero. Siempre estaba huyendo de la comida o abalanzándome sobre ella; en ningún caso funcionaba para mí como lo que es, una fuente necesaria de energía y un placer.

Me castigaba con atracones y con deporte, y ese bucle enloquecido me agotaba física y emocionalmente. De una manera retorcida, sentirme culpable por algo inmediato como un atracón suponía un cierto alivio de ese pesar inabarcable que suponía estar vivo. Sentir el dolor físico, las punzadas en medio del estómago de una indigestión de chocolate, era algo más concreto y más lógico que la oscuridad densa que me rodeaba, y me abandoné a ese pírrico consuelo.

Como el más habilidoso de los camaleones, la depresión es capaz de camuflarse en el tren de pensamientos que provoca hasta volverse indistinguible. Uno sabe que está triste, pero lo achaca exclusivamente a su debilidad. Crees que, mientras los demás sí son capaces de lidiar con las dificultades de la vida, tú eres un alfeñique que se deja arrastrar al pozo a la mínima. Observas el infierno en el que se ha convertido tu vida y te parece que no debería ser para tanto, que el agujero en el que estás metido es culpa tuya.

Cualquier resorte sirve para sentirte peor. Siempre me han gustado los libros que cuentan la vida de sus autores o algo cercano a ella, especialmente si son maricas (mi podcast *Maricapáginas* es una oda a esa literatura). Leía en esos años las vidas terribles de quienes me precedieron en el linaje maricón (libros como *Tengo miedo torero*, de Pedro Lemebel; *El amor del revés*, de Luisgé Martín; *El cordero carnívoro*, de Agustín Gómez Arcos; *Paris-Austerlitz*, de Rafael Chirbes, o *Diario del ladrón*, de Jean Genet), y esas existencias marcadas por el odio de los demás, por la violencia y por la miseria me hacían sentir avergonzado por no ser capaz de hacer frente a una vida tan cómoda y sencilla, en comparación con las que encontraba en mis lecturas.

Porque en mi visión de entonces, y en la que por desgracia pervive en mucha gente, reconocerse deprimido implica adjudicarse la mayor de las derrotas. Hemos crecido escuchando que hay que plantar cara a los problemas, no dejarse achantar. Nos han enseñado que la victoria y el fracaso son una cuestión de actitud; que el que la sigue, la consigue. Quienes nunca han atravesado problemas de salud mental —o eso creen— simplifican el sufrimiento patológico como una mengua de la voluntad. ¿Estás triste porque estás solo? Sal a ligar. ¿Te acompleja tu cuerpo? Come menos. ¿Te cuesta levantarte de la cama? Espabila y no pongas excusas.

Expresar nuestro sufrimiento a los demás se ha convertido, a raíz del individualismo absoluto inherente al turbocapitalismo en el que vivimos, en un ejercicio incómodo, ridículo y embarazoso. Uno no quiere ser el amigo que está siempre con sus penas, la persona que llora cuando no debe, el cenizo coronado por una nube negra. Resulta más *civilizado* mentir, ocultar, disimular. Tirar hacia delante, no pararse a pensar. Tía, no te rayes.

Creo que muchas veces las personas deprimidas necesitamos realmente tocar fondo para que por esa grieta que se nos abre en el cascarón empiece a circular la idea de que necesitamos ayuda. En mi caso, aquel viaje a Berlín que contaba al principio supuso un momento de inflexión. Quizá fue por la prueba tan jodida de estar unos días a solas con mis pensamientos. Quizá fue una casualidad y el mismo razonamiento me hubiera llegado en mi casa de Madrid, cuando la barrita de energía de mi pantalla mental se hubiera quedado a cero.

Sea como fuere, a mi regreso de Alemania me armé de valor y concerté una cita con el que se iba a convertir en mi terapeuta. Si mi vida fuese una película (probablemente dirigida por Álvaro Sáenz de Heredia, autor de *El robobo de la jojoya* y *Aquí llega Condemor, el pecador de la pradera*), en el momento de mandar ese mail hubiera sonado muy fuerte el tema principal de la banda sonora, mi cara se vería en un primerísimo primer plano y el montaje sería épico y ceremonioso. Porque ese clic, ese clic literal sobre el botón de «enviar», ha sido el gesto más importante que he hecho en mi vida.

Ese clic significaba que por fin, después de toda una vida pensando que yo podía con todo o que me tenía que resignar a lo que fuera, necesitaba ayuda. Ese clic me demostraba que ese estado en el que estaba sumido no tenía por qué ser para siempre, que quería salir de ahí. Ese clic me convertía en Jim Carrey alcanzando el límite del mar en *El show de Truman*, dándose de bruces contra la pared azul del decorado. Ese bendito clic inauguraba una nueva relación conmigo mismo. Desde mi torre de marfil levantada a base de culpa, de vergüenza y de autoodio, iba a empezar a vislumbrar la comprensión, la compasión, los cuidados.

De no haber pulsado nunca aquella tecla, de no haber entendido que mi cuerpo y mi cabeza no tenían por qué ser mis enemigos, no sé siquiera si estaría hoy escribiendo estas palabras. Gracias, Enrique del lunes 26 de febrero de 2018 a las 15.18 de la tarde. Te debo mucho. Te debo todo. Aunque no sabes la que te espera, cariño.

20

¿AUTOESTIMA? ¿YO?

¡Ahora sí! Volvamos al segundo día de trabajo con mi psicólogo. Para refrescaros la memoria, el día que acudí a terapia debí de decir varias veces que quería adelgazar pero no podía y eso me hacía sentir como la mierda. Él me mandó deberes, pero los deberes más difíciles del mundo: «Tienes que adelgazar un kilo en una semana». A la semana siguiente volví tras haber adelgazado solo 700 gramos; no había conseguido perder ese kilo exigido. Creía que pasarían cosas horribles, que me reñirían, incluso, o que darían mi caso por perdido. Pero no, no pasó nada de eso. Lo que ocurrió es que mi psicólogo me dijo: «¿Ves cómo sí puedes perder peso? Has perdido 700 gramos». En esa segunda sesión aprendí que mi peso no era la causa de mis problemas, y la ansiedad, tampoco. Esas eran las consecuencias de algo que me estaba pasando a un nivel más profundo y que deberíamos averiguar.

Gracias a estos deberes del *demoño* también tuvimos la oportunidad de empezar a trabajar algo que fue realmente difícil para mí: identificar y valorar lo que sé hacer y lo que hago bien. Yo estaba convencida de que había ciertas cosas que NO podía hacer, que NO eran para mí. Por ejemplo, adelgazar. Y en tan solo unos minutos me demostraron que sí podía y me hicieron ver que, a lo mejor, las ideas y percepciones que yo tenía sobre mí misma, sobre quién era, sobre mis capacidades... estaban un poco distorsionadas. Dicho de otra manera, yo no tenía una autoestima muy sólida.

Tendemos a pensar que la autoestima solo tiene que ver con nuestro aspecto físico. Que las personas delgadas tienen sus complejitos y sus rayadas, claro, pero que lo más lógico es que una persona gorda no tenga la autoestima muy alta porque... está gorda. Sin embargo, yo no me identificaba con esto. Bueno, eso decía yo. Del mismo modo que decía que mi cuerpo me daba igual, que mi cuerpo no era un problema, que yo ya había aceptado que estaba gorda. Luego supe que no es que mi cuerpo me diera igual, es que ya había dado a mi cuerpo por perdido. Ya sabía que mi cuerpo, desde el último pelo de la cabeza hasta la uña del dedo gordo del pie, era un desastre, y había aprendido a vivir a pesar de él. Por eso no quería hablar de mi relación con mi cuerpo en el psicólogo, porque también pensaba que eso no tenía solución.

Sin embargo, trabajar tu autoestima con un psicólogo no tiene nada que ver con, por ejemplo, mirarte al espejo y gritarte «¡GUAPA!», llenar tu habitación de frases *misterwonderfuleras* e inundar tu vida de mensajes positivos a ver si cala alguno. Recuerdo que el día que llegué a la consulta del psicólogo por tercera vez me pidieron que dijese diez cosas que yo había hecho bien durante la última semana. ¡Qué tíos! ¡Es que van a pillar! ¿No os parece la pregunta más difícil de responder? ¿Por qué no me preguntaron diez características de la obra de Lope de Vega, que para eso soy filóloga? Diez cosas que he hecho bien en la última semana... ¡Ufff! Y si vosotras, que estáis leyendo esto, creéis que es una pregunta tontísima, tratad de responderla ahora mismo. ¡Y solo tenéis cinco minutos! Venga, dadle, valientes.

Creo que yo, ante aquella jugarreta, logré responder dos cosas. ¡Que no está nada mal! En aquel momento yo estaba

estudiando un máster en literatura española e hispanoameri-
cana, así que seguro que dije que había hecho alguna tarea
bien, ya que estudiar es (era) lo mío, ¿recordáis? La forma que
yo tenía de validarme y de compensar todo lo demás. Y la otra
cosa que dije que había hecho bien fue una receta. También
estaba yo entonces bastante motivada con lo de comer mejor
y me había dado por probar cosas nuevas en la cocina (en
concreto, por comer más verduras), así que me había comprado un cortador de verduras, un «sacapuntas» de calabacín para
hacer espaguetis sanos y una batidora de vaso. ¡Estaba a tope!
Y es que... no hay nada como creer que SÍ puedes hacer algo.
Guiño, guiño.

Con este ejercicio descubrimos, psicólogo y yo, varias *red flags*
muy interesantes. La primera, que solo valoraba positivamente
las cosas NUEVAS que hago. Por ejemplo, valoré como algo bien
hecho durante esa semana la ensalada que aprendí a preparar
gracias a una receta de internet, pero no otra ensalada que me
hice de manera improvisada con las sobras de la nevera sin
haber seguido una receta. Del mismo modo, valoré una tarea
para el máster que me había supuesto un esfuerzo y había ob-
tenido un reconocimiento, pero no el resto de las tareas para
ese mismo máster, que podrían consistir en leer un artículo
académico, asistir a una representación teatral o echarles un
vistazo a los apuntes antes de la clase. ¿Por qué no dije que una
de las cosas que había hecho bien esa semana había sido leer
un artículo, entenderlo y sacar mis propias conclusiones para
luego compartirlas en clase? Pues porque eso lo había hecho
mil veces. Eso no tenía ningún mérito para mí. Leer artículos
y entenderlos era mi día a día. ¿Qué valor podía tener eso? Pues
otro descubrimiento para trabajar en terapia: doy por sentado
que hay ciertas tareas que hago bien, y como para mí «lo normal»
es hacerlas bien, no les doy ningún valor. Es más, me exijo hacerlas bien, y cuando salen mal, DRAMA.

Con unos estándares tan elevados para valorarme era imposible completar una lista de diez cosas bien hechas a la semana. Y es que ser una persona autoexigente tiene estas cosillas, y una de ellas es, fíjate tú, destruir tu autoestima en cuanto algo no te sale perfecto a la primera.

Es una pena que no nos enseñen estas cosas en el colegio, porque, aunque tuve que aprenderme y requeteaprenderme durante varios años seguidos las oraciones condicionales de tipo 3 del inglés, estructura que ahora mismo llevo grabada a fuego en la mente y que apenas he usado, no tenía ni idea de que la autoestima podría tener que ver con cómo te valoras a ti misma en tu día a día. Cómo te dices «ole tu coño» cuando te sientas a desayunar sabiendo que para haberte podido sentar a desayunar tranquilita ese día has tenido que ponerte un despertador la noche anterior, levantarte de la cama a la primera (no es tan fácil, ¿vale?), haber comprado previamente café, leche, pan, tomate y jamón, controlar que no se te queme el pan en la tostadora, pelarte una fruta, servírtelo todo y concederte quince minutitos de relax a primera hora de la mañana, cuando apenas hay ruido, antes de arrancar la jornada. Y a los que toda esta lista de tareas y de cosas bien hechas os parezca una tontería, quiero deciros que durante muchos MUCHOS años de mi vida no desayunaba, porque prefería estar quince minutos más en la cama, y eso significaba que ya me levantaba con prisa, estresada, de mal humor y encima, si no me alimentaba de modo correcto, luego tenía más hambre y pasaba la mañana picoteando.

Hay que tener mucha conciencia de lo importante que es una buena autoestima para entender que lo que a ti te sienta bien es dormir quince minutitos menos, desayunar con tranquilidad y concederte ese tiempo. Pero para llegar a este punto tuvieron que pasar varios meses, porque, amigas, trabajar la autoestima es, sin duda, una de las cosas más difíciles que he hecho en mi vida. Aunque, quizá también, la más satisfactoria.

La autoestima es lo que tú piensas de ti misma, la manera en la que te valoras o te juzgas, cómo te cuidas o qué cosas haces por ti y solo para ti, sin tener en cuenta lo que la sociedad o las personas que te rodean opinen al respecto. Y, claro, si en cuanto empezaste a engordar, algo que la sociedad considera realmente negativo, comenzaste a recibir mensajes de que tú estabas mal y necesitabas cambiar, y cuando intentaste cambiar siempre te salía fatal, y cuando por fin lo conseguiste en poco menos de un año perdiste lo conseguido... ¿qué vas a pensar de ti misma? Que eres un desastre, que no te esfuerzas lo suficiente, que te da todo igual, que eres una vaga, que no sabes cuidarte, que no te mereces nada, que no sabes hacer nada, que estás perdida, que no eres capaz de comprometerte, que no tienes fuerza de voluntad, que eres un monstruo, que nadie te va a querer... Y esa era yo el primer día que fui al psicólogo.

20

PRIMEROS PASOS

Nada de lo que pensaba que iba a pasar ocurrió en mi primera sesión con el psicólogo. Ni catarsis, ni estruendoso berrinche, ni punto de inflexión místico ni cataclismo emocional. No creo que pensara que charlar una hora con un profesional fuese a bastar para revertir todos mis problemas, pero desde luego ese primer acercamiento no se parecía a lo que había proyectado. Y, a la vez, supongo que no podría haber sucedido de otra manera.

Ese día descubrí que las palabras que salen de nuestra boca a veces no se parecen a los pensamientos que las generan. Cuando Juan me lanzó el temido «cuéntame por qué estás aquí» que comentaba al principio, respondí con un par de cosas que llevaba preparadas. Pero, enseguida, una frase fue dando comienzo a la siguiente sin que yo planeara al cien por cien qué era lo que iba a ocurrir a continuación. La oralidad tiene algo de corriente, de flujo. Los movimientos del agua, sus alborotos y remolinos, son imprevisibles, por más clara que tengamos la dirección adonde queremos ir a desembocar. Pero lo importante de esa sesión inicial es que ocurra, más allá de lo que se cuente en ella.

Empezar a narrarle a un desconocido que estaba triste y por qué creía que estaba triste fue el primer pasito del largo camino hacia mí mismo, un camino que había estado demorando mucho tiempo. Cuando uno no es capaz de salir de su cabeza, moldea una forma lógica para sus conflictos, y estos tienen sentido en el acotado espacio de su mente. Pero tener que presentarlos a través del lenguaje, convirtiendo tus traumas en una secuencia lógica de oraciones con sujeto, verbo y predicado, es un ejercicio de constante sorpresa. No es que yo no supiera lo que decía, ni que una fuerza diabólica tomara el control de mis cuerdas vocales. Pero escuchar mi propia voz expulsando las cosas que llevaba tanto tiempo encerrando dentro sí tuvo algo de exorcismo.

Da mucho miedo ese primer día, esa primera charla a corazón abierto. Por eso creo que es importante ponerse las cosas fáciles. Que tengas referencias del terapeuta al que acudes, que te sea cómodo llegar hasta su consulta, que puedas organizarte bien para no tener actividades de peso después, porque a veces sales de la sesión deshecho… Todo influye. En mi caso era fundamental que mi psicólogo fuera especialista en pacientes LGTBIQ+, y ayudaba que fuera concretamente un marica. De esta manera me sentía tratando a un igual, a alguien al que no tengo que dar muchos detalles de ciertas cosas para que las entienda. Como además venía recomendado por la Caneli, iba más tranquilo teniendo esa referencia.

Una lección importante es que uno va al psicólogo por ciertas cosas y acaba descubriendo otras de las que no tenía ni idea, casi siempre más grandes, más profundas, trascendentes. Cuando decidí pedir ayuda yo entendía que era porque se me habían hecho bola ciertos aspectos prácticos del día a día. Quería ser el de antes (primer error), quería abandonar la tristeza a través de la acción, de mi relación con el exterior (error, ERROR) y no creía que mis problemas tuvieran demasiado que ver con quién era yo en líneas generales (error, errooOOOOOR, *explota la bocina*). Pero no importa demasiado cuál sea el detonante para acudir a terapia, porque el destino del viaje se va descubriendo por el camino.

Tampoco estaba seguro de si lo había hecho del todo bien aquel primer día, porque no había llorado. En casi todas las escenas que incluyen sesiones de terapia en las películas, el psicólogo tiene que acercar con elegancia una caja con pañuelos al paciente plañidero. Yo había atravesado la sesión con entereza, y aunque nunca es fácil empezar a desbrozar la maleza de las entrañas, me preguntaba si no habría puesto lo suficiente de mí. Llorar es liberador y necesario, pero a mí siempre me ha podido la vergüenza. En las sesiones que vendrían estuve a punto de llorar algunas veces, pero siempre me detenía. Hoy sé que es mi forma natural de reaccionar y no me pesa, porque soy capaz de liberar tensión de otras maneras.

Otra de las cuestiones importantes es la confianza que se debe ir generando con el terapeuta. Uno de los miedos de muchas personas es que creen que van a ser juzgadas por su psicólogo. Nunca es así, o nunca debería serlo. Uno debería poder contar cualquier cosa en terapia sin recibir ningún juicio: malas decisiones, excesos, pensamientos que nos avergüenzan… Las sesiones psicológicas son el espacio donde dejar aflorar todo aquello de lo que no nos sentimos orgullosos, porque es información importante acerca de por dónde debe ir nuestro proceso terapéutico. Que el psicólogo no va a juzgarte es lo primero que debes tener claro, porque de otro modo es imposible abrirse de verdad.

Por experiencias que me han comentado, hay personas que en la primera sesión empiezan a hablar y explotan como un globo de feria. Supongo que hay personalidades propensas a dejar fluir su interior en cuanto les abren una puerta. No es mi caso. Alcanzar los miedos, las inseguridades y los pensamientos que he ido desgranando en estas páginas fue más parecido a un lento paseo en espiral, en el que uno va recorriendo círculos cada vez más estrechos hasta llegar al centro. Digo «un paseo», pero en realidad fue más como una yincana: algunos días corría muy rápido, otros avanzaba solo un paso. Unos días tenía que saltar para alcanzar la rama de un árbol, otros excavaba y otros tenía que resolver un puzle o responder las preguntas de una esfinge con la cara de la gata Nancy.

Las sesiones con un psicólogo son muy diversas. Hay veces, sobre todo al principio, en las que Juan me preguntaba muchas cosas, se detenía en algunas y me iba conduciendo por los meandros de la charla para ir revelando ciertas respuestas. Otros días prácticamente solo hablaba él, bien para explicarme conceptos, bien para reflexionar sobre cuestiones que ya habíamos tratado o consideraba que debíamos resolver. .

Algunos días uno no tiene ningunas ganas de ir a la sesión, y es normal. Hacer terapia es un ejercicio agotador. A nadie le resulta fácil ni cómodo exponer sus miserias, y, sobre todo al principio, desconfías de tu propia intuición a la hora de exponerlas. Yo muchas veces renunciaba a explicar algo porque creía que no tenía importancia, otras tantas retrasaba alcanzar algún momento del pasado porque no me apetecía rememorarlo. Y eso forma parte del proceso.

Al salir de la segunda sesión, aquella en la que Juan alucinó con el taco de folios con el que respondí su petición de contar brevemente mi vida, me nació una sensación inesperada: la euforia. En la primera habían primado los nervios, era la toma de contacto. En esta segunda ya sabía a lo que iba, por lo que estuve más cómodo y relajado. Al terminar, me invadió el sentimiento de que por fin estaba tomando las riendas de mi vida. Había pedido ayuda y estaba haciendo lo correcto. Por más tiempo que tuviera que estar en terapia, un chispazo incandescente me mostró que, al contrario de lo que la depresión me había hecho creer, sí tenía algo que decir en cómo quería que fuera mi vida. Como cuando uno intenta enroscar un tornillo sin éxito y descubre que lo está girando en el sentido equivocado, acudir al psicólogo me hizo sentir enseguida que había estado intentando vivir en una dirección que no funcionaba, que mi forma de ver el mundo y de verme a mí mismo tenía algo fallido en su planteamiento.

Por lo que he hablado con otras personas que también han hecho trabajo psicológico, hay una curva bastante común, que en mi caso se trazó muy visiblemente: de la primera extrañeza se pasa a esta euforia que empapa las siguientes sesiones, para luego caer en un valle que puede resultar espinoso y oscuro, del que con el tiempo uno va saliendo transformado.

Creo que responde a una cierta lógica. La terapia te muestra al principio que hay herramientas para estar bien emocionalmente, artefactos cuya existencia desconocías y te parecen cosa de magia. Pero manejarlos es difícil. Andar con ellos a todas partes y saber que están ahí, pero no ser lo bastante diestro para usarlos, es muy frustrante. Con todo, poco a poco uno se va descubriendo usando uno aquí y otro allá, y un día los usas sin darte cuenta, porque ya te nacen solos. Ahí reparas en que hace un tiempo ni pensabas que algo así era posible, y alucinas.

Con esto quiero decir sobre todo que en terapia, además de ser el paciente como sustantivo, hay que ser paciente como adjetivo. Muy paciente. Mucho. Voy a repetirlo para los del fondo: hay que ser paciente. Integrar algo en tu comportamiento, desprogramar los patrones que llevamos usando en piloto automático toda la vida, remover los cimientos de lo que creemos ser y de lo que queremos ser… son trabajos hercúleos que, por mayor empeño con que se acometan, precisan de tiempo material para empezar a funcionar. Ese tiempo es una equis que solo se despeja cuando uno se descubre haciendo las cosas de otra manera. Pero cuando te pones manos a la obra, nadie (tampoco el terapeuta) sabe cuánto tiempo va a llevarte.

Los momentos en que uno cree que no está avanzando son constantes. Cuando un profesional te explica en su consulta funcionamientos básicos de la mente humana o nociones mí-

nimas de gestión emocional, todo suena tan lógico que crees
que lo tienes claro a partir de ahí. Que basta con escucharlo
y comprenderlo para empezar a ponerlo en práctica. Porque
cuando te dicen en voz alta, por ejemplo, «¿por qué crees que no
mereces ser querido?», ves al instante la falsedad de esa idea,
a pesar de que pueda llevar décadas instalada en tu cabeza.
Como un niño al que le han descifrado su lenguaje secreto, da
la impresión de que el descubrimiento por parte del psicólogo
funde esa idea hasta dejarla en un rescoldo tibio.

Pero no es tan fácil. No es suficiente con escuchar una vez las
cosas y pensar que las has entendido. Luego llega la vida real,
y ahí, mi ciela, es otro cantar. Igual que todos esos participantes
en concursos de la tele que cuando se equivocan en una respuesta exclaman «¡con lo fácil que resulta desde casa!», entre
comprender las cosas en la consulta y llevarlas efectivamente
a cabo en situaciones reales hay un mundo de distancia.

21

EL EMPUJÓN DEFINITIVO

Si habéis escuchado nuestro podcast *¡Puedo hablar!* ya sabéis que nos encanta interrumpir. Así que aquí vuelvo yo para hacer otra pausa porque considero importantísimo que se tenga en cuenta que, además de la terapia, hubo otros factores que coincidieron en el tiempo y me ayudaron muchísimo a fortalecer mi autoestima.

A los tres meses de empezar a ir al psicólogo me surgió una oportunidad ENORME en mi vida. Una tarde cualquiera di con un artículo que se había vuelto viral en redes sociales sobre los problemas más cotidianos que teníamos las mujeres gordas a diario, pero escrito en primera persona y con mucha gracia.

Yo me había reído anteriormente de mi gordura, pero lo hacía como una forma de protegerme. Si yo era la primera que hacía un chiste sobre lo gorda que estaba, evitaba que lo hicieran los demás. No buscaba que nos divirtiéramos todos con mis bromillas sobre la gordura; buscaba relajar un poquito el ambiente y que nadie me machacase.

Pero nunca se me había ocurrido que yo pudiera bromear sobre todo lo que gravita en torno a las vivencias de una mujer gorda. Cuando leí aquel texto lo primero que pensé fue: «Yo también quiero hacer esto». Y no tardé ni dos minutos en ponerme en contacto con *Weloversize* para saber si me dejarían escribir. ¡Y sí me dejaron!

Me estrené escribiendo un par de artículos sobre celebrar la Navidad estando gorda. Cualquier persona con un TCA sabrá que esas fechas tan entrañables son un verdadero calvario para nosotras, ya que casi todas nuestras tradiciones giran en torno a estar con mucha gente (que te recuerda lo gorda que estás), vestir ropa más especial (complicado, sobre todo, si tienes una talla superior a la 42) y tener comida por todas partes. Hasta entonces, celebrar la Navidad con mi familia era para mí un mal trago. Pero ese año fue diferente, porque por primera vez pude reflexionar sobre esta experiencia tan cotidiana y tan complicada para mí desde otra perspectiva. Y con otro tono, definitivamente. Expresar lo que las navidades me hacían sentir y encontrarme con una comunidad que leía, reía, compartía y celebraba mis artículos fue muy sanador.

Vamos, que me gustó tanto eso de contarme y expresar mis sentimientos y opiniones respecto a ciertos temas que... aquí estamos, yo escribiendo este libro y vosotras leyéndolo.

En *Weloversize* me desarrollé a nivel profesional, ya que gracias a mi paso por allí conseguí reconducir mi carrera, pero lo más importante para mí fue que di con un espacio seguro compuesto por mujeres con ideas, estilos e inquietudes diferentes, pero unidas por el movimiento *body positive*. Y cuando estás rota, tener la oportunidad de recomponerte en un espacio seguro es lo mejor que te puede pasar. En *Weloversize* hallé, por primera vez en mi vida, un lugar donde llorar, reír, protestar, bromear, aprender y sentirme valorada. Esto fue crucial para crecer, también, como persona.

Conocer el *body positive* tan de cerca fue el complemento perfecto a mi terapia. Y llegar a través de este movimiento de aceptación de la diversidad corporal al feminismo fue justo lo que necesitaba.

Feminismo, ¿qué deciros que no sepáis?

Si con la terapia entendí que mis problemas estaban mal enfocados y que tenían mucho menos que ver con mi peso de lo que yo pensaba y con el *body positive*, que la gordofobia es un problema real que atraviesa las vidas de millones de personas y que tiene consecuencias en nuestra salud, con el feminismo supe que no estaba sola. Que es, desde mi punto de vista, imprescindible para sanar.

Siempre que he hablado sobre cómo descubrí el feminismo he dicho lo mismo: el feminismo fue para mí el abrazo que llevaba tantos años buscando. Cuando necesitas un abrazo, y te lo da la persona correcta, alivias tensiones, te sientes más relajada, más querida, te sientes cuidada, protegida, estás a gusto, y aunque solo sea por cinco o diez segundos, olvidas tus problemas y te conectas con la otra persona, sintiendo su cariño y su apoyo. El feminismo es un movimiento cargado de energía, y en el momento que te abraza ya no hay marcha atrás.

Todo lo que aprendí entonces fue fundamental para que yo rompiera mitos y estereotipos, entendiera que ser mujer conlleva sufrir opresiones y usase toda esa información a mi favor.

21

PECADO ORIGINAL

Muchas veces, a lo largo de la terapia, Juan me decía las cosas más lógicas del mundo. Cosas que eran la conclusión inmediata de cuestiones que le estaba planteando, pero que por alguna razón yo no había sido capaz de ver. Cualquier problema de salud mental, a mi entender, provoca una distorsión de la realidad a la que uno acaba por acostumbrarse. Como si tuvieras todo el rato unas gafas de sol puestas, terminas por entender que el mundo es del tono apagado del que tú lo percibes. Y ese filtro a veces solo necesita unas pocas palabras para empezar a resquebrajarse.

Mi principal distorsión, la primera diana que trazamos para poder apuntar a su centro colorado, fue mi convencimiento de que no merezco ser querido porque soy un ser humano defectuoso. Antes de trabajarla hubo que sacarla a la luz, porque mi ceguera respecto a lo que estaba pasando era tal que ni siquiera podía formular esa idea que palpitaba tan fuerte en mí y que lo manchaba todo con su mentira.

Juan me iba guiando con preguntas que acababan siempre en la misma respuesta, en una versión deprimida del famosísimo eslogan de aquellos anuncios de champú: *porque yo no valgo.* ¿Por qué crees que no vas a gustar a los chicos? *Porque yo no valgo.* ¿Por qué tienes la sensación en tu trabajo de que no lo haces bien? *Porque yo no valgo.* ¿Por qué no quieres que te hagan fotos de cuerpo entero? *Porque yo no valgo.* ¿Por qué no sostienes la mirada a la gente? *Porque yo no valgo.*

Descubrir que mi autopercepción se basaba en la idea de que soy una persona fallida fue duro, pero, al mismo tiempo, liberador. Aunque esa estrofa que ahora tenía enfrente estuviera podrida, ocupaba un hueco central en el texto de mi vida, y poder leerla claramente me ayudaba a entender el conjunto, a ver con mayor lucidez el poema del que formaba parte.

Lo que me resultó más sencillo fue saber de dónde venía esa percepción putrefacta. Siendo gordo y maricón, mis supuestas taras eran más o menos del tamaño y resplandor de los neones del hotel Flamingo de Las Vegas. Yo sabía que mi gordura era un factor de desestabilización, porque había experimentado el alivio que sentía al adelgazar y el sufrimiento de volver a engordar, pero nunca pensé que ser marica fuera una de las razones que me habían llevado hasta la consulta de un psicólogo.

Para cuando visité la consulta de Juan, llevaba fuera del armario más de una década. Había vivido mi historia con Roberto, salía por sitios de ambiente, me había divertido coqueteando con el drag (fatal, pero cuenta), me trataba en femenino con las amigas y, en general, vivía como un maricón visible en todos los ámbitos… o eso creía.

Durante todos esos años un pequeño armario había convivido conmigo. Un armario minúsculo pero incómodo como una piedrecita en el zapato a la que uno no tiene más remedio que acostumbrarse, pero que sigue doliéndote cada día, a cada paso. Hablo, claro, de no haberle contado a mi padre que era gay. Mi madre y mi hermano lo sabían y lo aceptaban, pero me faltaba el último paso.

Encontraba excusas, repitiéndome que en realidad mi padre y yo nunca habíamos hablado de los temas importantes, y que

mi orientación sexoafectiva no iba a causar ningún efecto realmente en su vida. Y me acostumbré a no ser demasiado explí-
cito cuando estaba en casa, aunque para adivinar que era maricón no es que fuera precisamente necesario un máster en
Harvard (cete).

Sin embargo, esa distancia entre los dos, con la que creía
estar conforme, provocó que me convirtiera en adulto sin saber
si mi padre me aceptaba de verdad o si su convivencia conmigo
era producto de la ignorancia. Y sí, yo estaba en Madrid y vivía
como quería, e incluso me exponía en internet y algunos medios
de comunicación como maricón reivindicativo, pero de vez en
cuando la deshonestidad con mi padre venía revoloteando y se
posaba en mi hombro, quizá ligera, pero también increíblemen-
te pegajosa, y me devolvía con su presencia a los conflictos del
Enrique adolescente.

Me demostraba que, por más avances que creyera estar haciendo, una parte de mí seguía escondida, aterrada, alerta. Todavía tardaría mucho tiempo en desmontar ese último armario
(podéis escuchar una reconstrucción de los hechos en el episodio 91 de *¿Puedo hablar!*), pero entendí en esas primeras sesiones
que, aunque yo no podía o no quería verlo, ser maricón seguía
siendo un reto para mi estabilidad mental.

Creo que no lo encajé del todo hasta que el psicólogo dijo
algo que cayó como una bomba sobre aquella coqueta consulta. No recuerdo qué tema estábamos tratando cuando, como el
que no quiere la cosa y sin darle la mayor solemnidad, Juan
dijo: «En tu caso, que has tenido una infancia y una adolescencia traumáticas...». ¿Cómo? ¿He oído bien?

Yo, como explicaba al comienzo de este libro, tenía una concepción del inicio de mi vida como más o menos positiva. Fui
un niño alegre y dicharachero, ¿cómo no iba a ser un niño feliz?
Cuando Juan adjuntó «traumáticas» a mi infancia y adolescencia fue como si le rompieran de un empellón la cáscara de la

cabeza a Calimero. Esa parte del polluelo que fui, a la que me había agarrado para que me protegiera, estaba hecha añicos delante de mí. La naturalidad con la que Juan se refería a mi trauma primigenio lo hacía más voluminoso, más evidente. Hasta entonces, yo creí haberle relatado la historia de alguien cuyo camino se había torcido en un momento dado. Pero supongo que, sin saberlo, le había ido revelando que el sufrimiento se había presentado casi desde la casilla de salida.

Quizá para algunas personas crecer en la España de los noventa siendo LGTBIQ+ no fue un trauma. Quizá su entereza o su arrojo las protegieron del juicio y del desprecio de los demás. Y, más complicado, del propio. No fue mi caso. Hoy soy capaz de entender que ser marica generó en mí una herida que aún supura cuando menos me lo espero. Una herida que no viene del hecho de ser homosexual, sino del estigma, del silencio y del odio que se arremolinan sobre cualquiera que se salga de la norma.

La primera de las recomendaciones de lectura que me hizo Juan fue *The Velvet Rage*, de Alan Downs, un libro que (con su a veces impertinente carga neoliberal) articula muy bien lo que significa ser LGTBIQ+ en una sociedad que nos silencia y nos desprecia. Leyéndolo empecé a comprender que quienes crecemos marcados por la vergüenza integramos que hay algo fallido en nosotros, algo que nos convierte en seres que, consideramos, no merecen ser queridos. Y aprendemos que, si pretendemos sobrevivir, necesitamos generar ese amor por otros medios.

Pertenezco a una generación que despertó a la homosexualidad sin que nadie se la hubiera explicado. Ser marica significaba ser un monstruo, un marginado; en el mejor de los casos, alguien extraño y ridículo. Así que, cuando me di cuenta de que me gustaban los chicos, no descubrí solo mi identidad sexoafectiva; había un descubrimiento mucho mayor y mucho más terrible: yo era un ser defectuoso, un fracaso de ser humano condenado al ocultamiento y a la mentira.

Saberme maricón, más que revelarme el género de mis futuros amores, fue el pistoletazo de una sufrida carrera sin descanso, de una competición que duraba las veinticuatro horas, siete días a la semana, en la que saldría perdiendo si no lograba esconderme, camuflarme, agachar la cabeza cuando tocara, callarme, mentir. Todas las energías, todas las herramientas debían estar siempre alerta. La *performance* sin descanso de la masculinidad se convirtió es mi única tarea, porque lo contrario significaba la expulsión.

Convencer a un niño de que no merece ser querido es inhumano. Obligar a un adolescente a fingir durante años para no renunciar a la única vida que conoce es atroz. A mí, como a tantos otros, el sistema nos arrojó a esas infancias inhumanas. A esas adolescencias atroces.

Salir del armario no acaba con eso, ojalá. Aunque nos afirmemos en nuestra identidad, nuestra mente está arrasada por el trauma, sigue convencida de que no merecemos el amor de los demás y de que tenemos que ganárnoslo. Como desplazamos toda nuestra validez al exterior, dependemos de los otros para sentirnos dignos de ser queridos. Esa sensación de valía propia, la autoestima, no somos capaces de generarla por nosotros mismos. Crecemos invalidados. No por nuestra homosexualidad en sí misma, sino por un ambiente que nos repite que ser marica, que ser algo distinto a un hombre *como dios manda*, nos convierte en seres vergonzosos. Esa vergüenza es la que nos hiere y se convierte en trauma.

¿Por qué los maricones tradicionalmente nos hemos esforzado tanto en estar buenos de manera normativa? ¿Por qué siempre hemos querido ser los primeros en los sitios de moda? ¿Por qué nos hemos ganado la fama de mordaces? ¿Por qué hemos necesitado generar deseo todo el tiempo, a cualquier precio?

Porque somos adictos a la validación exterior, en muchos casos la única que conocemos. Desplazar la mirada al interior para descubrir que ser yo no tenía nada de malo es algo en lo que Juan tuvo que insistir mucho para que empezara a surtir efecto.

Algunos de los ejercicios que hacíamos tenían que ver con el niño que fui. Juan me explicaba que, si yo me digo a mí mismo que no valgo nada y que no merezco cariño, también se lo estoy diciendo a ese Enrique pequeño y asustado. Varias veces, en su consulta o en tareas que me mandaba para casa, debía visualizar al niño que fui para ver si era capaz de repetirle las cosas que le decía al adulto. Por supuesto, yo no tenía corazón para llamar «fracaso» o «monstruo» a ese Enrique. Así pues, ¿por qué me lo llamaba ahora? ¿Qué había hecho desde entonces que era tan espantoso como para no merecer el cariño de los demás?

Trabajar con el niño interior es un proceso clásico de la terapia psicológica. Proyectar nuestra mirada distorsionada sobre el pequeño del que venimos es una manera eficaz de descubrir las trampas del cerebro. En terapia aprendí algo que parece obvio pero que no tenía integrado: no he hecho nada terrible, nada que me convierta en alguien que genere odio y desprecio. Aunque el patriarcado me haya convencido de que es así, y aunque eso se me haya quedado dentro mientras la sociedad iba avanzando, no tengo ningún pecado original que expurgar.

Descubrir eso fue un gran punto de inflexión porque —como ya he explicado— yo me sentía culpable por haber nacido. Mi depresión no solo me había convencido de que me podría ahorrar sufrimiento si no existiera, sino que había ido más allá, hasta hacerme creer que mi entorno sería más feliz si jamás hubiese nacido. Me lo había repetido tanto que estaba seguro de que mis padres estarían más contentos si no me hubiesen engendrado, de que la existencia de mi hermano hubiera sido más apacible, de que mis amigas y mis conocidos simplemente estarían mejor sin la carga de soportarme.

Desplazando el foco hacia el niño que fui, esa estructura empezaba a perder su equilibrio. Moviéndome unos pasos más allá de la negra perspectiva en la que llevaba años arrinconado, no veía por qué el pequeño Enrique (y, por ende, el actual) era una carga o un incordio para su familia o para sus amigos. Solo se trataba de un niño asustado que no había encontrado su lugar y que, en todo caso, merecía comprensión. Compasión. Cariño. Enrique merece cariño.

Merezco cariño. Merezco cariño porque lo necesito, porque lo doy, porque existo, porque soy. En la habitación oscura de mi depresión se abre una ventana.

22

¿QUIÉN SOY?

He de reconocer que en este punto de mi vida tenía prácticamente todo lo necesario para que mi terapia fuera bien. El apoyo económico y emocional de mi familia, un psicólogo que me entendía y me guiaba en un proceso de reforma integral de mis interiores, nuevos objetivos y la fuerza que me proporcionaban el *body positive* y el feminismo, que me demostraron que las cosas sí se pueden cambiar. Además, tenía a mi lado en Salamanca a mi amiga Carla, que también estaba haciendo terapia en ese momento, y con la que compartía larguííí008simas charlas. Desde entonces sé lo importantísimo que es hablar de ti, de lo que te pasa, de lo que te cabrea, de lo que necesitas… y tener gente con quien poder hablar con honestidad y sin miedo a ser juzgada.

Antes no había sido tan consciente de la importancia de esto, pero ahora había comprobado que una de las consecuencias de desmontar tu mente es que, durante un tiempo, no eres capaz de ver nada con claridad. No me daba cuenta de la cantidad de personas increíbles que tenía a mi alrededor, no me sentía querida y valorada. Así que estoy muy agradecida de que la gente de mi entorno no me dejase sola ni cuando no era capaz de apreciar su apoyo.

Quizá este sea un buen momento para explicar que existen varios tipos de terapia y que cada una tiene sus peculiaridades.

Yo hice terapia cognitivo-conductual. Para resumir, lo cognitivo es lo que está dentro de nuestra cabeza y lo conductual, lo que hacemos de manera «mecánica». Este tipo de terapia trata de resetear tu mente (destruir tus creencias, como por ejemplo creer que por estar gorda soy peor) para que empieces a hacer las cosas de forma diferente. Para que tu conducta cambie.

Generalmente este tipo de terapia descompone el puzle que es tu mente y transforma algunas de las piezas, e incluso añade algunas nuevas y elimina otras, para construirte una nueva cabeza. Este camino es largo y difícil, pues todo el trabajo recae sobre ti y también puede ser doloroso, porque algunas piezas se rompen de golpe.

Pero para empezar a reconstruir algo, primero hay que conocerlo e identificar esas piezas con las que vas a trabajar. Así que en la cuarta sesión con mi psicólogo me tuve que enfrentar, de nuevo, a otra pregunta muy difícil: ¿quién eres?

Esas preguntas que respondemos por inercia son las más difíciles porque estamos acostumbrados a responderlas en función de quién pregunta. Por ejemplo, si llegas a la consulta del médico y te pregunta quién eres, lo normal es que le digas tu nombre y tus apellidos. Si estás por tu pueblo de paseo y un vecino te pregunta quién eres, a lo mejor decides responderle diciendo: «La nieta de Rosario». Si estás en una fiesta de la empresa, quizá contestes que eres la persona que desempeña tal función, por ejemplo: «Soy la chica del equipo de redes sociales».

Sin embargo, cuando tu psicólogo te pregunta quién eres en la cuarta sesión de tu terapia y te pide que te describas en dos o tres líneas, la cosa cambia. Quiere que te lo preguntes y te respondas para ti. Evidentemente, no vas a decir: «Soy Beatriz Cepeda». Tampoco vas a decir que eres la hija de tu madre o que naciste en tal ciudad o en tal año. Y de nada sirve explicarle que eres estudiante, que eres profesora o que eres el nuevo fichaje en la redacción de *Weloversize*, pues todo esto tampoco es lo que eres. Ni siquiera sirve la respuesta de: «Soy la paciente con un trastorno de la alimentación».

Aquella pregunta me descolocó por completo, y la impotencia por no saber cómo describirme, si no podía usar ni mi nombre, ni mi genealogía, ni la ciudad donde nací ni el trabajo que desempeño me provocó cierta tristeza, porque ¡no sabía quién era!

¿Cómo es posible que no sepa quién soy, si no puede haber nadie que me conozca mejor que yo misma? También es cierto que en la cuarta sesión aún estaba a tope con el autoengaño, eso costó unas cuantas horas más desmontarlo, así que esta pregunta llegaba en un mal momento: mi conflicto entre quién sentía que era yo verdaderamente y quién quería ser de cara a los demás.

Ahora sé perfectamente quién soy. Lo que soy es mi esencia, eso que no cambia a pesar de mi estado de salud, de mi puesto de trabajo, de si estoy viviendo en Madrid o en Nueva York, si tengo o no pareja, si estoy en una boda o en una sala de cine. Lo sé porque me dediqué tiempo a conocerme y, lo más importante, a entenderme. Lo sé, también, porque me permití ser, porque dejé de reprimirme, de priorizar lo que otros querían que yo fuera, y conseguí escucharme. Y para tener una autoestima reforzada tienes que pasar por aquí.

Si la autoestima es, simplificando muchísimo, cuánto te quieres, el autoconcepto es cómo te percibes, cómo te describes. A medida que mejora tu autoestima, tu autoconcepto cambia, y a medida que tu autoconcepto cambia, empiezas a hacer cosas que antes no hacías. Tus conductas se transforman y sientes que ha sido por arte de magia, porque ahora ya no te cuesta aquello que antes era una verdadera prueba de fuego.

Os voy a poner un ejemplo que seguro que os suena: a mí me han llamado «valiente» MILES DE VECES por mostrar mi cuerpo con naturalidad en las redes sociales o por disfrutar de las vacaciones en la playa. Valiente. Valiente es una persona que se lanza al mar para salvar a otra, o la que renuncia a su trabajo durante una crisis económica porque no lo soporta más. Valiente es quien se arriesga. ¿Por qué ahora yo parecía una persona valiente por ir a la playa estando gorda? Porque mejoró mi autoestima y cambió mi autoconcepto. No era magia ni valentía, era trabajo en terapia.

Al mejorar mi autoestima entendí fácilmente que si me relaja muchísimo ir a la playa, tengo que sacar tiempo para ir. Al mejorar mi autoconcepto entendí también que no hay ningún problema por estar gorda porque a la playa no voy a participar en un concurso de modelos, voy a disfrutar de un momento de relax, y cualquier persona, tenga el cuerpo que tenga, está en su perfecto derecho de relajarse, así que hay un total de cero problemas en ir un día a la playa si es lo que te apetece hacer.

Cuando he hablado de mi proceso de terapia una vez finalizado, también he dicho muchas veces que supuso para mí un cambio radical, que la persona de antes de ir al psicólogo era diferente por completo a la que soy ahora. Pero esto no es cierto. Era la misma persona; pero, antes de hacer terapia, no me permitía ser. Querer ser lo que otros esperaban de mí, hacer cosas que no deseaba por la necesidad de encajar o sentirme querida me obligó a esconder quién era yo. Y ese sí que fue el origen de mis problemas de salud, no los kilos de más.

22

YA NO SOY UN GREMLIN

La depresión no es un castillo de naipes, no se derrumba a la primera. Pero siempre se empieza con un pequeño movimiento, con el desplazamiento de una idea que hace que haya que recolocar el resto. Ese impulso fundacional, en mi caso, fue poner en jaque el convencimiento de que no merecía ser querido. A través de las conversaciones con el terapeuta iba viendo que era una idea a la que había llegado por motivos que no aguantaban el más mínimo análisis lógico, que no se sostenía en cuanto la mirabas de frente. Y después de tanto tiempo caminando en la oscuridad, ese cambio arrojaba una luz mínima sobre un camino que me dispuse a seguir sin demora.

Con aquel cambio de rumbo, que se dio cuando llevaba un par de meses en terapia, desaparecieron muchas de las viejas mentiras que me había creído. Empecé a entender que mi caso no era ni raro ni único, que muchas personas se sentían como yo y que muchas también lo habían superado. Ya no creía que aquello que sentía era mi personalidad, que estaba atrapado para siempre en mi tristeza. Ese pequeño resplandor me indicaba una dirección, un trayecto posible hacia un lugar aparentemente luminoso.

Durante mucho tiempo había pensado que sacudirme la oscuridad era algo así como traicionarme a mí mismo; que si mis emociones eran aquellas era porque respondían a mi naturaleza y, por lo tanto, cualquier otra cosa sería engañarme a mí mismo. Entender que el estado en el que estaba sumido era algo distinto a mí, una especie de parásito del que empezaba a ver sus formas, me daba fuerzas para intentar arrancármelo.

Sin embargo, en medio de ese estado de vulnerabilidad que uno tiene mientras hace terapia, donde está constantemente autoevaluándose, se requiere una cierta tenacidad para lograr cambiar de verdad las cosas. Quizá en las sesiones has visto claro lo que falla en tu vida, pero cuando te pones a ejecutar esos cambios tú solo, sin que el psicólogo te sople lo que tienes que decir cual Cyrano de Bergerac, es muy tentador y muy cómodo actuar como siempre. Porque ¿quién soy yo sino alguien que reacciona de una manera determinada ante determinada situación? ¿Cómo sigo a partir de aquí si opto por un camino tan distinto del que me sale *natural*?

Cambiar patrones de nuestra vida es como aprender a conducir por la izquierda. Aunque conozcas las normas de tráfico y tengas mucha experiencia circulando por la derecha, el cambio de perspectiva hace que todo parezca nuevo. Responder a un mensaje, planificar un fin de semana, charlar con tus padres, escuchar a tu cuerpo cuando te pide algo... Tu cabeza lo analiza todo en relación con el trabajo terapéutico, deposita en las pequeñas cosas la oportunidad de ir mejorando las grandes cuestiones. Y para ello hace falta arrojo.

En mi caso era imprescindible empezar a llevarme bien con mis emociones. Hasta ese momento sentía que estaba del todo desconectado de ellas, que las veía pasar desde la barrera. Trabajando con Juan me di cuenta de que no era exactamente así. Aunque no habría sido capaz de formularlo entonces, el sistema que seguía era el de ser una víctima permanente de mi emocionalidad. Como no sabía gestionarla, ni siquiera identificarla (era de las típicas personas que solo contestan con un «no sé» cuando les preguntas qué les pasa), me dejaba arrastrar por ellas y las convertía en absolutas. La tristeza, la vergüenza, la culpa o el autoodio podían aparecer en cualquier momento y por cualquier motivo, pero siempre con idéntico resultado: vampirizaban mi estado de ánimo y me convertían en alguien ahogado por lo que sentía. Por ejemplo, la vergüenza por un pequeño error significaba encadenar esa sensación a todas las vergüenzas anteriores, grandes y pequeñas, que acudían rápidamente a la llamada. Cada emoción negativa que venía a mí se multiplicaba al instante, como un gremlin en el lavavajillas.

Con la terapia empecé a entender que las emociones van y vienen, que no son eternas y que ni siquiera tienen por qué ser importantes. Estar vivo significa vivir experiencias y tener pensamientos, y las experiencias y los pensamientos se traducen en emociones. Pero esas emociones no tienen por qué reflejar la magnitud, la importancia, la trascendencia de las experiencias y los pensamientos.

Otro ejemplo: si yo tengo fobia a las ratas, sentiré pánico si veo una por la calle. Pero ese pánico, que es una respuesta emocional al peligro, no significa que el peligro sea real. Si hago caso a la fobia irracional, ya me puedo estar cruzando con el mismo Stuart Little, que la respuesta de mi mente será la de un peligro de muerte. De modo similar, mi depresión había estado mezclando y experimentando con mis emociones como si fueran un Quimicefa. Se había encargado de hacer crecer las negativas, para que pareciera que eran las habituales, las que iban a ocupar más tiempo el resto de mi vida. Mientras, las positivas se habían ido reduciendo hasta la nada.

Con el psicólogo fui aprendiendo a alejarme un paso de ese estanque emocional en el que constantemente me sumergía. Fui entendiendo que somos mucho más que nuestras emociones, que sentirse de una manera no tiene por qué significar quedar reducido a esa sensación. Las emociones nos proporcionan información, pero es un error interpretar que esa información es toda la realidad. Por su propia naturaleza, las emociones son una respuesta pasajera a los estímulos y pensamientos que vamos experimentando. Quedarse atrapado en ellas provoca un desajuste terrible, porque uno deja de fluir con el mundo, de adaptarse a lo que se le presenta, para convertirse en un cúmulo de ansiedad, en una de esas bolas negras con ojos de las películas de Ghibli (pero no tan mona).

Con este nuevo enfoque fui siendo capaz de reevaluar mi comportamiento. Empecé a entender cómo esas emociones invasivas habían colonizado muchos aspectos de mi vida: la culpa, la vergüenza y el autoodio no solo se presentaban en momentos relacionados con su supuesto origen —ser marica, estar gordo—, sino que se habían hecho con la primera fila de mis respuestas emocionales. Casi todo lo que experimentaba era a través de ellas, lo que había ido convirtiendo mi vida en un zulo irrespirable.

Un síntoma revelador, que esbozaba al principio del libro, era mi ansiedad social. Tratar con desconocidos siempre había supuesto un esfuerzo para mí. Más allá de una timidez natural, cualquier interacción me producía un circuito de pensamientos obsesivos que muchas veces me impedían cumplir con mi necesidad o deseo de hablar con alguien. Incluso si la charla estaba más que justificada (hacer un trámite, obtener una información de la persona adecuada para dármela), mi cabeza se encargaba de elaborar una endiablada secuencia de posibles conversaciones, preguntas, respuestas, salidas de tono que quizá ocurrieran, momentos incómodos que tendría que evitar, etc. Me he visto muchas veces dando vueltas a la manzana antes de entrar en un negocio en el que quería comprar algo; he hecho mentalmente miles de planes de huida de cualquier sitio donde estuviera, por si tenía que salir por patas; he elaborado en mi mente docenas de horas de posible charla ante cualquier mínimo intercambio de palabras.

Actuar de esa manera frente a los demás era una condena que había asumido con resignación. Pensaba, simplemente, que así era yo. Juan, a través de preguntas y más preguntas, acabó por revelar qué pasaba. Cuando me cuestionó por qué quería limitar al mínimo mi exposición a la gente, me descubrí diciendo algo como: «Porque si me miran o hablan conmigo el tiempo suficiente, se darán cuenta de que no valgo nada». Allí estaban de nuevo mis *Supernenas* particulares: Culpa (la verde con mal humor), Vergüenza (la pizpireta de azul) y Autoodio (la naranja de la coleta). Disfrazadas de timidez o haciéndose pasar de nuevo por mi personalidad, me habían estado condicionando a la hora de mantener conversaciones con cualquiera que se cruzara en mi camino.

Para revertir esto, Juan me propuso que intentara activar todas las charlas posibles con quien fuera: que preguntara algo en una tienda sin comprar nada, que cuestionara a los camareros sobre cosas que no iba a pedir, que tomara la palabra con desconocidos sin darle muchas vueltas a qué iba a decir. Recuerdo un viaje a Cádiz en el que, aprovechándome de la mítica simpatía de sus habitantes, me forcé a charlar con tanta gente como fuera posible para descubrir que, evidentemente, no ocurría nada si lo hacía. Como mucho, que percibían en mí al muchacho educado y amable que soy, y no al ser inmundo que mi depresión me convencía de que iban a descubrir. Me había convencido de que era peor que el monstruo de Frankenstein, y descubría ahora que *soy una mujer normal, una rosa blanca de metal.*

23

TODO SOBRE MIS PADRES

Los primeros que impusieron sus expectativas sobre mí fueron, por supuesto, mis padres. Una de las partes más difíciles de la terapia fue trabajar mi relación con ellos. Porque los quiero mucho, porque sé que ellos me quieren mucho a mí, pero también porque nos hemos hecho mucho daño.

Supongo que la mayoría de los padres quieren lo mismo: que su hija esté sana, que sea feliz, que tenga un buen trabajo y que se rodee de gente que la quiera.

Hasta aquí, todo perfecto. La cosa empieza a torcerse cuando se nos olvida que nuestras ideas de lo que es estar sana, de lo que es ser feliz, de lo que es un buen trabajo y de lo que es tener gente que te quiera alrededor son eso, ideas, percepciones, constructos; y que lo que para una persona puede significar felicidad, para otra, aunque sea tu hija, puede significar infierno. También, en muchas ocasiones, a las hijas se nos olvida que nuestros padres son humanos, que fallan, que a veces no saben qué hacer, que tienen miedos, se bloquean, se equivocan y que, como todos, hacen lo que pueden.

¿Adónde quiero ir a parar con todo esto? Pues a que, cuando era pequeña y simplemente me dejaba llevar en la vida, todo fue perfecto y maravilloso. Pero cuando mi personalidad empezó a desarrollarse, es decir, cuando empecé a saber lo que me gustaba, lo que no, cuando empecé a expresarlo, y, sobre todo, cuando empecé a engordar, que más o menos coincidió en el tiempo, la cosa se torció.

Sé que el hecho de que yo pasase de ser una niña normal, ni gorda ni delgada, a ser una preadolescente rellenita fue un problema. ¿Por qué? Porque la idea que tenían mis padres de lo que es una hija saludable era completamente contraria a una hija gorda. ¿Por qué? Porque nuestra sociedad nos machaca constantemente con la idea de que la única manera posible que existe de estar sana es estando delgada. ¿Y cómo iban a querer unos padres que su hija estuviera enferma?

La verdad es que es bastante curioso que por evitar a toda costa que tu hija tenga un problema de salud físico, esta acabe desarrollando un problema de salud mental.

Recuerdo como si fuera ayer el día en el que mi psicólogo me hizo una pregunta sobre esto, y ya sabéis que las preguntas de mi psicólogo siempre parecían muy sencillas, pero luego eran peores que un examen de oposición. No la recuerdo al pie de la letra, pero sí el sentido general, que fue, más o menos, si cabía la posibilidad de que mantenerme gorda o hacer cosas que me llevasen a engordar más (las buenas merendolas que tanto me gustaban) fuera un acto de rebeldía contra unos padres sobreprotectores.

Claro que mis padres fueron sobreprotectores. Para empezar, yo fui hija única, así que acaparaba toda su atención, para lo bueno y para lo malo. Además, seguro que cuando comenzaron a notar que yo no estaba bien (ataques de ansiedad, engordar, encontrar evidencias de que comía a escondidas...), el miedo a que me pasase algo malo los hizo más protectores todavía.

Seguro que habéis visto algún fragmento del programa de televisión *Hermano mayor*. A mí nunca me gustó, pero, claro, hay algunos episodios que son historia de España. Y es curioso cómo, más o menos, hay un patrón entre todos los hijos conflictivos:

padres sobreprotectores que les han dado TODO a sus hijos. Y es que, claro, cuando un hijo siente que lo tiene TODO y que NUN-CA le va a pasar nada... es más difícil que pueda ser responsable de sus propios actos o aprenda lo que son los límites.

Hoy por hoy, todavía no he podido responder la pregunta que me hizo el psicólogo, esa de que si mantenerme gorda era la única manera posible que yo tenía de joder a mis padres, como respuesta a lo jodida que me tenían a mí con el tema de mis kilos y la comida. Sirva esto también para demostrar que los psicólogos no son Dios y que no todo lo que salga de sus bocas tiene que ser cierto, y que tú puedes cuestionarlos a ellos también e incluso llevarles la contraria.

Lo que él me proponía tenía sentido, pero yo no lo veía tan claro, del mismo modo que sí veo claro que la comida fuera, durante muchos años, mi vía de escape a una opresión constante. Pero gracias a hacerme este tipo de preguntas e ir desglosando las respuestas, sí que fui capaz de entender que yo no era una persona responsable de mis propios actos y que no sabía lo que eran los límites.

Ser una persona responsable significa que eres capaz de asumir las consecuencias de tus decisiones. Por ejemplo: decides pillarte una buena borrachera con tus amigos y estando borracha la lías, rompes un banco del parque, te pillan, y son papá y mamá quienes te sacan las castañas del fuego. Dan la cara por ti, solucionan el problema hablando o pagan la multa que te pongan. Este es el ejemplo fácil de ver y entender. Pero yo nunca me había pillado una borrachera que acabase en multa. En mi caso eran cosas rollo que cuando algo me salía mal echaba balones fuera y, por supuesto, la culpa siempre acababa siendo, de una manera u otra, de mis padres.

Asumir mi responsabilidad pasaba por dejar de culpar a mis padres de mi trastorno de la alimentación. Había que aceptar que sí, que ellos podían ser un factor más en un trastorno que es multifactorial, pero era también muy importante entender que es nuestra sociedad y nuestra cultura las que nos llevan a pensar que lo gordo es malo, y que ellos cayeron en esa trampa igual que caí yo.

Y ahora viene lo mejor, el tema de los límites. Ponerles límites a mis padres ha sido lo más difícil que he hecho en mi vida. Más que mudarme a otro país, más que sacarme una carrera, más que completar la tabla que me pone mi entrenador personal.

Supongo que mis padres siempre me vieron a mí en una posición de inferioridad. Ellos son los padres, arriba, y yo soy la hija, abajo. Creo que nunca tuvimos una relación de igual a igual. Hasta que empecé a ponerles límites, curiosamente. La cosa es que cuando tú te sientes superior a una persona, no vas a permitir que esa persona te diga que no. Imagina que eres la encargada de una tienda y mandas a uno de tus dependientes a colocar una cosa y te dice que no, y se queda tan a gusto. Pues así se debieron de sentir mis padres cuando empecé a trabajar con ellos, sin que ellos lo supieran, que esto es lo más divertido, el tema de los límites.

No haber aprendido a ser una persona responsable a causa de esa sobreprotección me había convertido en una persona muy dependiente. Dependía de mis padres para todo. Para todo lo malo, claro, porque cuando las cosas iban bien «no los necesitaba», pero al primer revés era a los primeros que llamaba y, encima, tenía la suerte de que SIEMPRE estaban ahí para mí.

Y ser una persona dependiente emocionalmente te hace sentir que sin la otra persona tú no puedes vivir. Como yo creía que sin mis padres no podría hacer nada, y aunque esto fuera muy contraproducente para mí, los tenía en cuenta para todo. Para tomar todas mis decisiones, para hacer todos mis planes, para solucionar todos mis problemas. Y, por supuesto, quería tenerlos siempre contentos. Aunque por mucho que quieras contentar a alguien es imposible evitar conflictos, pero hasta en los conflictos intentaba ceder para contentarlos. Ya sabéis por dónde voy, ¿no?

Si quiero tener siempre contentos a mis padres para que no me fallen nunca porque los necesito y evito los conflictos a toda costa, ¿cómo iba a ponerles un límite? ¡Se enfadarían! Spoiler: sí, se enfadaron. Empezar a poner límites a mis padres y, por lo tanto, ir desprendiéndome de ellos fue muy doloroso, porque yo, en vez de sentir que estaba concediéndome el espacio que necesitaba para desarrollarme, sentía que les estaba haciendo MÁS DAÑO todavía. La peor hija del mundo. Fue un trabajo de meses. Y del todo distinto con mi padre que con mi madre, ya que son dos personas diferentes y cada uno tiene sus cosillas. A la larga, sí, muy satisfactorio, pero a la vez muy costoso a nivel emocional, y me desestabilizó muchísimo. También muy frustrante, porque a veces daba la sensación de que, después de dos horas de conversación, habían quedado las cosas claras, y dos días después te dabas cuenta de que no, de que había que volver a empezar. Horroroso, horroroso, de esto que dices: «No se lo deseo a nadie», pero al mismo tiempo piensas: «Pues claro que se lo deseo, le deseo a todo el mundo que ponga los límites que crea necesarios porque si permites que hagan de ti lo que quieran no podrás ser tú misma ni hacer lo que quieras».

Mientras trabajaba los límites con mi familia, después de meses sin comer compulsivamente, los atracones volvieron. Lógico, si vuelve el malestar y la única forma que tengo yo de gestionarlo es comiendo, qué otra cosa podía pasar. Sin embargo, mi psicólogo no le dio ninguna importancia. Tal y como me había explicado, los atracones eran la capa superficial de mi problema, como la fiebre, un indicador de que algo no va bien dentro de ti. Pero si quieres acabar con la fiebre no tienes que ponerte un paño húmedo en la frente, eso solo la aliviará momentáneamente. Tienes que hacerte unos análisis para saber dónde está el origen de la infección y tratarla. Por eso no importaba que volvieran los atracones. Es más, eso era una buena noticia. Significaba que empezábamos a tocar el origen de «la infección» y, al removerla un poco, había vuelto «la fiebre».

23

A TRAVÉS DEL ESPEJO

¿Cuántas cosas me había perdido por culpa de los mecanismos de mi mente enferma? Hay personas a las que sus trastornos las llevan a hacer cosas de las que luego se arrepienten; en mi caso, son mayoría absoluta las cosas que mis traumas me han llevado a no hacer. Juan me descubrió el nombre técnico de esto: evitación experiencial. Suena a tratamiento antiarrugas, pero es el proceso que nos lleva a bloquearnos ante las decisiones o diatribas de la vida, la fuerza que nos impide verbalizar y ejecutar las cosas que queremos hacer, decir, experimentar. Desmontarla fue mucho más complicado que aprenderme su nombre.

Tengo una escena grabada de mi infancia que puede resultar representativa. De pequeño, mi lugar favorito del mundo era el PRYCA de Albacete. Íbamos dos o tres veces al año, en fechas señaladas, y allí estaba todo lo que yo pudiera desear: los cines Ábaco (con sus nueve salas), donde me enamoré del arte cinematográfico; los recreativos Sega, donde cada vez que íbamos había nuevas maquinitas y donde una vez me encontré ¡5.000 pesetas!, y el PRYCA en sí mismo, donde mis padres nos compraban algún regalo para celebrar la ocasión.

Pasar el día en el PRYCA era mi mayor acercamiento al Nirvana. Pero un día, cuando tenía doce o trece años, me pasó algo que no supe comprender entonces. Llegaba el momento de ele-

gir un juguetito para llevarme, y fui incapaz de hacerlo. Tenía
delante de mí estantes y estantes repletos de power rangers, ac-
tion mans, pokémons... Todo el surtido de juguetes para niños
(los roles de género eran férreos), entre los que me gustaban
varios, pero no lograba decidirme. Empecé a convencerme de
que no iba a elegir bien; de que si escogía uno, no me iba a gustar; de que si elegía otro, todos los niños del cole tendrían el
primero y yo no. Estaba hecho un lío y teníamos que irnos, así
que, desarmado ante la diatriba, no me llevé ninguno, porque
no fui capaz de soportar la presión de equivocarme. Aquel día
experimenté quizá por primera vez la ansiedad, y comencé a desarrollar un sistema de defensa, un recurso engañoso, que después practicaría con casi todo: quedarme quietecito es una manera de evitar el sufrimiento.

La evitación experiencial, las barreras que ponemos en la vida
para no hacernos daño o para que no nos hagan daño, ha sido
uno de los patrones básicos a los que ha respondido mi conducta. Si no voy a una excursión, no tendré que preocuparme
por si se meten conmigo; si no me visto como quiero, me
ahorraré miradas y comentarios; si no sostengo la mirada a ese
chico, no me hará sufrir si no le gusto; si me encierro en mi
habitación y no hago ruido, no he de enfrentarme a mi familia.

Y sí, el mecanismo tiene su lógica, pero el problema es que
la vida no funciona así. Si uno se abstiene de hacer las cosas
porque no está del todo cómodo o del todo seguro de los resultados, es imposible adquirir la experiencia necesaria para lidiar
con esas mismas cosas. Igual que uno no aprende a nadar si no
se tira al agua, meternos de cabeza en las situaciones que nos
asustan es el único camino para liberarnos de ese miedo, para
arrebatarles el poder que tiene sobre nosotros.

Creo que lo primero que se encontró Juan cuando llegué a su
consulta fue eso, una persona profundamente aterrada por la
vida. Todo me daba miedo. Lo de fuera, lo de dentro, lo impor-

tante, lo intrascendente. Tratar con personas nuevas, tratar cosas nuevas con personas conocidas; experimentar nuevas emociones, dejar de experimentar nuevas emociones. Exponerme, sobre todo: al trato superficial con desconocidos, al trato profundo con la gente de confianza. Miedo a que no me quieran, terror al afecto. Un lío, cariño.

Como el humor siempre ha sido mi aliado, a lo largo de mi vida he recurrido a él para camuflar el temor o para escabullirme de los momentos incómodos. Un chascarrillo oportuno desplaza la atención de la situación y ofrece una forma de comunicación que sí domino, la risa. Riéndome y haciendo reír me he escurrido de los momentos que me ponían al borde de esas experiencias que no estaba dispuesto a vivir.

Ese miedo tenía mucho que ver con mi autopercepción física, además de con la noción de mí mismo más abstracta. Antes de ir a terapia, aparte de un humano fallido, me consideraba un ser nauseabundo, un monstruo al que la gente haría bien en no mirar. Me parecía que mi cuerpo, enorme y orondo, molestaba allí donde estuviera, y por tanto procuraba estorbar lo menos posible, no detenerme ante la mirada de nadie. Entendía que cualquier persona que tratara conmigo estaría deseando terminar cuanto antes, lo que reforzaba mi necesidad de no preguntar mucho en las tiendas, no consultar al médico más de lo estrictamente necesario, no sostener la mirada de nadie en la calle… No quería darles la oportunidad de ver bien mis formas, de recorrerme con la mirada, para que no descubrieran que era un insecto disfrazado de persona. Un enorme gusano.

De hecho, el primer ejercicio práctico que recuerdo hacer con Juan consistió en cogernos de las manos y mirarnos a los ojos durante unos minutos. No había que decir nada ni esperar nada; simplemente experimentar el contacto. Aplicado como soy, le tomé las manos y le miré. A los pocos segundos mi cabeza empezó a formular chistes, bromillas que pudieran aliviar la tensión que estaba sintiendo. Cuando llevábamos un minuto, empecé a sentirme incómodo de verdad, exponiéndome así un tiempo que mi cerebro consideraba como innecesario y potencialmente peligroso. Pero aguanté, y cuando acabamos el ejercicio, se me despertó la certeza de que algo en mi interior estaba muy roto si no era capaz de tocar a otro ser humano un par de minutos sin querer salir corriendo.

La relación que tenía con mi cuerpo era, claro, otro de los grandes frentes. Como he ido desgranando, hasta que la terapia me dio herramientas, mi cuerpo era algo así como el *hardware* de mi cerebro, un pobre soporte físico que tenía que utilizar quisiera o no para poder transportar mi mente, a la que sí le daba un valor y una importancia. De pequeño y de adolescente me hubiera encantado ser un cerebro flotante, una inteligencia pura que no precisara de los limitados terrenos de la carne para desplazarse y comunicarse.

Lo que escondía esa fantasía *sci-fi* era un rechazo y un autoodio absolutos hacia mi cuerpo, que con su grasa y sus michelines me parecía el ancla que me tenía atrapado en la infelicidad. Siempre rechacé todo contacto que no fuera estrictamente necesario, siempre entendí que tocarme era para los demás como meter la mano en la urna llena de escarabajos de *Gente con chispa*: un trago, una transacción desagradable. Estaba convencido de que los pocos chicos que me habían acariciado estaban movidos por la lástima, o por un extraño fetiche que me desagradaba. Nadie en su sano juicio me tocaría a mí teniendo tantos otros cuerpos disponibles por todos lados, me convencía.

Para enfrentar todo esto, lo primero que me ordenó Juan fue que conociera mi cuerpo. Como adelantaba al principio, ante ese rechazo tan total que hacía que apenas me mirara al espejo —y cuidándome mucho de evitar ciertos ángulos, ciertas posturas—, durante unas semanas mis deberes consistieron en mirarme desnudo, en observarme frente al espejo intentando no juzgar aquello que veía, sino tener una apreciación objetiva de mis formas, de mis volúmenes, de mi textura. Observar y hasta recrearme en mi cuerpo era toda una novedad. Detenerme en algunas perspectivas, mover de cierta manera las extremidades, descubrir puntos de vista novedosos... Empecé a acercarme a mi físico como un naturista y no como un inquisidor. Desgajado del odio y de la vergüenza, mi cuerpo se prestaba a ser leído en otros términos. Porque si uno observa el tiempo suficiente cualquier fenómeno de la naturaleza, le acaba encontrando la belleza. Y yo no soy una excepción.

La terapia me había llevado a un estado mucho más abierto, más receptivo, y mi cuerpo necesariamente fue el primer territorio que acogí en esa nueva relación con el mundo. Observarme sin prejuicios (práctica a la que después le sucedió la de acariciarme y explorarme en largas sesiones con música tranquila y a media luz, como si tuviera citas conmigo mismo) me permitía superar mi anterior mirada, que por intuición o por costumbre venía acompañada del desprecio, y detenerme el tiempo suficiente hasta que aparecían la belleza, la complicidad, la compasión. Es imposible amar algo que no se conoce, y yo, mucho me temo, no conocía mi cuerpo.

24

DE LA DEPENDENCIA AL MALTRATO

La vida te da sorpresas y la terapia, también. Algunas son buenas y otras, desagradables. La que viene a continuación es la más desagradable de todas.

Después de haber entendido qué era la dependencia emocional y cómo había afectado a mi relación con mis padres y a mi propia autoestima, me di cuenta de que todas mis relaciones, en mayor o menor medida, habían estado marcadas por esa dependencia. Las familiares, las de amistad y también las amorosas.

Profundizando un poco más sobre cómo me relacionaba con mis amigos y con las parejas que había tenido, llegamos un día a una conclusión que fue para mí como una patada en el estómago. Yo había sido maltratada por una de mis parejas.

No me lo podía creer. Aunque mi relato de cómo fueron sucediendo las cosas coincidía al cien por cien con el patrón del maltrato psicológico, yo no me lo podía creer. Y no me lo podía creer porque pensaba que estas cosas no le pasaban a gente como yo. Que yo era una tía lista, que sabía defenderse, y me machacaba por no haber sabido identificar lo que me estaba ocurriendo. Y que si «me había dejado maltratar» (perdonad la expresión, pero en aquel momento yo lo sentía así) es que era una tonta integral.

Sí, amigas, me sentí culpable por haber sido maltratada. ¡Toma ya! Y esa culpabilidad también me provocó mucha vergüenza. No me avergonzaba de haber sufrido maltrato en una relación, me avergonzaba de no haber sabido identificarlo en su momento y de haberme dado cuenta años después. Lo que os digo, ¡una tonta integral!

No, claro que no fui una tonta, aunque sí, así me sentí. Del mismo modo que apenas se le ha dado importancia a la salud mental hasta hace unos años y estamos ahora (los que tenemos interés) aprendiendo a identificar señales de estrés, de ansiedad, de diferentes trastornos... al maltrato psicológico no se le ha prestado atención hasta hace prácticamente dos días. Es más, el maltrato psicológico está tan normalizado en las relaciones que a veces lo confundes con el amor. Si se preocupa por dónde estoy y con quién es que me quiere, si se enfada es porque le importo, si siente celos es que está loco por mí.

Como yo me sentía una persona en una posición inferior, tal y como me demostraban mis padres cada vez que me decían «es que tú no sabes nada de la vida» o «hazme caso, que yo sé más que tú», tal y como me demostraban mis compañeros de la facultad cuando hacían preguntas y apreciaciones que a mí ni se me habían pasado por la cabeza y tal y como me mostraba la sociedad, que te vende una y mil veces la historia de que solo mereces estar a la altura de los demás cuando por fin adelgazas, con mis parejas también me salía solo lo de colocarme por debajo. Ellos eran siempre mejores que yo. ¡Por eso me gustaban, claro! Tampoco lo tenían muy difícil, porque yo me consideraba a mí misma la última mierda. Con que fueran la penúltima mierda ya eran mejores. Yo tenía suerte de que alguien me quisiera, así que al que se interesaba por mí se lo concedía todo. Incluso que me usara como saco de boxeo de sus propios problemas.

Mi relación con este chico se basaba en la admiración. Él me sacaba unos cuantos años, cinco o seis, y sabía mucho más de la vida que yo. Gracias a las conversaciones largas, divertidas y muy interesantes que teníamos, yo fui, poco a poco, creyéndome una tonta a su lado y, al mismo tiempo, muy afortunada de tenerle en mi vida para que me pudiera guiar con sus consejos. Así, de forma paulatina, él empezó a controlarme y a manipularme en mis decisiones. Al mismo tiempo, anulaba mis opiniones, mis pareceres, mis deseos, mis gustos, haciéndome dudar de mí misma y de lo que de verdad quería, así que, básicamente, generó en mí tal distorsión que ya no sabía ni lo que quería. Bueno, sabía que le quería a él, porque se preocupaba tanto por mí...

Si, de repente, un día tonto yo me atrevía a expresar mis deseos o una opinión cualquiera y esto no coincidía con sus deseos u opiniones, teníamos una bronca. Por suerte (para él), yo odiaba los conflictos y siempre cedía para tener a la persona de la que yo dependía emocionalmente contenta, así que siempre siempre ganaba él. ¡Como Doraemon!

A cambio, yo perdí el poco amor propio que me quedaba, perdí mi criterio, perdí mis objetivos, perdí aficiones, a algunos amigos... Y he de reconocer que también perdí la confianza en las personas que se interesaban por mí. Aún hoy me sigue costando confiar en las personas que se me arriman con la intención de tener algo más que un rollete conmigo. En cuanto siento que le gusto a alguien me pongo a la defensiva.

Cuando mis tres años de terapia con este psicólogo estaban llegando a su fin, conocí a otro chico. Gracias a ello pude trabajar en la consulta el tema de la confianza en los demás. Y la cosa fue bien. A medida que la relación avanzaba, yo iba reflexionando sobre ciertos aspectos que surgían con mi psicólogo y todo parecía ir sobre ruedas. Hasta que un día me enteré de la manera más tonta de que este chico me estaba engañando. De nuevo me culpabilicé a mí misma, me sentí una tonta por no haberlo visto venir y pensé que todo el trabajo que había hecho en terapia no había servido para nada. De nuevo me sentí muy avergonzada, tanto como para no llegarle a contar nunca al psicólogo que este chico me había engañado, que yo había decidido terminar la relación con él y que volvía a sentirme como la última mierda.

24

ABANDONAR LAS ARMAS

En terapia uno se saca el teórico, pero el carnet práctico solo te lo da la vida. Las herramientas que se adquieren en la consulta de poco sirven si no se saben aplicar después en el día a día. Gracias al trabajo interior había ido alcanzando un novedoso entendimiento con mi cuerpo, pero debía ponerlo a prueba. Además, tenía ganas, porque mediante los ejercicios y las charlas con Juan había empezado a hacer las paces con mi aspecto, y todavía no sabía cómo era compartir cierta intimidad sin estar mortalmente avergonzado por ser como eres.

Recurrí a lo más rápido, a Grindr. Como a casi todos los maricones, Grindr me ha supuesto a la vez una bendición y una tortura. Es sin duda el artefacto que más me ha desestabilizado, pero también me ha procurado grandes momentos, como el que voy a relatar. Como toda tecnología, no es en sí misma buena o mala, pero el uso que venimos haciendo de ella ha provocado que cada día la observe con mayores reservas.

El caso es que, ya bien metido en mi proceso terapéutico y con una relación más normalizada respecto a mi físico, supe que había llegado el momento de quitarme una losa que todavía arrastraba. Había tenido sexo con varias personas, pero por mis inseguridades no había practicado la penetración. La concepción patriarcal que aún mantenía hacía que en mi fuero interno me siguiera considerando, de alguna manera, virgen. Decidido como estaba a acabar de una vez por todas con esa carga, seleccioné un perfil para cumplir mi cometido.

El elegido fue un chico brasileño que, no me preguntéis cómo lo hice, pero estaba buenísimo. Grande, moreno, peludo... Me entran calores solo de recordarlo. En realidad sí sé cómo lo hice, sí sé por qué alguien así atendió mi llamada (del ahorro): le hablé con naturalidad. En vez de ejecutar un intrincado juego de metáforas y sobreentendidos, como hacía antes, en vez de esperar que el otro rellenara los huecos que dejaba y comprara vocal para resolver el panel, le entré con seguridad y con aplomo. Quería follar y quería follar esa misma noche.

Al rato estaba en su casa. El chico fue majo, me invitó a una cerveza y charlamos un poco. Recuerdo estar nervioso, pero con esos nervios de quien sabe que va a pasar algo importante, no con el atolladero de ansiedad con el que me presentaba antes a las citas. Le comenté con sinceridad lo que quería: no había llegado a la penetración por culpa de mis inseguridades, pero quería hacerlo aquí, ahora, con él. De entrada, él pensó que era una estrategia para hacerme el interesante (los maricones estamos de vuelta de todo, qué pesadas), pero enseguida vio la sinceridad de mis palabras y aceptó.

Aquel polvo fue maravilloso. Más allá del placer que estrené, forzosamente nuevo, el simple hecho de haber propuesto lo que quería, de charlar con naturalidad de las razones que me movían, de entablar una relación honesta con un amante fugaz... todo lo que hoy me suena a normalidad fue entonces extraordinario, porque por primera vez aproximé mi cuerpo al de otra persona sin estar invadido por la vergüenza y por el desprecio hacia mí mismo.

La delicadeza de aquel chico, al que estoy agradecido, y el llano descubrimiento de un sexo sin complejos fue un gran punto de inflexión. Mi dimensión sexoafectiva, que había estado tanto tiempo enterrada y luego en cuarentena, asomaba por fin la cabecita. Al salir de casa del muchacho estaba eufórico. No tanto por haber dejado de ser *virgen* como por constatar que podía encarar y disfrutar de una parte de mí mismo que llevaba toda la vida atormentándome.

Recuerdo llamar a mis amigas Javier y Brais para contarles todo, y sentir algo que quizá no había sentido antes: que yo podía. Que tenía la fuerza, la valentía, la entereza y la determinación suficientes para encauzar mi vida hacia un sendero florido, muy lejos de las zarzas a las que me había creído condenado. Aquel día, volviendo a casa en una de esas frescas madrugadas en las que Madrid parece el escenario de todos los sueños, amaneció en el horizonte y amaneció también dentro de mí.

Pero mientras uno avanza en algunos terrenos, la terapia va desenterrando otros fósiles que toca estudiar. Como Al Pacino en aquella película de Brian de Palma, mi proceso con el psicólogo reveló que yo estaba atrapado por mi pasado. Mis traumas me habían convencido de algunas cosas horribles, y yo seguía funcionando bajo los mismos patrones. Es revelador que el 22 de abril de 2012 (con veintitrés años, acabando la universidad) escribiera en mi diario el siguiente decálogo, que titulé «Por qué vas a estar solo toda tu vida»:

1. Das miedo.
2. Nadie te toma en serio.
3. Estás gordo.
4. Eres feo.
5. Te crees muy gracioso, pero muchas veces tienes que ser malo para hacer la puta gracieta.
6. No eres nada original.
7. Tienes un problema muy grande con el cuerpo humano y con sus interacciones.

8. Eres muy vago.
9. No tienes fuerza de voluntad.
10. Tienes mucho miedo.

Las alarmas me habrían saltado si otra persona me hubiera
escupido cualquiera de esos puntos a la cara, y sin embargo
yo estuve décadas repitiéndomelos constantemente, reduciendo
la realidad a esos mandamientos. Todo lo que me pasaba o me
dejaba de pasar lo explicaba de esta manera cruel, y solo a través de la terapia fui capaz de generar otros paradigmas. El Enrique que llegó a la consulta de Juan seguía convencido de todo
esto, y se había asegurado de que sus experiencias le dieran la
razón.

Hasta que no empecé a generar autoestima, todo lo explicaba
a través del odio hacia mí mismo. Como en esos esquemas en
los que todas las posibles respuestas acaban confluyendo en una
sola, todo se explicaba porque estaba gordo, porque era feo,
porque nadie me tomaba en serio. ¿No era feliz? Por gordo.
¿Sentía rechazo por parte de la gente? Por feo. ¿Mis amigas in-
tentaban ayudarme sin éxito? Claro, en el fondo ellas tampoco
me tomaban en serio.

Funcionando con ese sistema operativo, cualquier mínima
fricción se convertía en un juicio sumario hacia mi valor humano. Los pequeños errores, las diatribas del día a día eran un
refuerzo de esas verdades universales.

Como yo me juzgaba tan severamente, entendía que todo el
mundo hacía lo mismo y, por lo tanto, cualquier reproche menor o cualquier incidencia sin importancia se convertían en
veladas sentencias sobre lo poco que valía. Algunas veces eso
me había convertido en alguien arisco y a la defensiva; muchas
otras, en un ser acomplejado y dócil que se ponía al servicio de
los demás, sin que su voluntad o sus necesidades tomaran parte y, de esta manera, no pudieran ser juzgadas.

Avanzada la terapia, entendí que llegaba el momento de despedirse de ese Enrique del pasado, de ese Enrique herido y sangrante que aparecía a la mínima de cambio con toda la rabia que no había podido sacarse de dentro en su momento. Juan y yo hicimos varios ejercicios encaminados a ponerme en paz con ese Enrique, al que yo tanta inquina había cogido, porque veía cómo seguía interfiriendo con mi presente. Como en la peli de *Casper*, ese Enrique había dejado un asunto sin resolver y no me permitía avanzar mientras no viera satisfecha su demanda.

Para eso también hicimos en la consulta ejercicios performativos en los que *hablar* con ese Enrique enfadado, ese Enrique que no entendía por qué el mundo le había tratado tan mal. Juan me fue guiando para que viera cómo ese muchacho no era nada más que un chico con grandes temores que había hecho lo que había podido con las herramientas tan escasas que tenía. Como había hecho con el Enrique niño, me coloqué enfrente del Enrique púber, ese al que yo culpaba de no haber espabilado a tiempo, de ser débil, de no haber tenido el valor suficiente para expresar lo que quería, haciendo que el Enrique actual no tuviera práctica en ello.

Llevaba las tintas cargadas contra ese Enrique que no habló, que no acarició, que no besó, que no se emborrachó, que no viajó, que no plantó cara, que no se esforzó en dejar de ser únicamente lo que los demás veían en él. Pero como en una confrontación con un amigo íntimo, uno va acumulando rabia y esta se le cae a los pies en cuanto mira de frente el rostro querido del otro. Ante la esquiva mirada de ese Enrique muerto de miedo, comprendí que no podía culparle de sus equivocaciones. Acercarme a él con compasión, en lugar de con la ira habitual, me hizo ver que no podía seguir encallado en ese enfado infantil, y que ni el Enrique pasado ni el actual eran los responsables últimos del dolor que el mundo me había provocado. Si al

Enrique niño empezaba a quererlo, al Enrique adolescente empezaba a perdonarlo.

Por esa ventana que se había abierto un tiempo antes en mi depresión empezó a entrar una brisa suave en cuanto comprendí que estaba en terapia, sobre todo, para hacer las paces conmigo mismo. En aquellos ejercicios había comprobado que no solo estaba invadido por el sentimiento de culpa, sino que mis yoes del pasado ejercían de juez y de fiscal. Me sentía culpable por mi estado de ánimo y a la vez me condenaba por no ser lo suficientemente fuerte o resuelto como para salir del pozo por mis propios medios. La terapia no me hizo ganar esa batalla; me enseñó a abandonarla.

Muchos de mis problemas mentales habían venido por ese enfrentamiento entre el Enrique que quería ser y el que era en realidad, entre la persona que había sufrido tanto en el pasado y la persona que necesitaba desprenderse de ese dolor para poder disfrutar del presente. Mi relación con mi mente, conmigo mismo, había sido bélica, conflictiva. Una lucha para tener razón, para salirme con la mía, para ganar. Ahora descubría que la verdadera victoria era abandonar las armas. Dejar el conflicto e internarse en el bosque, bañarse en el río. Contemplar el mundo no como un campo de batalla sino como un campo de juego.

25

ÚLTIMA PANTALLA

Es mucho más fácil confiar en un psicólogo, que al principio de la terapia no deja de ser un desconocido, que terminar con el autoengaño. A la segunda o tercera vez que expresas delante de él algo que para ti es muy fuerte, y lejos de recibir una regañina o de sentirte juzgada sientes justo lo contrario, comprensión y validación de tus emociones, entiendes que la persona que se sienta al otro lado de la mesa está de tu lado y te vas abriendo poco a poco. El problema aparece cuando te tienes tanto miedo a ti misma que no te permites abrirte por completo. Porque te acojona lo que pueda salir de ahí. Yo no fui capaz de romper el círculo vicioso del autoengaño hasta que no entendí lo que había ahí. Y cuando lo hice, como ya había pasado anteriormente, me pareció que lo había hecho como por arte de magia. Así: ¡plis!, ya no necesito mentir más.

Lo que se escondía tan dentro de mí y yo protegía con una gruesa capa de autoengaño no era otra cosa que lo que no era capaz de aceptar de mí misma. No era nada terrible, ningún secreto inconfesable; era yo, o, mejor dicho, la yo que odiaba. La yo que era un fracaso porque a los casi treinta años todavía no había encontrado un buen trabajo. La yo que era una carga para sus padres, que tenían que pagarle el psicólogo y seguir preocupándose por ella. La yo que tomó tantas malas decisiones como para haber acabado ahí y así. La yo que se sentía un fraude porque creía no merecer nada de lo que había conseguido. La yo, por supuesto, a la que nadie podía querer, como bien demostraban todas mis relaciones sentimentales. La yo que había sido maltratada por un chico y, años después, había sido engañada por otro.

Cuando mentía a los demás trataba de ocultarles a esta yo. Los demás me veían como una persona inteligente, trabajadora, luchadora, exitosa, valiente, divertida, creativa... y tenía que mantener esa imagen, costara lo que costase. Así que el resto de las yoes quedaban relegadas, olvidadas. Olvidaba que un tío me había engañado, y, por lo tanto, no me permitía sentir enfado, rabia, deseos de venganza... ya sabéis, todo lo que se te pasa por la cabeza cuando alguien traiciona tu confianza. Olvidaba que profesionalmente no me estaba yendo tan bien como me hubiera gustado y me refugiaba en el número de seguidores que tenía en mis redes sociales. Olvidaba todo aquello con lo que no era capaz de lidiar y lo iba encerrando dentro de mí. ¡Claro! ¡Ahora entiendo cómo he llegado a estar tan gorda! ¡No ha sido por acumular grasa! ¡Ha sido por acumular partes de mí a las que no quería enfrentarme!

Por complicado que pueda parecer, también es más fácil aceptar tu físico, por muy grotesco que este te resulte, que aceptar quién tú eres en realidad. Porque, al final, tu físico está ahí y lo tienes que ver todos los días. Lo tienes que lavar en la ducha, tienes que vestirlo antes de salir de casa y notas lo mucho que pesa cuando vas a clase de zumba.

Mi primer proceso de terapia iba llegando a su fin, aunque yo en ese momento aún no lo sabía. Me había acostumbrado a ir al psicólogo, realmente disfrutaba de las sesiones y no tenía en mente terminar con él, al menos a corto plazo. Incluso aunque mi padre ya empezase a insinuarme que si me encontraba mejor, igual ya iba siendo hora de dejar de soltar pasta.

Para terminar este proceso solo hacía falta enfrentarse al monstruo final. Que, por supuesto, era yo. Era yo formada por todas las yoes que había estado evitando. Mi psicólogo me las fue sacando, una a una, y me dio todo el tiempo que necesité para irme desarmando. Porque mi primera reacción, cada vez que aparecía una, era ponerme a la defensiva. Sacar toda mi artillería para volver a meterla en el oscuro rincón en el que había vivido tanto tiempo. Hubo peleas más cruentas, otras más rápidas, otras más agotadoras y otras, la verdad, bonitas. Y así fue como, poco a poco, fueron desapareciendo el autoengaño y las mentiras, en general. Ya no necesitaba mentir a mis padres porque había fortalecido mi autoestima, había recuperado la confianza en mí misma y les había marcado mis límites. Ya no necesitaba mentir a mis amigos porque pude comprobar que si les hablaba de mis debilidades y les mostraba mi vulnerabilidad, ellos seguían ahí, no dejaban de quererme. Y ya no tenía que mentirme a mí misma porque cada vez me iba entendiendo mejor.

Este último párrafo me ha quedado muy bonito, pero tengo que romper la fantasía aclarando que por supuesto sigo engañando a gente y sigo autoengañándome a mí misma. Es algo que no podemos evitar. La diferencia es que ahora soy consciente de lo que estoy haciendo y puedo entender por qué lo estoy haciendo, así que puedo decidir si sigo adelante con el engaño (que, seamos sinceras, a veces es útil) o me hago la loca y que sea lo que Dios quiera.

La terapia no te convierte en un ser de luz, solo te da las herramientas que necesitas para lidiar con ciertos aspectos de tu vida que se te han hecho un poco de bola y te enseña cómo usarlas correctamente para no hacerte daño.

25

SALIR DE LA MENTE

Abandonar la batalla pasaba, en buena medida, por centrarse en el presente. Para una mente acostumbrada a encallarse en el pasado o sufrir por el futuro, llevar su atención al ahora supuso un largo entrenamiento. Juan me recomendó algunos libros y ejercicios de *mindfulness*, pero siempre me costó fijar la concentración siguiendo un esquema predeterminado. Para mí fue mucho más provechosa la orden directa a mi cerebro de que se centrara en lo que tenía delante.

Cuando uno está haciendo una exploración consciente de su presente, cuando disfrutas de la vista que tienes frente a ti, del tacto frío del vaso del que bebes, de la textura de la tela que vistes o de los acordes de la música que escuchas, el cerebro va aprendiendo a no proyectarse en esos otros tiempos sin forma que, en mi caso, siempre acababan en sufrimiento.

Esa fue una de las enseñanzas fundamentales: *Sal de tu mente, entra en tu vida*, tal y como rezaba el título del libro de Steven C. Hayes que me recomendó Juan. Había vivido ahogado en el torrente de mis pensamientos, en el sumidero de mis emociones. Atrapado por esa espiral infinita, me había estado perdiendo miles de cosas cada día. Uno no puede vivir tranquilo cuando está permanentemente dándole vueltas a todo, cuando cualquier detalle es un disparadero para todo un juicio contra sí mismo.

Frente a ese embotamiento, abrir bien los ojos y fijarse en lo que la vida le va poniendo a uno por delante es el mejor antídoto.

Porque no somos nuestros pensamientos. O, al menos, no somos solo nuestros pensamientos. Esa voz en nuestra cabeza puede resultar engañosa, inútil o directamente peligrosa, y aprender a no darle siempre la razón es importante para gestionar la vida. Cuando nuestros miedos, traumas o fobias se apoderan del discurso, la voz de nuestra conciencia nos dice cosas que no son verdad. Nos muestra solo lo que queremos ver y nos lleva a un estado de ansiedad que muchas veces no tiene traducción en la realidad. Frente a eso, aprender a desentendernos de los pensamientos, a observarlos desde fuera sin creérnoslos a pies juntillas, es un paso trascendental para la tranquilidad interior.

Un ejemplo. Como buen gordo traumatizado por ello, me he comparado sin descanso con los demás. Siempre me ha parecido que la gente delgada es feliz y lo tiene todo fácil, porque no carga con este error imperdonable de la gordura. Yendo por la calle, no podía evitar compararme con las personas con las que me cruzaba, rumiando esos sentimientos negativos, disparando en silencio mi autoodio contra todos. El pensamiento era siempre idéntico: «Esta persona es delgada, por lo que esta persona es feliz, no como yo, que soy gordo y nunca seré feliz». No es que formulara toda esa retahíla ordenada de palabras en mi cabeza cada vez, era más bien un malestar etéreo que me venía de manera automática, intuitiva.

Cuando en terapia empecé a observar mis pensamientos sin creérmelos al instante, me di cuenta de lo estúpido de ese razonamiento. La delgadez no asegura la felicidad ni la gordura conlleva una desgracia automática; eso lo sé, lo razono de manera lógica. Entonces ¿por qué me asalta todo el rato un pensamiento que contradice ese conocimiento que doy por bueno?

Generar una distancia hacia esas ideas que mi cerebro creaba de manera *natural* fue haciendo que cada vez me sonaran más huecas, más inútiles.

Como en cualquier deporte o aprendiendo a tocar un instrumento, esto también es cuestión de práctica. Al principio uno se siente idiota poniendo en entredicho las afirmaciones que genera su cabeza. Porque, al fin y al cabo, si mi mente me dice algo es porque debo escucharlo, ¿no? Pues no, *amore*. Alejarse del torrente de nuestros pensamientos no los hace menos reales, sino que da perspectiva sobre estos. Como si uno se deshiciera de un molesto ruido de fondo al que se ha acostumbrado, las ideas que se formulan en la mente pasan a ser piezas orgánicas para un análisis razonable, no solo eslabones de una cadena que debo tragarme, me diga lo que me diga.

Por supuesto, el ejercicio de razonar tranquilamente con los pensamientos propios se puede hacer solo desde la serenidad; en un estado alterado es mucho más complicado. Todavía hoy, cuando estoy triste por algo, cuando tengo un mal día o cuando simplemente la vida se me hace cuesta arriba, aún me dejo arrastrar por esa corriente tormentosa de afirmaciones que me dicen que no valgo, que no puedo, que no voy a llegar.

Porque, amigas, aunque me gustaría poder deciros otra cosa... esas voces no desaparecen. Uno aprende a gestionarlas, a ignorarlas, hasta a reírse de ellas. Pero irse, nunca se van. Aunque a veces parezca que sí. Aunque a veces encadenas un par de días sin esa autolesión constante y te parece que se ha marchado para siempre.

Eso pensé yo cuando, a los nueve meses de empezar la terapia, y después de experimentar mis primeras semanas verdaderamente tranquilo, Juan me dio *el alta*, considerando que ya estaba mucho mejor. Creí que había batallas que ya nunca iba a volver a librar. La principal era dejarme embaucar por esa voz del maltratador que, tras tantas sesiones de deconstrucción en la consulta, parecía haberse esfumado.

Pero vivir es acumular experiencias, y algunas de esas experiencias nos devuelven a estados ansiosos donde todo el trabajo previo parece no haber servido de nada. Por eso, tras un tiempo volando a mi aire, la vida me llevó, cual anuncio navideño, de nuevo a la consulta del psicólogo. Y sin turrón.

26

¿ESTOY BIEN?

Dos años y diez meses después de la primera consulta decidí que había llegado el momento de dejar el psicólogo. La decisión fue mía y vino motivada por un cambio laboral. Me habían tanteado para un trabajo en Madrid y tenía muchas ganas de seguir adelante en la rama de la comunicación, a pesar de que yo había estudiado «para ser profesora». También quería probarme a mí misma en un ambiente nuevo por completo y sin el respaldo de la terapia. Me sentía preparada. Me sentía motivada. Algo realmente llamativo en mí, ya que los cambios me suelen generar mucha ansiedad por el miedo a no saber desenvolverme en un contexto desconocido, o porque me asalta el síndrome de la impostora con el ímpetu del viento y la fuerza de los mares.

Durante los últimos meses en los que estuve en terapia y los primeros en los que me lancé a un nuevo trabajo en una nueva ciudad yo solita me ocurrió una cosa muy curiosa, y es que estuve como muy arriba. Supongo que para compensar años con una autoestima de mierda, también pasé por esta fase de tenerme en un altar y creerme la mejor de las mejores.

Al final —y esto es una opinión personal fruto de mi experiencia— creo que el éxito en lo relativo a la salud mental es aprender a regularse, a estabilizarse sola. Y es que en esos meses de subidón también tuve que aprender a gestionar la euforia y el éxito.

Recuerdo el día en que le comenté a mi psicólogo que ya sabía más que de sobra cómo me comportaba yo ante la frustración, el miedo, los imprevistos o los conflictos. Había aprendido a identificar mis emociones, a no luchar contra ellas, a atenderlas, a entenderlas, a identificar las señales de la ansiedad, a buscar otras formas de gestionar todo esto que no fuera a través de la comida; pero ahora, por primera vez en mi vida, sentía que todo iba bien, que todo iba como yo quería, y eso también me estaba generando emociones que me desestabilizaban. Estaba ya superacostumbrada a lidiar con el malestar, pero ¿cómo se gestionaba el subidón?

Las personas que tenemos ansiedad generalizada somos de traca, y es que, cuando las cosas van mal, creemos que nos las merecemos, pero cuando van bien... ¡creemos que vamos a perder todo lo que hemos conseguido en un pispás, y casi lo pasamos peor!

Digamos que esta fue mi última lección durante este primer proceso de terapia. Aunque, antes de decidir dejarlo, tuve que volver sobre un temilla que se había quedado un poco pendiente. Y es que había pasado casi tres años trabajando con este psicólogo, pero seguía estando gorda.

Sí, los atracones habían cesado. Y sin atracones y más estabilizada, había perdido, durante estos casi tres años en terapia, quince kilos. Sin embargo, cuando estás TAN gorda, perder quince kilos está genial, pero eso no te convierte en delgada.

No negaré que yo también he soñado muchas veces con encontrar la solución definitiva a mi gordura. Que no he perdido la esperanza de que todavía me quede por descubrir una nueva técnica para quitarme veinte kilos de encima y no recuperarlos. Tampoco puedo negar que cuando empecé a ver que perdía peso «sola», es decir, sin hacer dieta y gracias a la terapia, llegué a creer que esta sí iba a ser mi solución. Que tenía todo el sentido del mundo que si yo estaba gorda por mis problemas de ansiedad, cuando lograse solucionar esos problemas dejaría de estar gorda. Pero no fue tan sencillo, al menos en mi caso. Tampoco me quito el mérito de esos quince kilos, que de alguna manera sí que me demostraron que mi peso no tenía tanto que ver con ser una vaga, una zampona, una dejada, como me habían repetido durante tantos años, como con tener un problema de salud mental.

Uno de los temas que más se repetían en mis sesiones, y que hoy por hoy todavía me causa disgustillos, fue el de la gestión de expectativas. Las expectativas son lo que te esperas de la vida. Por ejemplo, perder treinta kilos mientras haces terapia. Si solo has perdido quince, en vez de ver el gran éxito que supone haber perdido esos quince kilos te frustras porque no perdiste los treinta que deseabas. Vamos, una mierda total, porque no solo te llevas un enfado, sino que encima te pierdes el celebrar lo conseguido.

La gestión de las expectativas también tiene mucho que ver con los bloqueos. Si cuando te sientas a hacer algo te exiges que te salga bien a la primera, es bastante probable que el miedo a fallar te paralice y al final vayan pasando los días y no seas capaz ni de empezar. Por eso, una de las cosas que yo trabajé en terapia fue a regular mis expectativas, a crearlas de forma realista para no «herirme a mí misma», o para ponerme las cosas más fáciles.

Y el primer paso para generar expectativas realistas es aprender a diferenciar entre el deseo y la expectativa. Yo deseaba volver a estar delgada una vez que se acabasen mis atracones. Pero no lo conseguí porque tampoco me lo planteé como un objetivo en mi terapia. Estábamos en las últimas sesiones y ya se me había olvidado la primera lección que aprendí: el peso no era mi problema.

En ningún momento llegamos a trabajar a fondo mi relación con mi peso. En cómo me relacionaba con mi cuerpo sí que nos detuvimos, en mis complejos, en mis falsas creencias en torno a mi físico. También hablamos sobre la relación que tenemos los seres humanos con los números, y cómo nos afectan. Los números pueden referirse a la edad, a la talla de pantalón, a la nota del examen, a los kilos que marca la báscula. Esto me quedó muy claro cuando pasé del 100,00 al 99,8. Son 200 gramos de diferencia, pero las sensaciones al subirte a la báscula y ver un 100 o un 99 son muy muy muy muy distintas.

Por eso, cuando mi peso volvió a provocarme malestar, debido a esa frustración fruto de mis expectativas irrealistas, lo comenté con mi psicólogo. De alguna forma, lo único que me daba ciertos remordimientos a la hora de terminar la terapia era que seguía estando gorda. Mi cabeza me decía que si seguía estando gorda era porque aún había algo mal en mí, así que tenía la sensación de que estaba cometiendo un error al dejar de ir al psicólogo.

Había que cerrar ese círculo para poder seguir adelante. El de «estoy gorda, así que estoy mal, y estoy mal porque estoy gorda». El círculo vicioso en el que se había convertido mi vida. Un círculo vicioso que se inició la primera vez que engordé, que fue, también, la primera vez que me hicieron sentir que yo tenía un problema, que estaba enferma. Durante casi veinte años había estado atrapada en él, haciendo que «mi condición» afectase a todos los aspectos de mi vida. Por eso, y aun llevando ya tantas sesiones encima, algo dentro de mí me decía que no dejase la terapia porque yo no estaba bien.

Claro que estaba bien. Solamente seguía estando gorda.

Cuando tenía doce o trece años me convencieron de que NO SE PODÍA estar gorda, y mi vida cambió. Como si yo fuera una superheroína de Marvel y en mi mundo los multiversos fueran reales, los kilos de más me hicieron caer en otra realidad paralela en la que estaría condicionada por mi peso para siempre. O, mejor dicho, por mi lucha contra mi peso. O, mejor dicho todavía, por mi lucha contra mí misma.

Si algo me había enseñado la terapia cognitivo-conductual era que cuando «cambias» tu cerebro, tu realidad también cambia. Mi cerebro cambió el día que asumí que estar gorda era estar enferma, y luchar contra una enfermedad ficticia me atrapó hasta desarrollar una enfermedad real, un TCA.

A pesar de que dedicamos unas últimas sesiones a centrarnos más en mi relación con mi peso y en desmontar la creencia de que «gorda» significa «enferma», reconozco que esta lección la aprobé raspada. Como que saqué un 4,5 y el profe me subió la nota porque era la última asignatura que me quedaba.

Hoy en día aún sigo pensando que muchas de las cosas que me pasan tienen que ver con que yo esté gorda; que muchas decisiones que tomo las hago partiendo de la base de que estoy gorda; todavía tengo días en los que pienso que yo valgo menos que los demás por estar gorda; todavía me angustio algunas noches pensando que moriré pronto por estar gorda; todavía salgo a cenar con las amigas y me pido una ración de patatas para mí sola y al día siguiente, al elegir la ropa que me pongo, prefiero algo más holgado porque, claramente, estoy más gorda. La teoría de esta asignatura que aprobé por los pelos no se me ha olvidado, pero la práctica me sigue costando. Al menos, ahora tengo las herramientas para identificar que eso de pensar que estar gorda es peor es un pensamiento irreal y que, si quiero (porque hay días que no quiero, sinceramente), puedo desmontar por completo ese pensamiento y valorar mi cuerpo a partir de otros parámetros.

26

DUDAR DEL PSICÓLOGO

Como los mutantes de *X-Men*, las personas que hemos ido a terapia nos reconocemos entre nosotras. Cuando uno recibe el visto bueno de su psicólogo, se lanza al mundo a aplicar lo que ha aprendido: las relaciones personales, la gestión de lo que le va pasando, el manejo de sus expectativas, la forma en la que responde a ellas... Todo se torna en pequeños exámenes, en pruebas diarias para las que uno intenta ejercitar lo que ha trabajado en las sesiones. Reconocer a otras personas en ese camino de deconstrucción y reconstrucción se vuelve un asunto común. Cuando has pasado por la consulta de un psicólogo, pasas a dividir el mundo entre quienes han hecho terapia y quienes la necesitan. Porque navegar la vida sin los más mínimos conocimientos de cómo funciona la mente y sin las más mínimas herramientas de gestión emocional es como querer llevar las cuentas de un negocio sin conocer las tablas de multiplicar. Cuando uno aprende los atajos, las fórmulas y la regla de tres, los problemas se simplifican. Empiezas a ver los hilos que mueven a la gente: cómo alguien hace algo por necesidad de validación, cuándo una amiga oculta sin éxito sus miedos, cómo una cita se engaña a sí misma describiendo cómo es su vida. Igual que en un juego de rol, la terapia te permite ver claramente las habilidades de cada uno y cómo las está usando.

Esta capacidad de análisis es muy útil, pero no te da ningún superpoder. Las personas que no han ido a terapia, o que incluso la rechazan, no se van a dejar ayudar por más que tú veas sus problemas e intentes explicárselos. Muchos de los trastornos de salud mental son ciegos de sí mismos, y solo experiencias al límite permiten quebrar ese férreo escudo con el que se protegen.

Por eso, cuando detecto la necesidad de alguien cercano de empezar a ir a terapia, pero se muestra reticente o pone en cuestión su utilidad, hago exactamente lo que estoy haciendo ahora: le cuento mi experiencia, mi caso. Las cosas que me pasaban, las cosas que pensaba, las cosas con las que me torturaba. Y cómo solo han cambiado con ayuda profesional. Con la ayuda de la ciencia, de la medicina, de la terapia psicológica. Porque si no ponemos en duda que un traumatólogo nos pueda arreglar una luxación, ¿por qué dudamos de que un psicólogo o un psiquiatra pueda intervenir de forma beneficiosa en nuestro estado de ánimo?

El Enrique que salió con la (primera) alta de Juan todavía tenía mucho que mejorar y que aprender, pero estaba en una posición radicalmente opuesta a la del Enrique que había pisado por primera vez la consulta nueve meses antes. Durante ese tiempo de gestación, mi visión del mundo y de mí mismo se había transformado, pasando de la catástrofe a la esperanza. Como si por fin me hubieran explicado las normas básicas de un juego en el que todo el planeta estaba compitiendo sin mi intervención, para cuando llegó 2019 sentí que por fin estaba en mi mano cambiar las cosas.

En ese tiempo tomé una decisión importante que ha moldeado mi rutina hacia algo más parecido a lo que espero de ella: acepté que la vida de oficina no era para mí, que me agotaba estar unas horas fijas en un sitio fijo sin poder controlar mi tiempo de la manera que yo quería. Siempre he tenido proyectos personales; la mayoría se han quedado en ensoñaciones, pero otros se han vuelto bien reales y precisan muchas horas. Y tan importante me parece desarrollar los intereses particulares como construir una carrera profesional.

Después de muchos meses de negociaciones, cálculos y ajustes, me hice autónomo. Desde entonces trabajo mucho más y tengo unos desvelos que alguien con un salario fijo se ahorra, pero me compensan las ventajas. Mis días son distintos unos a otros, puedo manejar mi horario y mis energías, y me permito dedicar el cuidado suficiente a las tareas que considero relevantes, aunque no me den rédito económico. Por supuesto, también sufro lo indecible reclamando facturas, me descubro trabajando hasta las tantas y me da un microinfarto con cada IVA trimestral. Pero ser autónomo me gusta, se ajusta a mi modo de ser, y estoy más tranquilo de esta manera.

Este cambio a mejor es un buen ejemplo de las consecuencias de la terapia. Frente a la idea hegemónica de que uno debe perseguir una carrera laboral exitosa, pasando de empresa en empresa hacia las grandes multinacionales, los grandes puestos con nombres en inglés y cheques restaurante, los equipos de mando, los *team buildings*, los *trainings*, las *business meetings* y demás parafernalia neoliberal, entendí que era más feliz trabajando solo, con mi ordenador en cualquier lado, sin dar órdenes a nadie, sin extras ni ascensos, pero también sin un jefe mirando por encima del hombro y sin compañeros chinches que te pongan mala cara si te vas a tu hora.

Atender a lo que pasa en nuestro interior nos enseña mucho de cómo somos, en contraposición a cómo creemos que debemos ser. Las ideas que planta el sistema en nosotros —como, en este caso, la ambición corporativa— se deshacen si uno es capaz de ponerlas en cuestión. Por desgracia, eso muchas veces no hace la vida más fácil. Pero personalmente prefiero una vida más complicada y ajustada a mi voluntad que la confortable infelicidad de tener un éxito que no deseas de veras.

Otro aspecto que empezó a mejorar mucho fue la relación con mi pueblo y con mi familia. De Alpera había huido («huido» es la palabra) doce años atrás, y todo ese tiempo había experimentado una ansiedad atroz cuando volvía. Casi no me atrevía a pisar la calle, a mirar a la cara a mis paisanos. La vergüenza, el miedo con el que había vivido allí se reavivaban cuando estaba de visita. Cuando iba a hacer algún recado o a pasear con mi madre al campo, volvía a convivir con esa alerta permanente con la que había atravesado la adolescencia. Con quién me cruzo, cómo me mira, cómo me muevo, qué van a pensar de mí.

Además de dolorosa, esa ansiedad se había convertido en inútil. Casi nadie se acordaba ya del adolescente rechoncho que se fue del pueblo, de aquel mariquita que ocupó los chismes hasta que ocurrió otra cosa más interesante. Lo cierto es que la gente de Alpera hace mucho que no me conoce ni me reconoce, con la excepción de algunas entrañables vecinas y amigas de mi madre. Y quien me conoce no ve ya a ese muchacho extraño, tan distinto del resto, sino a un adulto que les inspira un cierto prestigio. Un *periodista en Madrid* que hasta aparece de vez en cuando en la tele o en los periódicos.

Otra vez: quién soy/quién creo que soy. Mi respuesta emocional seguía encallada en el trauma de adolescencia, haciéndome creer que en las calles del pueblo continuaba siendo un monstruo que debía sentir vergüenza de su propia existencia, cuando la realidad es que ni soy eso ni nadie ve eso en mí. Y si para alguien lo soy, su mirada no tiene realmente ningún poder sobre mí. Quien ya tan avanzado el siglo xxi se escandalice por un mariquita en su pueblo, que se vuelva a la Cueva de la Vieja (yacimiento alperino con una importantísima muestra de pinturas rupestres Patrimonio de la Humanidad).

En cualquier caso, ese pequeño armario que conservaba en casa de mis padres seguía doliéndome. Continuaba sin haber compartido con mi padre mi identidad, y eso me relegaba todavía a una posición incómoda cada vez que estaba con él. Porque, además, en ese tiempo empezaba a tener una cierta exposición pública, casi siempre relacionada con lo LGTBIQ+, que ensanchaba la distancia que me separaba de él. En este caso, Juan siempre fue partidario de que no hacía falta contárselo. No sé si por prudencia o por experiencia personal (pues me contó que con su propio padre tampoco había verbalizado su orientación sexoafectiva, aunque llevaba a sus novios a casa), su opinión se mantuvo siempre en que no era estrictamente necesario pasar por la salida del armario oficial. Lo cual fue jodido de encajar para mí, porque realmente sentía que necesitaba quitarme esa última losa de la espalda.

Este ejemplo sirve para explicar algo importante sobre la terapia: uno a veces no está de acuerdo con su psicólogo. Es más, es completamente normal dudar de él o cuestionar sus métodos. El trabajo terapéutico es muy complejo, y cada profesional lo aborda a su manera, por lo que es lógico que existan discrepancias. Para mí, lo importante es que haya una confianza que sostenga la relación psicólogo-paciente, aunque el segundo crea que el primero se equivoca en algunos aspectos. Porque, como es evidente, los psicólogos también se equivocan.

Mientras uno hace terapia está en un momento muy poroso en el que se cuestiona todo. Cuestionar también las indicaciones del terapeuta me parece natural, porque tampoco hay que tomar todo lo que diga como la única verdad posible. En este caso, yo esperaba que Juan me diera las herramientas para enfrentar ese momento con mi padre, pero él siempre me desanimó respecto a coger el toro por los cuernos, quizá con ánimo sobreprotector.

Estoy seguro de que, si sus consejos hubieran sido otros, me habría ahorrado ese último tramo de relación deshonesta con mi padre. Ese pequeño silencio que, de cerca, seguía resultando ensordecedor y descomunal.

27

LA RECAÍDA

Terminar la terapia, mudarme a Madrid, empezar en un trabajo que me hacía sentir realizada, conocer gente mucho más afín a mí, tener un montón de planes culturales a mi alcance, arrancar proyectos como *¡Puedo hablar!*... ¿Qué más podía pedir? Todo lo que aprendí yendo al psicólogo me había ayudado en muchos aspectos de mi vida, y sin duda uno de ellos fue a conocerme y entenderme mejor. Cuando sabes quién eres y qué quieres, es más sencillo elegir lo que te interesa y rechazar lo que no, y esto incluye desde planes hasta personas.

La evolución que yo experimenté haciendo terapia tuvo que pasar, inevitablemente, por dejar atrás a ciertas personas y aspectos de mi vida, por cambiar mi relación con otros y por renovarme en muchos aspectos. En este sentido la mudanza de Salamanca a Madrid me vino genial.

Por otro lado, dejar de hacer terapia me sirvió para darme cuenta de que todo lo que había aprendido servía para algo. Creo que ir al psicólogo es un proceso abrumador, tocas demasiados temas en poco tiempo, y no es hasta que la vida te lleva a determinadas situaciones que puedes ponerte a prueba. También pienso —y de nuevo esto es una reflexión totalmente personal— que hacer terapia te cambia la forma en la que percibes las cosas. Como lo de las gafas moradas del feminismo, que una vez que te las pones y empiezas a identificar los comportamientos machistas ya es imposible dar marcha atrás.

Una de las primeras cosas que aprendí tras finalizar mi terapia fue que hacer terapia no te soluciona la vida. Yo sí suelo decir que me la cambió, pero no es lo mismo cambiar que solucionar. Me explico: que hayas estado yendo al psicólogo durante tres años no significa que tus problemas vayan a desaparecer o que ya nunca más te vayan a pasar cosas malas.

La terapia es una caja de herramientas. Imaginad que tenéis que colgar un cuadro en vuestra casa pero no tenéis NADA con que hacerlo, ni una alcayata siquiera. Por mucho que os empeñéis, no lo colgaréis. A lo sumo, podréis dejarlo apoyado en el suelo. Pero un día iréis a casas de amigos, veréis cuadros increíbles colgados en sus paredes y os sentiréis las personas más tontas del universo por no tener ni idea de cómo poner el vuestro en la pared. Tan tontas tan tontas como para no atreveros a preguntar cómo lo hicieron, para que no piensen que sois así de tontas. Y no es que no tengáis la capacidad de colgar cuadros, es que no sabéis cómo hacerlo. La terapia le da a una herramientas, pero la vida la tienes que seguir viviendo tú y solucionártela solita.

Sin embargo, y ya que puedo alargar esta comparación, son muchas las personas con las que me he cruzado que creen que ir a terapia es como pagar a alguien para que te cuelgue el cuadro. Que llega a tu casa, con sus alcayatas, sus martillos y sus niveles para que no quede torcido, te lo pone, se lleva tu dinero y hasta otra. No, insisto. Ir a terapia es construirte tu propia caja de herramientas, ir identificándolas y aprendiendo a usarlas. Se parece más a estudiar una carrera que a pagar a alguien para que te haga el TFG.

¿Os acordáis cuando en el colegio os explicaron cómo se hacían las ecuaciones, o cuando os obligaron a aprenderos de memoria los ríos de España? ¿Ahora podéis recordar todo lo que aprendisteis en el colegio? No. Lamentablemente, con la terapia también pasan estas cosas. Tú «te gradúas», sales preparadísima, con un montón de información... y luego alguna se te olvida. Tampoco nos rayemos, esto es inevitable. Solo algunos pocos son capaces de recordar TODO lo que les sucede, y, por desgracia, esto no es una bendición para ellos. (Si queréis informaros más, se llama síndrome hipermnésico, y es un trastorno neurológico).

Con el paso de los meses, vaya por Dios, a mí se me olvidó confiar en mí misma, atender a mis intuiciones y respetar mi criterio, apreciar las cosas que hago bien y tener el valor de enfrentarme a otra persona cuando creo que está equivocada. Todo esto, poco a poco, me llevó a una recaída.

Y antes de reconocer esa recaída, por supuesto que reapareció el autoengaño. Volví a ocultar mis sentimientos por miedo a que los demás creyeran que me había equivocado o que era una fracasada. Disimular, de nuevo, diciendo que todo va bien, solo podía llevarme a un sitio: a volver a tragarme mis problemas solita, lo que suele llevarme a tragarme cantidades de comida superiores a las recomendadas.

Para mí, lo más difícil de mi recaída fue aceptarla y, sobre todo, no sentirme culpable. Cuando ya empezaba a verle las orejas al lobo, lo primero que pensé fue que fallar era mi culpa, puesto que habíamos invertido mis padres y yo mucho dinero y tiempo en aprender a «hacer bien las cosas». Una vez superada esta primera etapa de culpabilidad, llegó la de «bueno, ya sé lo que me está pasando, yo puedo arreglar esto sola». Autoexigencia y expectativas irreales. Me presioné tanto para salir de mi recaída sin ayuda de nadie que me hundí más. Típico de mí.

Eso sí, aunque pasé por todas estas fases, tengo que reconocerme un mérito: al final hablé con mis amigos sobre lo que me estaba ocurriendo, y aunque me costó, confié en ellos para mostrarme vulnerable. Así, no tardé demasiado (más o menos un

par de meses) en llegar a la conclusión de que necesitaba volver
a terapia.

Es increíble cómo nuestra cabeza, por mucho que hayamos
trabajado en reprogramarla, en momentos de mucho estrés vuelve a las andadas y repite lo primero que aprendió. Una sola
persona y un mismo tipo de comportamiento, el de «yo soy
mejor que tú y tienes que hacerme caso en todo lo que te diga»
(lo que me repetía mi madre cuando me pedía que le hiciera
caso para dejar de estar gorda, de lo que me convenció aquella
persona que me maltrató psicológicamente), volvieron a deses-
tabilizarme por completo, a generarme tanta ansiedad al reabrir
conflictos internos y tanto estrés por tener que enfrentarme a esa
persona que a mi cerebro no le quedó otra salida que la que se
sabía de memoria: «¿Te sientes mal? Come, te sentirás mejor».

Sobra decir que al volver a comer compulsivamente volví
a ganar peso y que, como esa herida mía de «engordar significa
ser peor» no quedó bien cicatrizada, enseguida volvió a sangrar.

27

RECOLOCARSE

A pesar de la astilla postrera que suponía el silencio con mi padre, que aún tardaría un poco en arrancar, en ese tiempo terminé de asumir y empecé a celebrar que soy maricón antes que persona. La identidad y la cultura maricas son las mías, nunca fui ni seré otra cosa con mayor intensidad. Para el mundo y para mí mismo soy y quiero ser fundamentalmente un pedazo de maricón. Gloria Fuertes escribió: «No me conformo con ser poeta, necesito que se me note», y a mí me pasa lo mismo. No me conformo con ser maricón, necesito que se me note, que se me lea así al instante, que mi paso por el mundo se defina por esa disidencia, que es la mayor de las bendiciones que me ha concedido el universo.

En la parte social, relacional y reivindicativa, estaba encontrando mi lugar como marica sin esfuerzo. Me quedaba, como siempre, la cuestión íntima, la sexoafectiva. En este terreno también empezaba a ver la distancia de cómo había creído que debía ser frente a cómo era en realidad. Encajar en la norma siendo marica joven significa, en esencia, ligar mucho, gustar mucho, follar mucho. Hay cada vez más espacios y más voces que cuestionan esto, pero sigue siendo la vía fácil para validarte en entornos gais. Ser alguien lo más normativamente atractivo posible y enfocar tus esfuerzos en ejecutar con éxi-

to la caza continua de amantes te colocan en la cúspide de la
pirámide.

Quizá porque en mi círculo cercano detectaba que esa escala
de valores seguía teniendo su peso, o quizá porque la historia
con Roberto aún me pesaba a la hora de relacionarme con los
chicos, el caso es que, a pesar de mi trabajo en terapia, seguía
sin sentirme realizado respecto a mi dimensión amorosa y sexual. Algunos polvos por Grindr, como el que relataba antes,
estaban bien, aunque tampoco es que me prodigara mucho,
y descubrí ese espacio desgajado de tantas normas, para bien y
para mal, que es la sauna (que en líneas generales me resultó
beneficiosa, por su intercambio más libre de afectos fugaces en
un ambiente bastante menos expuesto a las jerarquías sociales),
pero no acababa de sentir en este terreno la tranquilidad que sí
había construido en otros.

Lo que sé ahora y entonces no era capaz de ver es que los
traumas más profundos necesitan más tiempo, por muchas herramientas que se tengan. Construir una casita de muñecas sencilla y levantar el palacio de Sissi Emperatriz a escala son tareas
que precisan tiempos distintos, aunque uno cuente con todos
los materiales e igual destreza. La relación con mi sexoafectivi-
dad era ese rascacielos de cartón que me reclamaba la mayor de
las paciencias. Y en ese levantamiento hay momentos clave.

Coloqué una pieza importante cuando empecé a hablar con
un chico monísimo y graciosísimo por Instagram, Darius. Ca-
nario de origen rumano, su desparpajo y su ingenio me llamaron la atención desde el primer instante. Cuando de los mensajes cruzados pasamos a las largas conversaciones, comenzó
a vociferar esa alarma que llevaba instalada y que saltaba a la
mínima ilusión amorosa: «No pongas aquí mucho de ti porque
te pueden hacer daño». Pero gracias a las habilidades emocionales que ahora tenía, escuché el estruendo sin dejarme arrastrar
por él. Pude ver entonces que llevaba años traumatizado por la

historia con Roberto, por esa relación enquistada que se había transformado en amistad de una manera tan larga y penosa, llena de baches y de sobresaltos. Hoy doy gracias por seguir teniendo a Roberto en mi vida, pero el precio ha sido alto. Con Darius, como digo, pude comprobar que había llegado el momento de dejarse llevar. Frente a esa evitación experiencial a la que me había abonado cual insomne al Canal+, me permití conscientemente experimentar lo que la vida me ofrecía. Darius empezaba a gustarme de verdad y, pasara lo que pasase, no quería renunciar a una ilusión que me hacía cosquillas en esa parte del estómago que llevaba tanto tiempo dormida.

Él vivía en Canarias, así que el primer tramo de la historia, ese en el que uno explora al otro cual entomólogo, fue estrictamente online, lo cual me vino bien porque me manejaba mejor en ese terreno. Para cuando vino a verme a Madrid un fin de semana, nuestro espacio compartido de humor, intereses y referencias estaba afianzado, y pasamos unos días estupendos. Inmediatamente después él me dejó ver que su camino iba por otro lado, y de manera amistosa y cordial dimos el asunto por concluido.

La novedad es que en todo el proceso yo había ido desvelando mi voluntad, incluso cuando al final la suya y la mía ya no apuntaban en la misma dirección. Darius me ofreció sin pretenderlo un noviazgo en miniatura, el cuidado bonsái de una historia de amor con todas sus partes: toma de contacto, exploración, ilusión, intercambio, celebración, intimidad, sexo, ternura, desencuentro, extrañamiento, ruptura, duelo. Todo eso se había fraguado en un par de meses y había explotado en un par de días que siempre recordaré, para consumirse en cenizas justo después, cual falla valenciana.

Incluso el dolor pasajero que vino al final fue para mí la constatación de que, por fin, ya no era el Enrique atrapado por sus demonios en el terreno sentimental, paralizado ante las experiencias que la vida le ofrecía por un terror malsano al sufrimiento. Quizá mi historial amoroso siguiera siendo escuálido y la relación con mi cuerpo estuviera aún lejos de la aceptación radical, pero iba dando pasos. Pasos en la consulta, preparándome y entendiendo quién soy, y pasos a la hora de la verdad, aplicando lo aprendido. La persona que se dejó llevar, que eligió experimentar lo que el mundo tenía que ofrecerle, con sus partes buenas y malas, era mucho más real que la que había estado años escondida en su madriguera lamiéndose una vieja cicatriz. Yo me había creído que era ese animalillo asustado, que esa era mi personalidad, y que el arrojo tenía que inventarlo porque no me salía solo. Ahora veía que el Enrique tranquilo y atrevido era el auténtico, y que este empezara a afianzarse a los mandos me hacía cada día más dichoso, porque por fin sentía que estaba viviendo la vida de verdad y no una versión en tonos sepia, filtrada por el miedo y la vergüenza.

En ese nuevo estado descubrí que había días en los que estaba, simple y llanamente, bien. Días en los que no me costaba encarar lo que la rutina me ponía por delante, en los que me apetecían sin más las tareas o los planes que tenía, en los que no estaba todo el rato debatiendo conmigo mismo mi estado de ánimo para poder ejecutar cualquier cosa. Días en los que vas de una ocupación a otra sin pesar, sin cuestionarte como ser humano, sin dudar a cada instante de si estás haciendo las cosas bien. Esos días en los que la vida se ve nítida, sencilla, bonita. Como cuando falla la conexión y ves pixelada un rato una película, y después vuelve la definición y puedes dejar de forzar la vista. Me parecía increíble que un día pudiera resultar tan amable, tan humano, menos malo (lo siento).

Acostumbrado a encadenar pensamientos intrusivos sobre mi poca valía, mi falta de determinación, mi ausencia de atractivo y mi fracaso a todos los niveles, pasar una jornada sin más preocupaciones que las propias de las actividades que llevaba a cabo era una experiencia inédita y a la vez familiar, como de algo que se recoloca dentro y se acomoda en el lugar que le pertenece.

Después siempre pasa algo. Alguna preocupación, algún foco de ansiedad, algún error que hace que la voz que te dice que eres un inútil o un ser fallido regrese a tu cabeza. Pero uno recuerda que no debe creer todo lo que le dicta el flujo de sus pensamientos, y tiene la experiencia de cómo mejora la vida cuando no se presta atención a ese saboteador interno del que siempre habla RuPaul. Cuando uno ha paseado por la tranquilidad, por un estado adaptado y positivo en cuanto a salud mental, es mucho más fácil volver a ese territorio, porque se conoce el camino. Por eso nunca es tarde para empezar la terapia, para empezar a trabajar en uno mismo. Da igual lo mayor que uno sea, el resto de su vida puede ser mejor, y por un solo día de tranquilidad merece la pena todo el esfuerzo.

28

VOLVER A EMPEZAR... OTRA VEZ

Cuando decidí regresar a terapia quise hacerlo de una manera diferente. La vez anterior estaba tan desesperada que me agarré al primer clavo ardiendo que me pusieron delante. No salió mal, pero ahora que ya sabía cómo era ir al psicólogo, lo que me funcionaba y lo que quería para mí, ya podía hacer una búsqueda más concreta. Además, estaba viviendo en Madrid, y, hay que reconocerlo, la capital me ofrecía muchas más opciones.

Terminé eligiendo a una psicóloga que me dio muy buenas vibras, sobre todo porque una de las cosas que me dijo cuando contacté con ella fue que la primera sesión no la cobraba porque era para conocernos. Para que yo la tantease a ella y le hiciera preguntas y para que ella también evaluase si realmente me podía ayudar.

Y nuestra primera cita fue perfecta. Me pareció una persona muy cálida y me transmitió mucha cercanía, me resultó muy fácil hablar con ella. Nada que ver con esa primera vez con mi anterior psicólogo, tan dramática y lacrimógena. Así que lo vi claro.

Comencé esta segunda etapa de terapia con un ánimo muy bajo. Además de la culpabilidad por haber vuelto a «caer», sentía algo nuevo: la impotencia que te provoca el saber identificar las señales, entender por qué te pasa lo que te pasa y por qué te sientes así y, al mismo tiempo, verte incapaz de ponerle freno o solución.

Una de las primeras cosas que aprendí en esta ocasión fue que la recaída es parte del proceso, y otro de los mitos que desterré fue el de que la mejoría en salud mental es una línea recta. La terapia no tenía nada que ver con estudiar una carrera, como yo creía, que según pasan los años sabes más y estás más preparado. No es un plan prefijado que debes seguir, ya que a veces retrocedes, a veces caes y a veces te sales del camino y te abres paso a través de uno nuevo que te construyes solo para ti.

Esta psicóloga me enseñó a ver la recaída no como un fracaso, sino como un avance. Una recaída te permite, primero, quitarle el miedo a recaer, ya que compruebas por ti misma que no pasa nada y que continúas teniendo herramientas para seguir adelante, y, segundo, te enseña a entender el riesgo de la recaída, para identificar aquellos patrones que te conducen a ella y así estar más preparada a partir de ahora.

Resumido en un parrafito de este libro tan increíble que tenéis entre las manos parece muy sencillo, pero no quiero que os llevéis esa impresión: una recaída es dura y hay que hacer un gran esfuerzo para seguir adelante.

En mi caso, al estar tan bajonera, con una sensación de insatisfacción constante que ya no mejoraba ni con la comida, ni con nada que yo intentase probar, el esfuerzo me pareció mayor. Dentro de mí seguía existiendo (¡MENOS MAL!) esa vocecilla que me decía: «Sí, sí, hazlo, te mereces mejorar, te mereces estar bien, tienes que luchar por ti», pero la apatía y el cansancio lo envolvían todo y tiraban de mí hacia abajo cada día.

Despertarme era un suplicio. Cada mañana, cuando sonaba la alarma, lo primero que hacía era darme cuenta de que seguía sin ganas de hacer nada, que no quería ir a trabajar, que no quería ni ducharme. Que no quería salir de la cama, vaya. Estaba triste por haber engordado de nuevo, y eso algunos días hasta me quitaba las ganas de desayunar (y el desayuno era mi comida favorita del día).

Mi mala gestión de las expectativas me la jugó otra vez, porque me creí que en cuanto volviera a hacer terapia todo se solucionaría otra vez como por arte de magia, como lo sentí la primera vez. Sin embargo, no fue así. Durante los primeros meses seguí estando triste, cansada, apática, e incluso llegué a creer que las cosas con esta psicóloga no estaban funcionando. Pero, ¡oh, sorpresa!, lo que no estaba funcionando muy bien era mi capacidad para valorar las cosas positivas. De nuevo volvía a regodearme en lo malo y en hacer del error del día la cosa más importante. Por ejemplo, salía de casa de camino al trabajo y, al llegar al portal, me daba cuenta de que estaba lloviendo. Regresaba a casa a buscar un paraguas y ponía rumbo a la estación para coger el cercanías. Cuando llegaba, el tren se iba en mis morros y me tocaba esperar, qué sé yo, siete minutos hasta el siguiente. Lo que yo, automáticamente, pensaba en esa situación era que había sido culpa mía, que si hubiera mirado por la ventana antes de salir de casa habría cogido el paraguas y no habría sido necesario volver a casa y tampoco habría perdido el tren. Me repetía que tenía que prestar más atención, organizarme mejor, porque mis errores se pagaban caros. Ahora tendría que esperar en ese aburrido andén SIETE MINUTAZOS por no estar a lo que tenía que estar.

Ni se me ocurría pensar que en Madrid los cercanías JAMÁS pasan a su hora y es imposible predecir a qué hora llega realmente tu tren. O que alguien me podría haber parado por la calle para pedirme una indicación. Cualquier error era automáticamente mío y desencadenaba una autotortura mental que, por supuesto, me embajonaba, me quitaba las ganas de hacer nada y me agotaba.

Pero bueno, me voy a aplicar el cuento que os estoy contando y voy a señalar, también, lo bueno. Lo mejor de volver a terapia es que ya estás preparada para hacer terapia, ya eres capaz

de ponerle nombre a lo que te pasa, de describir con detalle lo
que te está ocurriendo por dentro, ya sabes que no sirve de nada
mentir u ocultar información y entiendes a la primera la mayoría de las cosas, por lo que es más fácil ir al grano. Eso hace que
todo vaya más rápido. Avanzábamos más deprisa para profundizar en las bases de mis «desestabilizadores», que volvían a ser
los mismos, por supuesto: la autoexigencia, el perfeccionismo,
las altas expectativas, la necesidad de demostrarle a todo el mundo constantemente que estoy a la altura y que me merezco lo
que he conseguido, el darle más importancia a mi peso que
a ninguna otra cosa de mi vida, la necesidad de tenerlo todo
controlado… ¡Hay que ver cómo tira al monte la cabra!

28

ESTADO DE ALARMA

Siento decirlo, pero la terapia no es el sueldo Nescafé: no soluciona todos los problemas. En el año y medio que pasé entre los primeros meses de sesiones y mi regreso a la consulta de Juan, atravesé muchos malos momentos. Algunos porque no supe o no logré aplicar lo que había aprendido, otros porque en la vida simplemente existen temporadas así. Sí experimenté un sentimiento negativo novedoso, que es la frustración por descubrirte cometiendo errores que creías enmendados, o por dejarte arrastrar a estados de ánimo que te prometiste desterrar para siempre.

Cuando en esa etapa volvía la oscuridad, de manera más o menos pasajera, pues tuve algún mes malo en el que temí precipitarme de nuevo al abismo, disponía de recursos para enfrentarla, pero también me invadía una mayor impaciencia por librarme de ella. En mi fantasía de control había creído erróneamente que lo aprendido en terapia me protegía de volver a ciertos puntos de tristeza, de ansiedad. El tratamiento con un profesional no las elimina para siempre, porque forman parte de la vida, pero sí nos enseña a convivir con ellas de manera sana y consciente.

En mi caso, el trato diario con una persona altamente inestable, víctima ella misma de grandes problemas de salud mental, trastocó el equilibrio que había ido consiguiendo con esfuerzo. De esa tranquilidad que había experimentado pasé a una alteración constante, consecuencia de convivir con alguien que era una verdadera bomba de relojería. Ocurrió además en una temporada en que Sergio, mi gran amiga y desde hacía tiempo compañera de piso, se había echado un novio estupendo y habíamos dejado, en gran medida, de convivir. En el estado de tensión en el que estaba no fui nada justo con él, y en vez de remar para lograr un nuevo encaje en nuestra amistad, fui cruel como un niño caprichoso al que le han quitado su juguete favorito.

Perder el pequeño hogar que había formado con Sergio (acordamos de forma amistosa dejar de compartir piso) y estar constantemente en un grito por el trato con esta persona bomba me colocaron en un estado delicado que empezaba a precisar retomar el trabajo con Juan.

Además, en ese tiempo comencé a tener problemas digestivos constantes. Todos los días tenía diarrea, comiera lo que comiese y tomara los remedios que tomase. Me hicieron todo tipo de pruebas sin que nada estuviera fuera de lo normal, por lo que claramente el problema era una somatización de mi estado de ansiedad (lo cual se confirmó cuando los problemas desaparecieron una vez retomada la terapia). Y entonces, cuando los problemas parecían engullirlo todo de nuevo, llegó la pandemia.

El estado de alarma se declaró el día que me mudé a otro piso con Brais. Empezaba una nueva vida enjaulado en una casa en la que nos faltaban la mitad de las cosas necesarias para el día a día. Eso sí, estaba la gata Nancy, una compañera fundamental para los años que venían. Mientras el mundo se ponía patas arriba, que ella también lo hiciera para que le rascara la barriga fue lo que más serotonina me produjo en todo 2020.

El confinamiento me dejó cucú. Yo ya venía regular y el encierro trastocó mi cabecita. El insomnio se instaló en mi cama como un cojín más. Incapaz de dormir, pasaba las noches angustiado por lo que estábamos viviendo y repasando todos los errores del pasado. Por primera vez el médico me recetó ansiolíticos; y en mi única visita a la psiquiatra de la Seguridad Social, me diagnosticó trastorno de ansiedad generalizada. Como colofón, volvieron con fuerza los atracones. Casi cada día, a cualquier hora. Salir a comprar era la única escapada del día, y yo siempre volvía cargado de chocolate y ultraprocesados. Para cuando acabó el año había engordado quince kilos, volviendo a mi peso histórico de 120, el de antes de adelgazar en Alicante. En junio, cuando la vida empezó a volver con timidez al exterior, pedí cita a Juan para retomar la terapia. Realmente necesitaba su ayuda para ganar perspectiva sobre algunas de las cosas que habían ido pasando, además de retomar el trabajo en ciertos aspectos con los que seguía sin manejarme del todo bien. En ningún momento experimenté volver a terapia como un fracaso, ni creo que nadie deba interpretarlo así. Si hasta el carnet de conducir hay que renovarlo cada ciertos años, ¿cómo no vamos a esforzarnos en mejorar nuestra salud mental las veces que haga falta?

Lo primero que trazamos Juan y yo fue la manera de poner distancia con la persona que me estaba amargando la existencia. Estamos muy acostumbrados a cortar con nuestra pareja cuando la relación se vuelve insostenible, pero no hay manuales claros para terminar con otro tipo de vínculos, y muchas veces uno tiene que optar por disfrazar o adornar la realidad para acabar con el trámite cuanto antes. Pero como Juan me repetía, el perjuicio o la culpabilidad por mentir es un precio pequeño a cambio del gran beneficio de extraer el veneno de la mordedura.

Otro de los temas, cómo no, seguían siendo los hombres. A mis entonces treinta y un años continuaba sin alcanzar un desarrollo adulto en ese terreno, porque ni había sabido comunicar mis deseos ni exponerme con honestidad a los demás. La

breve historia con Darius me daba una pista de por dónde quería que fueran los tiros, pero aun así me costaba sentirme realizado en ese aspecto. Además, había aparecido por entonces *Gay
Sex*, el libro sobre sexualidad marica de Gabriel J. Martín, al que
ya he nombrado, que leí con el ansia con el que un explorador
que atraviesa el desierto se hubiera bebido un vaso de agua
(concretamente, de agua del grifo de Madrid).

Fue un empuje para saber que quería lanzarme de verdad, de
una vez por todas, a vivir experiencias que me resarcieran. Porque a pesar de todos los avances que había hecho, mi acercamiento al sexo continuaba marcado por el desarreglo con el que
me relacionaba con mi cuerpo. No había dispuesto del tiempo
y del cuidado necesarios para superar tantos años de vergüenza
y autodesprecio… hasta que apareció Iago.

Empecé a hablar con este gallego de mirada pilla y sonrisa
irresistible durante el confinamiento, y a su regreso a Madrid
quedamos para tomar algo en Lavapiés. Como había tenido
muchas primeras citas, pero casi nunca una segunda, me estrenaba en el ligoteo pandémico con el cinismo del repetidor que
le saca una cabeza a toda la clase y se sienta en la última fila
a mirar por la ventana. La cita fue muy bien (¿cómo no iba a ir
bien con alguien que hacía más referencias a Martes y Trece incluso que yo?) y acabamos en su cama.

Si hasta entonces había llegado al lecho de los demás con una
agenda de misiones por cumplir, de traumas por superar, aquella noche con Iago fue intensa y especial porque solo existíamos
nosotros dos: ni teorías, ni superaciones, ni experimentos ni
decisiones trascendentes. Dos cuerpos, dos animales enredados.
Pura conexión.

La persona adecuada apareció en el momento adecuado. Esa
cita me pilló en un estado de apertura en el que fui capaz de
fluir con la experiencia, lo que me permitió disfrutarla con fruición. También fue importante que Iago viniese con todo *¿Puedo*

hablar! escuchado, lo que le otorgaba la ventaja de conocer muchas de mis inseguridades de antemano.

Ocurriera como ocurriese la alineación astral, conocer a Iago supuso iniciar un camino de sanación de algunos traumas importantes que venía arrastrando, un camino que necesariamente tenía que hacer en compañía. Con él he tenido el espacio, el cariño, los cuidados y la paciencia suficientes para experimentar con mi cuerpo, con mi afectividad, con el placer, con la intimidad... Con la vida, en definitiva.

Por más que yo conociera todo lo que debía saber sobre mí, y por más que ya hubiera tenido un micronoviazgo provechoso, sin experimentar el tiempo suficiente una relación no hubiera sido capaz de terminar de derribar mis barreras. Aunque mis inseguridades y mis traumas han puesto a veces palos en las ruedas de nuestra vida juntos, Iago ha tenido el aguante —y la contundencia, cuando tocaba— para permitirme ir arreglando todo lo que traía estropeado. *Jaté.*

LA RESPUESTA MÁS SIMPLE ES LA CORRECTA

Llegar pronto al origen del problema, entenderlo a la primera y ser capaz, junto a mi psicóloga, de trazar planes para solucionarlo fue motivante, pero en este caso se necesitaba muchísima motivación para sacarme del hoyo del «no haces lo suficiente» en el que me había metido. Conservo la libreta de apuntes de esta segunda etapa en terapia (y, por cierto, aprovecho para recomendaros que, si vais al psicólogo, llevéis una libretilla para tomar algunas notas, porque, ya sabéis, no vais a ser capaces de memorizar todo lo que aprendáis en las sesiones), y en las páginas de estos primeros meses tengo una nota escrita en letras grandes que dice: «EL MALES-TAR QUE ME GENERA ESTAR TODO EL DÍA PENSANDO QUE LO HAGO TODO MAL». No se me ocurre mejor resumen.

Seguro que habéis visto mil veces el meme de «¿Estás estresado? Pues relájate un poco». Ese comentario de mierda que, sin darnos cuenta, le decimos a alguien cuando nos cuenta qué le pasa. Se critica mucho este meme y otros parecidos («¿Estás triste? No estés triste») porque son OBVIEDADES. Todas las personas, cuando están estresadas, saben que deberían relajarse. El problema es que no sabemos cómo, y la presión por relajarnos inmediatamente nos produce aún más estrés. Sin embargo, en terapia te das cuenta de que estas respuestas tan simplonas son realmente las buenas.

Es decir, yo llegué a esa psicóloga quejándome de un gran malestar conmigo misma, una insatisfacción constante y un agotamiento total. Si el malestar me lo producía creer que lo hacía todo mal, tendría que empezar a trabajar en reconocer todo lo que hacía bien. Si sentía una insatisfacción constante en todo lo que hacía, incluidas cosas que a mí siempre me ha encantado hacer, como ir al cine o quedar con mis amigos, tendría que ir probando cosas nuevas con las que poder volver a experimentar satisfacción. Si no paraba de hablar de lo cansada que estaba, quizá era que estaba abarcando demasiado y tendría que empezar a despejar la agenda y a encontrar momentos para descansar. ¡Chupado!

No, en terapia nada es tan fácil como les parece a otros. Tardé meses en llevar a cabo estas respuestas sencillas y obvias, pero, fíjate tú por dónde, fueron la clave para mi mejoría. Y eso que fue una mejoría lenta, porque mi mente no paraba de repetirme cosas como «bueno, sí, ponerte a pintar mandalas te va a servir de algo, anda, no seas tonta». Es que soy mi peor enemiga, de verdad.

Esta segunda vez en terapia fue, más o menos, así: un primer mes de avanzar muy rápido, unos ocho o nueve meses de luchar contra mí misma para derribar las creencias que me hacían sentir tan mal e ir probando nuevas soluciones para mi apatía, y... una pandemia.

No sé si os acordáis de una cosa que pasó en 2020. Muy fuerte. Nos encerraron a todos en casa para protegernos de un virus que se contagiaba por el aire en lugares abarrotados (como, por ejemplo, Madrid). Cuando llegó el confinamiento yo ya estaba mucho mejor, llevaba ya diez meses con esta psicóloga, pero seguía arrastrando una asignatura pendiente que no habíamos conseguido superar aún: la de liberar mi agenda y encontrar tiempo para descansar, que iba muy de la mano con no sentirme mal cuando no estaba siendo productiva, practicar el aburrimiento y no sentir culpabilidad por estar una tarde entera tirada en el sofá viendo una serie. Lo que me ocurrió a mí en marzo de 2020 fue verdaderamente curioso. Mientras que, por un lado, tenía que lidiar con la angustia que me generaba lo que estaba ocurriendo ahí fuera y tenía que aprender a vivir encerrada en mi casa, lejos de mi familia, sin saber cómo ni cuándo iba a terminar esta situación, por otro, mi gran problema se solucionó: mi agenda se liberó «de forma milagrosa» y empecé a tener ratos libres. En esos ratos libres me puse a hacer cosas que me apetecían, como meditación guiada, clases de Patry Jordán, ver todas las series que me apetecía pero no había tenido tiempo para ver... Al rebajar el ritmo, hacer las cosas con más calma y tener al menos un par de horas al día para hacer lo que más me gustase en ese momento, y sin culpa, porque, ¿qué iba a hacer si no, si estaba España entera metida en casa?, mi mejoría comenzó a ser más que notable. Tanto como para que mi psicóloga me dijera que estaba llevando las cosas muy bien y que podríamos terminar la terapia. Me dieron el alta en pleno confinamiento, *pa* mear y no echar gota.

Todavía hoy me resulta surrealista: que en el que es probable que haya sido el peor momento de nuestras vidas de manera colectiva yo consiguiera estar cada vez mejor.

¿Y por qué? Es evidente que no fue porque hubiera una pandemia y nos tuvieran casi tres meses confinados. Haber mejorado en este contexto tan concreto me hizo entender a la fuerza que, en efecto, llevaba mucho tiempo abarcando más de lo que podía, probablemente por culpa de ese sentimiento de no valer lo suficiente y no estar a la altura de los demás. Me obligaba a hacer cosas sin parar, sin pensar. Y necesitaba descansar, por supuesto, pero no me lo permitía. Además, confundía el estar cansada con estar enfadada o hambrienta, y eso hacía que comiera más, también. Durante el confinamiento pude comprobar lo importante que es descansar, ¡y lo bien que me sienta!

Ahora que nuestras vidas vuelven a ser, más o menos, como antes, es cierto que ya no puedo sacar dos horas al día para hacer lo que más me apetezca, o que hay semanas de más jaleo en las que no puedo sacar más que tres ratillos libres en toda la semana, pero ahora sí que tengo claro lo importante que es descansar, parar, relajarse un poco, cambiar de aires... y lo mucho que avanzas cuando aparcas todo durante un día y te dedicas solamente a hacer lo que más te apetece. Y lo último que aprendí es que cuando intento controlarlo todo, las cosas siempre acaban mal, pero cuando me dejo llevar por las circunstancias y lo que a mí me pide el cuerpo, las cosas suelen ir mejor.

Es cierto que hoy por hoy sigo siendo bastante controladora, porque me da mucha tranquilidad tenerlo todo planificado, pero también lo es que he conseguido rebajar el nivel de control e, incluso, ¡a veces improviso! ¡Y ya casi no me enfado ante los imprevistos! ¡Menuda estoy hecha!

29

TENER VALOR, TENER VALORES

En la segunda parte de la terapia también trabajé con Juan un aspecto importantísimo de la relación con mi cuerpo, que había estado eclipsado por el desprecio como gordo y por la desconexión sexual. Habiendo percibido mi cuerpo siempre como el enemigo, el causante de mis problemas y la razón de mi infelicidad, nunca había trabajado una conexión sana con la más importante de sus funciones, que es la de permitirme estar en el mundo con la mejor funcionalidad posible. El acercamiento a mi cuerpo había estado marcado por la exigencia de unos resultados, por la endemoniada persecución de unas metas. La mayor, por supuesto, siempre fue el peso. Si adelgazo estos kilos, seré feliz; si alcanzo cierto peso, gustaré a los demás; si entro en esta talla, dejaré de ser un monstruo. Leerme como un catálogo de defectos, y no como un ente vivo con capacidad de experimentar las mejores sensaciones del mundo, me hacía desatender el bienestar y la salud de mi cuerpo de una manera, en ocasiones, muy autodestructiva. El mejor ejemplo son los atracones. Yo he sabido siempre que son perjudiciales, que ni los disfruto ni me aportan nada más que daño, pero no he sido capaz de frenarlos.

En distintas sesiones Juan y yo fuimos trabajando la idea de los valores, que debían sustituir la obsesión por las metas. Si una meta es adelgazar veinte kilos, un valor es estar saludable. Los valores no empiezan ni acaban, no se alcanzan nunca porque forman parte de quien eres, no de un número o un resultado concretos. Si a uno le mueve la idea de estar sano, no necesita hacer esfuerzos sobrehumanos ni enrolarse en las más quiméricas empresas para alcanzar una meta casi siempre irreal. Funcionar a partir de valores convierte el día a día en una sucesión de tareas más sencillas, en las que la intención detrás de los esfuerzos es más importante que los resultados, y, por lo tanto, no generan frustración.

Si yo decido que solo seré feliz si pierdo veinte kilos, puedo caer fácilmente en convertir mi vida en un entrenamiento militar, donde mi objetivo único y primordial es adelgazar a cualquier precio. Y cuando uno se somete tanto a una meta es muy fácil cansarse, traicionarse y autoboicotearse por el camino. Si, en cambio, decido que mi relación con la comida y el deporte esté basada en la idea de estar saludable sin más, entenderé que hay días que uno puede comer muy sano y otros en los que es imposible. Iré a hacer ejercicio con la idea de moverme y de disfrutar con lo que haga, que no tiene por qué ser necesariamente lo que más peso me vaya a hacer perder a corto plazo. Al final desarrollaré una vida equilibrada que me hará adelgazar si me esfuerzo un poco, pero sin el agobio de haber depositado en los resultados el valor del camino.

En una sociedad que lo mide todo en números, donde los ceros en la cuenta bancaria o en los seguidores de Instagram parecen lo más importante del mundo, salirse de las dinámicas liberales del rendimiento, de la productividad y del éxito supone una verdadera rebelión que hace la existencia, a veces, un poco más complicada. Vivir en relación con unos valores internos que pueden tener poco que ver con los mecanismos de validación de los demás nos convierte en versos sueltos constantemente cuestionados, obligados muchas veces a explicarse ante los demás. Pero en eso consiste conocerse a uno mismo:

en descubrir las cosas que hacíamos en piloto automático, que hacíamos porque se supone que son las que se deben hacer, y tener la capacidad para abandonarlas y escoger un camino propio, con nuestras propias reglas.

No sé si suena bien, pero una de las mayores enseñanzas de la terapia para mí es esa, desentenderse un poco del mundo. Cuando uno ha trabajado lo suficiente en conocerse, en estar armonizado con las necesidades y voluntades que lleva dentro, a veces abandona o esquiva situaciones, conflictos o personas que sabe que no le benefician. Desde fuera puede parecer egoísmo, y creo que a veces puede serlo sin reservas, pero cualquiera que haya pasado por estados de ánimo patológicos sabe que todas las precauciones son pocas para evitarlos.

En mi caso, como la necesidad de validación externa la llevaba sobre todo a mi entorno de amigas, sé que desde hace unos años me entrego menos a ellas. Fui el típico amigo que va a todo, que atiende a todos, que se preocupa por todos, que organiza todo y que se contenta con lo que el resto le ofrezca a cambio, sea lo que sea. Tanto es así que me gané el apodo de «Mamá Pato». Hoy tengo una concepción igualmente intensa respecto a los demás, pero sé poner límites, reclamar mi espacio y no dejarme arrastrar por la sensación de que, si no me doy por completo, nadie va a quererme.

El trabajo psicológico revela aspectos que necesitan tiempo y paciencia para encajar. Cuando uno decide actuar de maneras distintas, siempre cree estar pisando en falso. Dar un viraje al comportamiento, tomar otras decisiones y recomponer lo que se quiere del mundo es un proceso de continuo ensayo-error, que puede dejar víctimas por el camino. Uno prueba a ser más firme, a ser asertivo, a exigir de los demás y de sí mismo las cosas que considera justas. A veces eso se hace con torpeza o con poco tacto, y hay quien paga los platos rotos de ser parte de nuestro aprendizaje.

Pero la compasión aquí es fundamental, con nosotros y con los demás. Quien está en un proceso tan profundo, en una reconstrucción tan absoluta, es lógico que cometa equivocaciones o que esté más alterado de la cuenta. Ser empáticos y otorgar el espacio y el tiempo que las personas precisan es fundamental para construir relaciones sostenibles.

Esto no hay que confundirlo con dejar que los demás se estrellen en sus propios errores. Mucha gente, sobre todo aquellos que jamás se han detenido a mirar en su interior, con o sin ayuda profesional, tienen comportamientos peligrosos y destructivos que desde la atalaya de la terapia se ven muy claramente. En ese caso sí es prudente intentar hacerles ver su dirección kamikaze. Aunque, mucho me temo, muy pocas veces se dejan ayudar.

Millones de personas en España necesitan terapia, y no facilita nada las cosas que las sesiones con un psicólogo sean casi siempre tan caras. Como si la salud mental fuera un servicio de lujo, mucha gente no puede permitirse el coste de la ayuda profesional, y no hace falta que sea yo quien explique qué atención brinda la sanidad pública en este terreno. Pero a veces el dinero no es más que la excusa que encuentra una mente enferma para sobrevivir. Recuerdo que, harto de que postergara el inicio de su terapia por razones pecuniarias, a un amigo le hice un ingreso por la cantidad de las primeras sesiones para que no pudiera ponerme más ese pretexto. A veces hay que coger a la gente por las solapas y zarandearla por su bien.

Yo habría agradecido que alguien lo hubiera hecho conmigo. En las últimas sesiones con Juan, que esta vez se extendieron unos seis meses y fueron más espaciadas entre sí, sentí cómo las piezas del Tetris iban encajando de nuevo; esta vez de una manera más orgánica, más reposada que la anterior. Si antes la absoluta novedad de tener recursos para relacionarme con mis emociones me confundió, haciéndome creer que las cosas se estaban arreglando para siempre, esta vez percibía cómo lo que habíamos trabajado lo podía ir aplicando con tranquilidad, sabiendo que la vida es más compleja que una sesión de terapia, pero con la certeza de que iba a poder enfrentarme mucho mejor a lo que viniera.

Para cuando me despedí de nuevo de Juan, tenía una relación afianzada con Iago que me iba descubriendo cosas cada día (y poniéndome a prueba, que falta me hace), mi cuerpo parecía haberse fundido por fin con mi mente para que no le tratara como a un extraño con el que enfrentarme, y había expulsado de mi día a día personas, motivaciones y comportamientos que solo me hacían daño.

Mientras bajaba las escaleras tras la última sesión, me sentía con fuerzas para encarar lo que el mundo me tuviera preparado. Como cuando se apagan las luces de una sala de cine (momento para el cual ya he devorado todas las palomitas), estaba expectante y esperanzado, con ganas de ver qué pasaba a continuación.

Aprender que ese es el estado natural que debería tener una persona, que el ser humano está hecho para vivir con confianza y serenidad y no con miedo y desprecio de sí mismo, es algo que el Enrique que abandonaba la consulta hubiera querido decirle al Enrique que entró en ella por primera vez unos años antes, dándole un abrazo infinito.

30

LA VIDA DESPUÉS DE LA TERAPIA

Espero que nadie esté dando por hecho a estas alturas que ahora estoy muy bien, mi vida es maravillosa, todo funciona a la perfección, no he vuelto a tener un mal día, como estupendamente, he adelgazado veinte kilos, descanso que no veas, nunca me agobio con nada y ya no sé lo que es la ansiedad.

Espero que ninguna de vosotras, si habéis llegado hasta aquí, estéis pensando esto ahora mismo, porque eso significaría que todo el esfuerzo que he hecho escribiendo este libro no ha servido para nada. Y de verdad que me ha costado escribirlo, ¿eh? No es tan fácil volver a recrear momentos que aún te duelen y tratar de contarlos de la forma más objetiva y resumida posible para que toda esta información que yo he tardado años en asimilar a vosotras os llegue bien encuadernada y con una portada tan chula.

No, yo sé que sois señoras bien y ya habéis adivinado que la vida después de la terapia sigue siendo vida, con todas sus cosas malas y sus cosas buenas. Si, además de tener este libro en vuestras manos, me seguís en Instagram, habréis notado que vuelvo a tener momentos de bajona, y que suelo compartirlos con mis seguidoras. Las bajonas, las malas rachas, las semanas consumidita por la ansiedad, la llamada a Foster's Hollywood un martes por la noche, la culpabilidad, la autoexigencia... no se van nunca. ¡Qué tías!

La diferencia está en que, si no hubiera ido nunca a terapia, ahora seguiría siendo esa persona asustada de sí misma que vivía en continuo sufrimiento y ni siquiera era consciente de ello, porque se pensaba que la vida era así, porque no había conocido otra cosa. Yo, en terapia, conocí otras cosas. Experimenté por primera vez la paz mental, esa sensación maravillosa de hacer las cosas con tranquilidad y sin un runrún eterno. Y, claro, quise más.

Si no me seguís en Instagram pero tenéis redes sociales, habréis escuchado/leído millones de veces lo importante que es la felicidad y lo chachi que es todo cuando eres feliz. Os mienten. La felicidad está bien, pero la tranquilidad es la clave.

Recuerdo una conversación que tuve un día con mi madre, mientras estaba haciendo terapia por primera vez, en la que le decía que ahora entendía a Jesucristo. En el colegio de monjas en el que yo crecí siempre había frases pegadas por las paredes y pósteres con pasajes bíblicos, y solían poner muchos mensajes sobre la paz. Yo pensaba que la paz era lo contrario a la guerra (que también lo es), pero Jesucristo también hablaba de la paz de espíritu, y yo de pequeña no tenía ni idea de lo que era eso. Bueno, pues en terapia lo descubrí. Llegué a experimentar esa paz interior de estar bien conmigo misma, con los demás y con lo que estás haciendo. Y desde ese momento puse mi atención justo ahí.

Esto es, según mi experiencia, lo que necesitamos en la vida: estar bien con nosotras mismas, entendernos, aceptarnos, respetarnos y defendernos; estar bien con los demás, escucharlos, atenderlos, apoyarlos, comprender que son otras personas y no tienen que hacer lo que nosotras queramos, o incluso romper con ellos; y estar bien con lo que haces. Y vuelvo a recordar que «lo que hacemos» es mucho más que nuestro trabajo o nuestros estudios.

Otra de las frases que se repetía mucho en las paredes de mi colegio era «la verdad os hará libres», que la debió de decir Jesucristo, o al menos eso dice san Juan. Yo también experimenté esto gracias a la terapia. Dejar de mentir a los demás para disimular lo mal que estaba y dejar de engañarme a mí misma fue muy liberador. Para mí, claro. Porque al final, y como ya he dicho en más ocasiones, hacer terapia no se parece a sacarse una carrera. No hay unas asignaturas obligatorias elegidas de antemano por un comité que tienes que superar sí o sí; no hay un número de horas mínimo que has de cumplir; no hay una fecha de inicio y otra de final, y no hay un TFG, aunque sí vas a tener muchas prácticas. Una buena terapia es completamente personal, centrada en ti, y del todo diferente a la que pueda hacer otra persona que empezó el mismo día que tú y con el mismo psicólogo.

Yo os he contado mi historia para que entendáis qué es de verdad hacer terapia. Pero si os leéis este libro mientras estáis en la playa, durante un viaje de diez horas o en ratos muertos a lo largo de varios meses y tampoco es que hayáis prestado mucha atención, me gustaría que una cosa sí quedase clara: si creéis que necesitáis ir al psicólogo, es más que probable que necesitéis ir al psicólogo, del mismo modo que si creéis que tenéis hambre, es muy probable que tengáis hambre.

Y sé que no es tan fácil como lo pintamos a veces, porque ir a un psicólogo también implica tener dinero, tener el apoyo de personas cercanas, tener tiempo y tener ganas. Y, lamentablemente, no todo el mundo tiene estas cuatro cosas. Pero, por otro lado, también hay (cada vez) más alternativas: desde asociaciones y grupos de terapia más baratos e incluso gratuitos, hasta terapia online para ahorrarte tiempo y algún eurillo.

Hay mucha vida después de la terapia. En mi caso, la vida que no me atrevía a vivir antes de ir al psicólogo.

30

EPÍLOGO:
FIN DE CURSO 2000/2001

Se ilumina una mañana calurosa de junio, poco después del cambio de siglo. En el recinto ferial del pueblo, sobre un escenario de paredes encaladas, revolotea un grupo de niños y niñas, en esa frágil edad en la que los cuerpos empiezan a revelarse y rebelarse. Una atildada maestra de moño bajo y rebequita encima de los hombros explica con resignación los movimientos de la coreografía para la función de fin de curso, un número al son de «Dile que la quiero» de David Civera.

Las niñas, con la vanidad adolescente palpitando cada vez más intensa, ríen y cuchichean mientras los niños se esfuerzan en que se note que no quieren estar allí, que deberían estar dando patadas a un balón de costuras baratas o cazando lagartijas. Yo, una cabeza por encima de todos, no pertenezco ni a los unos ni a las otras. Atiendo a la profesora e intento hacerlo bien, procurando que al menos ella sea consciente de que a mí, aunque tenga que disimular, sí me apetece estar allí.

La disposición del grupo en el escenario no funciona, va rumiando la maestra. En el baile hay un momento en el que nos ponemos por parejas (parejas chico-chica, por supuesto) y la simetría entre duplas parece enturbiar la primera fila, la más visible para los padres y madres que atestiguarán nuestra destreza en unas horas.

La sufrida profesora atraviesa la formación atrás y adelante, nos vuelve a observar y ordena algunos cambios de posición. Reajusta las filas y parece satisfecha con el resultado, pero le queda el hueco de un chico en primer término, en el centro. La posición de quien ha de acompañar a la niña más popular de la clase: la más guapa, la más rubia, la más inalcanzable, la que durante el curso ha empezado a coquetear con el malote repetidor.

La maestra da un largo vistazo al desigual conjunto de chavales vestidos con nuestros coloridos chándales. Repara en mí y dibuja una sonrisa cómplice. «Enrique, ponte tú aquí». Obedezco como el niño aplicado que soy, aún con el corazón en un puño. ¿Será verdad que lo hago bien, que el disfrute que tengo que camuflar en realidad se percibe? Avanzo hasta la primera fila ante la sorpresa general. Nadie dice nada, pero mientras la profesora va rebobinando la cinta para volver a empezar, detecto a mis espaldas algo parecido al zumbido de un panal de abejas.

«Si la ves, pregúntale qué siente, / si aún le queda algo de ese amor que nos unió. / Si la encuentras algo diferente, / éntrala en razón y hazme este favor». Brazos arriba y abajo, media vuelta, el pie derecho delante, ahora el izquierdo, movimiento de caderas y vuelta otra vez. *«Dile que la quiero, / que siempre fui sincero».* Ahora agarro a mi compañera de la cintura, paso delante, paso detrás, la hago girar. *«Dile que me está matando esta melancolía».* La profesora da palmas marcando el ritmo, nos jalea para que nos movamos más, para que sonriamos. Con los últimos golpes de la canción empieza a aplaudir, contenta con lo que ha logrado extraer de una caterva de preadolescentes vergonzosos.

Estoy feliz. Colocado en primera fila, no veo a mis compañeros mientras bailo, y puedo hacer como si no estuvieran, como si no me vieran. Me concentro en la explanada que al día siguiente estará llena de sillas de plástico, de señoras abanicándose y de hombres en corrillo al fondo, hablando de fútbol y sin prestarnos atención. Allí donde estará el público, ese conjunto difuso de personas cuya aprobación a distancia me reconforta, porque me ahorra el peligro de las distancias cortas.

Es el final del ensayo y los niños se arremolinan, se empiezan a pelear de broma, saltan y vocean. A mi lado, la niña popular ha convocado lo que parece un consejo de guerra: reunida en corro con sus amigas más cercanas, discuten en ese tono que tienen los susurros que pretenden ser percibidos. Me quedo parado en mitad del blanco escenario, esperando a que la profesora termine de recoger para volver a la escuela bajo su sombra protectora. Pero las Ashleys de la clase han alcanzado un veredicto. Su líder, la muchacha con la que debo contonearme en el baile, se pone frente a mí escoltada por el resto, que están un paso atrás, muy serias.

La chica, con la que siempre me he llevado bien y con la que he tenido relación toda la vida porque su abuela vive en mi calle, me desafía con la mirada de una manera que no reconozco con ella. Crecida por el apoyo silencioso de las demás, movida quizá por la expectación morbosa del resto de la clase, me fusila con todo el desprecio que una niña angelical de doce años es capaz de cargar en sus palabras: «Enrique, las cosas como son, cámbiate de sitio».

Estoy convencido de que ella no recuerda esa frase, ese momento, esa mañana calurosa. Probablemente el resto de los compañeros tampoco. Yo sí. Me acuerdo de las palabras, del tono, de su entonación. Me acuerdo del gesto de asco, inédito en un rostro que hasta ese momento, hasta que no tuvo alrededor a un grupo al que debía impresionar, jamás me había mirado de esa manera. Nunca sabré si el rechazo de esta muchacha venía porque yo era demasiado gordo, demasiado marica o simplemente demasiado raro. Poco importa. Su contundencia era más explícita que cualquier argumento; su origen, más hiriente que los golpes que recibía de vez en cuando de los chicos mayores de la escuela. No me cambié de posición en el baile, porque el mandato de la maestra era sagrado, pero tampoco volví a disfrutar bailando en público hasta muchos años después.

Creo que es cruel que los traumas tengan a veces génesis tan poco interesantes, tan carentes de épica. Aquella niña nunca será consciente del dolor que produjo a otra persona, o más bien que ratificó, que ayudó a constatar. Yo ya me sentía desplazado, fuera de contexto. Ya percibía mi infancia y adolescencia como una condena, como la lenta espera de otra cosa mejor. Aquel desprecio, viniendo de alguien que hasta ese momento me había tratado con cariño, certificaba todas las sospechas, todas las intuiciones. Las niñas empezaban a ser mujeres, los niños empezaban a ser hombres, y yo empezaba a ser una vergüenza.

También es cruel que uno no sepa hasta qué punto ha podido participar en la infelicidad de otra persona. No culpo a esta chica de nada, estoy seguro de que no pretendió con sus palabras más que asegurar su posición privilegiada en aquel gallinero preadolescente. Si ella no hubiera sido la primera, le habría tocado a otra persona. Y aunque nadie me hubiera escupido su desprecio a la cara, eso tampoco habría evitado que yo me sintiera un ser nauseabundo. Un fallo de la naturaleza en un mundo que señalaba mi monstruosidad y me enseñaba a señalarla yo mismo.

El destino de mi vida ha sido desde entonces darle la vuelta a esa sentencia fundacional, rebatir como puedo todo lo que hay debajo de ese «las cosas como son». Algo que pasa, que solo puede pasar, por el activismo. Desde que tengo la fortaleza suficiente para ello, soy una persona que no se calla lo que piensa, que no se calla lo que siente, que no se esconde y no disimula. Encontrar compañeras por el camino que me han enseñado tanto redobla la responsabilidad que siento para llevar nuestros mensajes a donde haga falta.

El empuje del colectivo LGTBIQ+ y los movimientos contra la gordofobia han dado un sentido a mi existencia, y hoy considero que ser gordo y maricón ha sido mi pasaporte a un entendimiento de la sociedad y de mí mismo al que muy difícilmente hubiera podido acceder de otra manera. Las comunidades que he encontrado y la apuesta por seguir deconstruyéndome y reconstruyéndome son grandes motores que me cargan de ilusión. Esas son mis luchas principales, pero no las únicas. Entender cómo el sistema te oprime por ciertas circunstancias debe ser el camino para interesarte y aportar lo que puedas a los demás. El mundo funciona de manera muy perversa, y solo el reconocimiento, la colectivización y la interseccionalidad de esas luchas nos darán las herramientas y las capacidades suficientes para cambiar las cosas. Ser marica no me libra automáticamente del machismo, ser gordo no me quita lo racista, ser proletario no deshace mi clasismo por arte de magia. Entender mis privilegios y escuchar a quienes tienen tanto que enseñarme es la única manera de tratar con justicia a todo el mundo.

Pero mientras se consiguen las grandes gestas, están ocurriendo muchas vidas pequeñas. Al tiempo que escribo un artículo sobre cuerpos diversos o mientras acudo a una charla sobre identidades no binarias (entre las que me cuento), también estoy teniendo conflictos con mis amigas, también me estoy enamorando, también me cuesta dormir por alguna preocupación terrenal. La terapia psicológica ha sido el mapa que me ha permitido no perderme en la tierra, aunque a veces me quede ensimismado mirando a las estrellas. Sin ella no hubiera podido resistir la amargura de haber estado tanto tiempo perdido. Sin ella, no creo que siguiera estando aquí.

Acudir a un profesional de la salud mental no termina con el sufrimiento, no levanta una barrera eterna para separarnos del dolor. La vida no funciona así. Trabajar en nuestro interior desbroza el camino, aclara la visión y nos enseña a encontrar las fuentes que se ocultan a lo largo de la vereda. La terapia nos devuelve la orientación cuando la brújula se guía por campos magnéticos equivocados. La culpa. La vergüenza. La inseguridad. El odio. El miedo. Sobre todo, el miedo.

Puede que no ocurra a la primera. Puede que uno no se entienda con el terapeuta, o que este no acierte con su diagnóstico o con sus consejos. Eso no debería ser óbice para no seguir intentándolo, porque a ninguna otra tarea deberíamos ponerle más empeño que a estar bien. A estar tranquilos, serenos, confiados. Aceptando las experiencias de la vida y fluyendo con ellas. Es lo que he intentado hacer desde el día en que entendí que necesitaba ayuda. Aquel día en que creía estar dándome por vencido, en que me sumí en la certeza de que no valía ni para cuidarme, y en realidad estaba haciendo lo más bonito y lo más generoso que he hecho nunca por mí mismo.

Desde entonces han sido muchos los desvelos, los nervios, los nudos en la garganta, las dudas, la sensación de impotencia y de rabia. No se puede avanzar sin pasar por todo eso. Pero, un día, el camino empieza a parecer menos empinado. Uno no sabe si es una ilusión óptica, pero caminar cuesta un poco, un poquito menos. Cuando te quieres dar cuenta, el camino se está haciendo llano sin reservas. Y, distraído como estás en tu caminar, para cuando levantas la vista estás en una ladera llena de flores.

Después de las flores quizá venga de nuevo un camino escarpado, pero uno ya sabe que los valles abundan y que es cuestión de tiempo aparecer en otro. Que el mundo es amable y es doloroso, que nos va a hacer pasar por el éxtasis y por el infierno, pero que lo que nos hace humanos es experimentar todo eso y seguir adelante, sin quedarnos atrapados entre las zarzas.

Mientras escribo estas líneas, otra mañana calurosa a la que separan más de veinte años de aquel ensayo escolar, sigo adelante en ese camino. Desde hace unos meses hago sesiones semanales con otro terapeuta, Fernando, que me está ayudando a expurgar la última ponzoña importante que me queda: los atracones. Por más que he ido avanzando en el resto de los aspectos, mi cuerpo no ha olvidado su receta para bloquear los sentimientos negativos mediante una espesa capa de chocolate. Nuevas técnicas y enfoques me están ayudando a reevaluar mi relación con la comida, y aunque sé que probablemente toda la vida me costará más que al resto gestionar lo que como, me encuentro con fuerzas para poner de mí lo que haga falta para lograrlo.

En mi vida ya muy pocas cosas son *como son*, como eran cuando aquella niña me ametralló con sus palabras. Los rincones a los que el sistema me ha expulsado me han servido para conocer bien el mundo, para tener una perspectiva privilegiada sobre él. Desde aquí veo cómo mucha gente se sigue estrellando en cuestiones que por mi parte tengo más que superadas. También veo cómo soy capaz de maniobrar para evitar moverme a un son que no me corresponde, y cómo he encontrado los lugares adecuados y a las personas adecuadas para bailar a mi ritmo.

No cambiaría nada del camino. Pero si tuviera que modificar algo, sería sencillamente haber empezado antes la terapia. Haberme dado cuenta antes de que todo el dolor con el que estaba viviendo no me correspondía, que otros lo habían colocado ahí sin mi consentimiento y lo había creído mío.

Si, al concluir estas líneas, he conseguido que alguien temeroso de emprender este camino de autoexploración personal pierda el reparo a levantar el teléfono y solicitar su primera sesión con un psicólogo, el objetivo estará cumplido. Eso significará que, a su debido tiempo, esa persona estará en una posición como la mía: en la que mirará atrás, al momento en que tenía este libro entre las manos, y observará entonces la persona que fue y la que es ahora. Y sonreirá por todo lo que ha mejorado, todo lo que ha cambiado, todo lo que ha conseguido construir. Esa sonrisa será la muestra de que lo ha conseguido, de que se ha puesto en paz con quien es y ha aprendido a estar en el mundo sin más sufrimiento del necesario.

Realmente hace calor mientras serpenteo por las blancas sillas de plástico del recinto ferial. Me he colado desde el futuro para presenciar el baile del niño que fui, y me agazapo con discreción detrás de dos abuelas de heroico cardado para camuflarme. Veo al Enrique que fui tomar su posición en el escenario. En su rostro, una mezcla de nervios y de excitación, de ilusión por hacer algo que no sabe que no va a poder disfrutar hasta décadas después. Al pobre le da la risa un momento antes de actuar, como siempre que se pone nervioso.

La coreografía no le sale ni bien ni mal, le sale como a cualquier niño sin técnica ni destreza que pone mucho de sí en lo que está haciendo. Es gracioso verle tan grandote al lado de sus compañeros; la estampa es del todo simpática.

Cuando acaba, se queda muy tieso, manteniendo la última postura mientras suenan los aplausos. Mira de reojo hacia donde está su madre. No necesita otra cosa en el mundo tanto como el aplauso de su madre, la seguridad de que mientras ella le aprecie no todo estará perdido. Yo, que soy él al otro lado del profundo abismo al que no sabe que se dirige, soy quien aplaude más fuerte. Aplaudo aunque sé que no puede oírme, que aún va a tardar mucho tiempo en encontrarme.

Pero no me angustio, porque sé que acabará haciéndolo. Que, al contrario que tanta gente, él sí hallará la salida de la oscuridad. Y sé que, desde este lado del precipicio, siempre le marcó el camino el Enrique que hoy se aproxima al punto y seguido de este relato; al fin provisional de un sendero en el que por fin puedo decir algo más allá de que merezco ser querido. Hoy puedo decir que me quiero.

FAQ:
LAS DUDAS MÁS FRECUENTES
SOBRE IR A TERAPIA

¿Cómo sé si estoy cucú?

Si te lo preguntas, lo más probable es que lo estés. Además, con los tiempos que corren... lo raro es no estarlo.

Quienes no se sienten mal simplemente no se lo plantean. Imagina que la pregunta fuera: «¿Cómo sé si necesito una sesión de fisioterapia?». No te la haces si no estás sintiendo dolor.

Necesitar terapia no quiere decir que padezcas una enfermedad mental severa, ni que tu vida se vaya a detener mientras te ocupas de arreglar tu interior. Si hay en tu vida algunos asuntos que te generan un malestar constante, si percibes que tu estado de ánimo ha empeorado respecto al pasado o si te sientes incapaz de enfrentarte al día a día con normalidad, lo mejor es que recurras a un profesional de la salud mental.

La terapia psicológica sirve para lidiar con patologías graves, pero también con dolores más livianos. No hay que esperar a estar hundido para solicitar ayuda.

¿Todo el mundo necesita ir al psicólogo?

Nosotras lo decimos mucho a modo de chascarrillo, pero no, no todo el mundo necesita ir al psicólogo. Hay quien ha desarrollado las herramientas suficientes para vivir su vida de una manera adaptada y positiva, sin más problemas que los que el mundo le tiene reservados. Del mismo modo que hay personas que nunca en su vida se rompen un hueso, también hay gente que no necesita la terapia.

Eso sí, es muy difícil, en un sistema económico que nos tiene a la mayoría explotadas (y autoexplotadas) y en un sistema social donde siguen imperando unos privilegios reservados a unos pocos, no desarrollar malestares que muy difícilmente una puede combatir sola. La terapia ayuda a sobrellevar esas desigualdades, pero las soluciones de verdad pasan por lo colectivo.

¿En qué me puede ayudar un psicólogo o un psiquiatra?

Si padeces una enfermedad mental, más leve o más severa, son los profesionales quienes te van a ayudar a diagnosticarla y tratarla. Ansiedad, depresión, trastornos de la alimentación, fobias, déficit de atención e hiperactividad son las más comunes. Muchas veces estas patologías no se detectan hasta muy tarde, porque te acostumbras a vivir con ellas.

Sin embargo, aunque no tengas una dolencia concreta, si convives con circunstancias que dificultan tu día a día (problemas de autoestima y autopercepción, insomnio, inseguridad, cambios de humor, algún hecho traumático...), la terapia es también la herramienta para revelar lo que llevas dentro, y trazar un plan de trabajo interno para lograr ponerte en paz o superar lo que las sesiones van descubriendo.

¿Cómo busco un psicólogo?

No hay una manera correcta de buscar un psicólogo. Lo ideal sería contar con una recomendación de alguien de confianza, pero confesar que se va a terapia sigue siendo un tema tabú en muchos entornos.

Internet y las redes sociales son una opción. Hay muchos psicólogos con perfiles profesionales en Instagram o Twitter, por ejemplo. Eso sí, recuerda que son personas, no servicios de atención al cliente. Puedes escribirles para preguntarles cuál es su especialidad, cómo trabajan o cuánto cuesta su consulta, pero no para contarles todos tus problemas esperando que te los resuelvan por la cara.

Si tienes una idea aproximada de las razones que te llevan a terapia, siempre es una posibilidad buscar un especialista en la materia, y puedes empezar con una búsqueda en Google, como «psicólogo depresión Sevilla».

Otras circunstancias también pueden ayudar a encontrar a la persona adecuada, como buscar una psicóloga con enfoque feminista, LGTBIQ+, etc.

Si no hay psicólogos en tu localidad o en las cercanas, ten en cuenta que muchos terapeutas ofrecen consultas online, cuyo funcionamiento dista poco de la versión en persona.

¿Qué pasa si no me gusta mi psicólogo?

Es una posibilidad real no conectar con tu terapeuta o entender que su trabajo no está funcionando. En este caso, lo mejor es decírselo con honestidad y buscar una solución. No tengas miedo, piensa que en la consulta del psicólogo eres el paciente y el cliente. Y si devolverías unos pantalones que no te quedan bien sin sentirte mal, también puedes «devolver» a tu psicólogo. Si es un buen profesional, seguro que te puede dar una recomendación de otro colega, y sabrá ayudarte a buscar alguien más ajustado a tus necesidades.

No dar con la persona adecuada a la primera no es ningún fracaso. La confianza y el entendimiento son fundamentales en la terapia, y si no se dan, lo mejor es no perder tiempo y energías y buscar una alternativa. Aunque sientas desánimo, lo más importante es no renunciar a la ayuda profesional por una mala experiencia.

¿Cuánto cuesta ir al psicólogo?

No hay una cifra fija, pero las consultas estándar suelen costar entre 50 y 70 euros por sesión. Por supuesto, los hay más caros y más baratos. Hay algunas asociaciones y oenegés que ofrecen sesiones más asequibles, incluso gratuitas en algunos casos. Pero los profesionales privados, que son los más abundantes, rara vez bajan de ese precio. Dependiendo de tu caso, necesitarás sesiones más constantes o espaciadas. Lo más común es ir una vez a la semana o cada quince días.

«No creo que me haya pasado nada tan grave como para ir a terapia»

Es cierto que muchas personas piden ayuda tras tocar fondo. Si vives una situación que escapa totalmente de tu control, entiendes que no puedes manejarte solo con tus medios. Pero no hay que esperar a vivir algo así para acudir a un psicólogo. Los malestares más tibios también tienen solución, no hay que resignarse a vivir con ansiedad, con tristeza o con problemas de sueño o de alimentación solo porque consideres que hay gente que está mucho peor.

¿No deberíamos ser capaces de solucionar nuestros problemas solos?

Mucha gente ve mérito en no solicitar ayuda para encarar las circunstancias desfavorables, y creen que el estado de ánimo es cuestión de voluntad o de carácter. Lo cierto es que algunas patologías a las que es susceptible el cerebro humano pueden arreglarse sin ayuda, pero otras muchas necesitan la intervención farmacológica y/o terapéutica.

Y, en cualquier caso, un terapeuta siempre sabrá mejor que sus pacientes lo que padecen y cómo solucionarlo. Empeñarse en salir del pozo por nuestros propios medios puede causar admiración, pero también nos añadirá un sufrimiento que probablemente podemos ahorrarnos junto a un profesional.

¿Cómo es la primera sesión?

El objetivo de las primeras sesiones es conocerse y detectar qué posibles patologías o malestares padeces, por lo que tendrás que explicar al terapeuta las cosas que has notado que no funcionan. Puede que no las tengas del todo identificadas; de hecho, es lo más normal. Pero seguro que si ya estás en tu primera consulta, sabes de sobra qué te ha llevado hasta ahí.

La clave es empezar a tirar de un hilo: «Llevo un mes sin dormir bien», «Estoy en paro y esta situación me está consumiendo», «Murió mi padre y no me veo con fuerzas para seguir adelante»... Tu trabajo es hablar; el del psicólogo, hacerte preguntas y guiarte. De todas formas, lo principal es empezar a generar la confianza suficiente con él, así que no le des una importancia capital a lo que ocurra o digas en esas primeras horas.

¿Y si no sé qué decir?

Empezar a hablar es lo más difícil, por lo que quizá el profesional recurra a algún ejercicio o a una serie de preguntas para arrancar la narración. Lo importante no es por dónde se empieza, sino adónde se llega, así que arráncate como buenamente te salga. Una vez que te pongas a hablar con franqueza, las cuestiones irán saliendo a su ritmo.

¿De qué se habla en terapia?

De todo, literalmente. Una se descubre abordando recuerdos o cosas de sí misma que a veces ni sabía que estaban ahí. Muchas veces un tema va derivando en otro y acabas tratando cosas que pensabas que no suponían un problema, o circunstancias en las que no te habías parado a reflexionar.

¿Y si no quiero hablar de un tema?

No estás en la obligación, pero piensa que entonces faltará una pieza —quizá importante— para poder hacer una buena terapia. La honestidad es imprescindible para que el intercambio funcione, y tu psicólogo jamás va a juzgarte, le cuentes lo que le cuentes. Sin embargo, tienes todo el derecho a decirle «no quiero hablar de esto» o, mejor, «no quiero hablar de esto ahora».

Si, por ejemplo, tienes una adicción y te da vergüenza confesarla, puedes esperar unas cuantas sesiones para hacerlo, hasta que te sientas con la confianza suficiente. Pero toda la información que puedas aportar es importante, porque, si no, generarás zonas de oscuridad donde el terapeuta no podrá intervenir.

Llevo un tiempo en terapia y noto que no avanzo; ¿estoy haciendo algo mal?

La sensación de estancamiento es muy habitual. Normalmente las primeras sesiones parecen rápidas y, de repente, te ves a los tres meses con la sensación de que ya está todo resuelto o que no puedes hacer más. Date tiempo. Muchas cuestiones tardan en aparecer y en abordarse en toda su complejidad.

El mejor aliado de la terapia es el tiempo. Se trata de ir avanzando en la conversación sobre los temas para poder dar con las claves adecuadas. En ese proceso muchas veces sientes que no estás haciendo nada, o no notas cambios de envergadura, pero las piezas se van recolocando y en un momento dado te das cuenta de que las cosas han cambiado.

¿Cuánto tiempo hay que ir al psicólogo para estar bien?

Depende del caso, pero no esperes solucionar los problemas a las pocas sesiones. La mayoría de las patologías requieren meses de exploración, análisis y tratamiento. En nuestra experiencia, seis meses sería el mínimo más mínimo para notar cambios reales y permanentes.

Pero, la mayoría de las veces, se requieren años para deconstruir y reconstruir lo que está fallando en nuestro interior. Tal vez no años de sesiones constantes, pero sí varias temporadas de trabajo intercaladas con otras donde se va poniendo en práctica lo aprendido y se van detectando otras cuestiones.

¿Debo decir a mi entorno que estoy yendo a terapia?

Es una elección personal, pero son mayoría las ventajas. Primero, porque ayudarás a generar conversaciones y romper un poco el tabú de la salud mental. Además, puedes ser un ejemplo para personas cercanas que no se atreven a solicitar ayuda. Y si tu entorno sabe que estás en un proceso terapéutico, lo normal es que te concedan la paciencia y los cuidados extra que puedas necesitar para encarar ese proceso.

Es cierto que también puedes recibir reacciones negativas. Quizá se rían de ti y te digan que eso no sirve para nada, o traten de infantilizarte diciendo que no estás tan mal y que lo que necesitas es espabilar. En ese caso, la revelación también tiene un beneficio: funciona como un radar de cretinos.

«Me da pereza contarle toda mi vida a alguien»

La pereza, el rechazo o la vergüenza son posibles mecanismos de una mente que no funciona como debería. Muchas veces las patologías funcionan como parásitos, como organismos vivos que quieren seguir instalados en nuestra mente a toda costa, y nos engañan con pensamientos que, creemos, son los nuestros.

Llevarnos bien con nuestra mente debería ser la mayor de las prioridades. Ninguna existencia se desarrolla en condiciones si los mecanismos básicos no funcionan bien. Si uno se empeña, siempre encuentra excusas para no ponerse a trabajar en su interior, y lo que hace es perder un precioso tiempo que podría aprovechar.

«Me siento ridículo haciendo algunos ejercicios»

Normal. Ponerte a hablar con tu yo de cuatro años o respirar cincuenta veces mirando a un desconocido a los ojos son tareas que una no hace en su día a día y pueden resultar chocantes. Como te puedes sentir ridícula el primer día de zumba, cuando no das ni una. Hay que superar esa incomodidad, ya que forma parte del juego, porque se trata de bajar barreras mentales. Si eres capaz de entrar en la dinámica, te abrirás a otro estado mental que te puede enseñar muchas cosas.

La vergüenza y el sentido del ridículo son emociones muy humanas y forman parte de lo que se experimenta cuando exploras tus sentimientos. A veces, un ejercicio que te saca de tu zona de confort es la forma más efectiva de observar qué hay detrás de esas barreras que levantan la vergüenza y el ridículo.

Ya me siento mejor, ¿puedo dejar la terapia?

El psicólogo es quien debería determinar cuándo un paciente está preparado para interrumpir la terapia, pero a veces no es así. Motivos económicos o simple voluntad pueden hacer que desees dejar las consultas, pero debes preguntarte con sinceridad si es el momento adecuado.

Conocemos casos en los que algunas personas se han engañado a sí mismas pensando que ya habían solucionado sus problemas, cuando solo han puesto un parche endeble. No hay que tener prisa ni dejarse convencer por sensaciones que quizá son engañosas. Cuando una se ve capaz de vivir su vida sin la asistencia de la terapia, lo tiene muy muy claro. Y, del mismo modo, tiene claro que lo más sensato es volver a ella si hace falta.

«Una persona cercana necesita terapia, pero se niega a ir»

No es fácil convencer a alguien de que pida su primera cita. El miedo, el desconocimiento y el estigma social son poderosos revulsivos para dejarse ayudar. Lo más efectivo suele ser hablarle de tu propia experiencia, si la tienes, y hacer hincapié en que lo que piensa que son problemas normales de la vida pueden ser enfermedades o malestares mentales a los que no tiene por qué resignarse. Y, por supuesto, siempre puedes regalarle este libro. Guiño, guiño.

De todas formas, no es tu responsabilidad convencer a nadie, ya sea tu madre, tu pareja, tu hermano o tu mejor amigo, de que necesita ir a terapia, por muy claro que lo veas. Pasarse de pesado también puede ser contraproducente, pero hablar con honestidad y cariño es el camino.

¿Todas las terapias son iguales?

No, por eso es importante que hables con tu terapeuta antes de empezar a trabajar para que te explique su metodología. La más común es la terapia cognitivo-conductual. Se usa no solo con personas que tienen un trastorno o una enfermedad mental, sino también con aquellas que, por ejemplo, tienen miedo a hablar en público o algún tipo de fobia. Sin embargo, no a todo el mundo le funciona, por lo que hay otras opciones.

Seguro que también te suena la palabra «psicoanálisis». Si no has ido nunca al psicólogo, probablemente la imagen que te hayas formado tenga mucho que ver con un psicoanalista. Ese paciente tumbado en un diván mientras otra persona toma apuntes... Y es que en Estados Unidos el psicoanálisis es mucho más popular que en España, y allí es donde se hacen la mayoría de las pelis y series que vemos. Es un tipo de terapia que consiste en dejar hablar al paciente ofreciéndole una guía para «desatascar» recuerdos y emociones, ayudándole a llegar a sus propias conclusiones... Resumiéndolo mucho, trata de llegar al origen de los conflictos, traumas y problemas que aún tienen repercusión en la vida actual del paciente con el fin de mejorar su calidad de vida.

También se ha popularizado en los últimos años la psicología Gestalt. De nuevo, resumiéndolo mucho, podría decirse que es lo contrario al psicoanálisis, que se centra mucho en el ahora y resta importancia al pasado. Su objetivo es que el paciente sea consciente de cómo actúa y por qué lo hace, y cómo su entorno impacta en su manera de actuar.

Hay muchas otras formas de aproximarse a la terapia, como grupos de terapia, terapia de pareja, terapia familiar... Lo mejor, siempre, es preguntar.

¿Es lo mismo un psicólogo que un *coach*?

No. Su principal diferencia está en la formación y en lo que están autorizados a hacer. Un psicólogo ha tenido que estudiar una carrera y estar colegiado para poder desempeñar su trabajo. De hecho, estaría muy bien que le pidieras el número de colegiado a tu psicólogo en la primera sesión, porque si tienes algún problema con él (los psicólogos no son robots ni son infalibles), el Colegio de Psicólogos te puede ayudar. Es necesario recordar que la labor de los psicólogos está regulada por la ley, al tratarse como una ciencia de la salud, mientras que la de los *coaches* no.

Por otro lado, la psicología es una ciencia, mientras que el *coaching* es una metodología, aunque se basa en teorías y técnicas psicológicas. Además, el *coaching* suele estar más centrado en ayudarte con un único objetivo, por ejemplo, apoyo para estudiar unas oposiciones, mientras que la psicología abarca un campo mucho mayor, incluido el del *coach*.